航天科工出版基金资助出版

成果知本券、科创合伙人，激活百万年薪工程师

科技成果转化
从入门到高手

成果转化首席科学家
孙　磊　吴寿仁　等　编著

中国宇航出版社
·北京·

图书在版编目(CIP)数据

科技成果转化从入门到高手 / 孙磊等编著. --北京 ：中国宇航出版社，2021.12（2025.4 重印）

ISBN 978-7-5159-2004-7

Ⅰ. ①科… Ⅱ. ①孙… Ⅲ. ①科技成果－成果转化－基本知识 Ⅳ. ①G311

中国版本图书馆 CIP 数据核字(2021)第 222800 号

责任编辑　赵宏颖　　　**装帧设计**　宇星文化

出版发行　中国宇航出版社

社　址　北京市阜成路 8 号　邮　编　100830

(010)60286808　(010)68768548

网　址　www.caphbook.com

经　销　新华书店

发行部　(010)60286888　(010)68371900

(010)60286887　(010)60286804(传真)

零售店　读者服务部

(010)68371105

承　印　北京中科印刷有限公司

版　次　2021 年 12 月第 1 版

2025 年 4 月第 6 次印刷

规　格　787×960

开　本　1/16

印　张　23　　彩　插　2 面

字　数　354 千字

书　号　ISBN 978-7-5159-2004-7

定　价　98.00 元

《科技成果转化从入门到高手》
编委会

姜　蒿	李园华	栗旭锦	林　涛
刘梦娜	刘　玮	鲁　檬	罗　鹏
罗宇思	马成浩	马文婷	任望东
任伟箐	尚秀珍	沈佳颖	沈晓辰
滕　健	汪列武	王博洋	王　硕
王兴盛	王燕晖	王永瑞	王　峥
夏　蕊	徐　枫	杨　光	杨晓峰
于春雨	曾　蓉	张丽萍	张　苏
张　宇	赵保红	赵　晨	郑　刚

指导顾问

（按姓氏音序排列）

高继明	郭书贵	洪　华	巨建国
蔺　雷	刘碧波	刘　寅	米　磊
饶为富	隋志强	汪　斌	王　霞
谢吉华	杨晓非	于　杰	张文宁
朱希铎			

本书使用说明

1. 这是一本基于挑战+解决方案，帮你搞懂科技成果转化的实操说明书。

2. 本书尝试解决的主要挑战包括：

1）科技成果如何匹配产业发展要求，叫好又叫座？

2）高校、院所、企业如何选择成果转化方式？

3）国资单位如何通过成果转化，突破工资总额限制？

4）科技创业者如何获得产业投资？

5）地方政府、园区孵化器、投资人如何吸引好的科技成果落地？

3. 本书特别适合以下几类人群：

国企特别是央企大院大所、高校、科研院所等国资单位的科研人员、决策者、成果转化机构管理人员；科技创业者；科创投资人；技术经理人；地方政府、园区孵化器的管理者。

4. 本书给出的解决方案适合以下单位：

成果供给端：高校、科研院所、央企大院大所、国有科技型企业、高新技术企业、科技型中小企业、专精特新“小巨人”等；

成果需求端：央企国企、传统制造类企业、上市公司、初创公司等；

成果服务端：政府产业引导部门、产业园区等创新载体、科创投资基金、孵化器/加速器、技术转移机构、技术交易机构、协会等社会组织、科创媒体及教育培训资源等。

5. 本书的知识清单和案例解析，主要基于知本院《硬科技破壁人》系列公开课，对接了行业专家，站在高手的肩膀上，让你也尽快成长为成果转化高手。

6. 本书为你安排的是 PBL 任务学习式闯关模式，共 9 关和 18 个锦囊。

7. 本书采用知识开源模式，目前电子版已迭代至第 8 版。纸质书印刷内容有限，书中很多位置备注有“接头暗号”，关注下面的“知本院”公众号，回复对应的关键词，就可以获得最新版本知识的电子资料和测评工具。

8. 如果你愿意分享原创的知识或者对本书有修改建议，欢迎与我们联系（邮箱 sunlei. 20@ pbcsf. tsinghua. edu. cn，或者微信扫描下面知本院二维码）。邀请更多的读者加入知识合伙人计划，与行业高手共创未来。

9. 本书的部分版税，知本院将捐献给清华大学五道口金融学院等教育机构，作为科创与金融结合的学术研究和人才培养奖学金。

主编：孙磊

接头暗号，扫码回复：知识合伙人

前　言

勇做科技成果转化破壁人

科技成果转化是实现从科学到技术、从技术到经济“并驾齐驱”的支撑高质量发展的“关键环节与过程”，其最需要支持的破局点，是科技成果的供给端与需求端一起发力，打破技术与市场之间的壁垒，这也是我们创立知本院的初心：啐啄同机。

“十四五”规划为我们指引了方向，在国家着重扩大内需和产业升级的大环境下，一系列科技创新实招、硬招打出“组合拳”，科技未来发展可期，成果转化新浪潮已到。在科技成果转化具体实操方面，央企等国企、高校院所、科创公司、园区孵化器、科创资本从一线带来了大量的案例和启示，基于《硬科技破壁人》系列课程和清华大学五道口金融学院科创管理与服务班校友的研究成果，我们建立了“三库一池”（专家库、知识库、项目库和资金池），一起探索企业、高校、科研院所成果转化的途径与方法，使其成为成果落地的加速器、产业融合的催化剂、机制创新的试验田。

大河有水小河满，通过成果知本券和科创合伙人等机制创新，实施股权、期权、奖薪酬的量化激励，突破央企等国企的工资总额限制，企事业单位与科研人员共同分享创新收益，激活科研人员创新激情，用奋斗创造价值、创造美好生活，在国有资产保值增值的同时，打造更多百万、千万年薪的工程师。

创业如修行！成果转化的过程犹如取经之路，须历经九九八十一难，破解成果转化的痛点堵点，方能修得正果。

寻找我辈中人，一起勇做科技成果转化破壁人！

知本院院长　徐学宗

2021年12月

目　录

第 1 关

科技成果转化密码

本关擂主：孙　磊

欢迎来到科技成果转化第 1 关。

闯关主角

高校院所及国企研发机构等单位的科研人员、科技成果转化管理人员

本关挑战

科技成果怎么才能由纸变成钱，叫好又叫座?

解决方案

任务 1. 1　找准赛道——行业研究

任务 1. 2　做好赛车——从点子到产品

　案例 1-1　JDM 协同创新，成果共享模式

　案例 1-2　设备精灵三代产品，跨越“魔川—死谷—达尔文海”

　案例 1-3　传统市场+新技术：新型化学氧呼吸面罩

　案例 1-4　新市场+现有技术：MasSpec 探测笔

任务 1. 3　搭配赛车手——科技成果转化三驾马车

　案例 1-5　航天极创：内创+外创的协同团队

任务 1. 4　创新比赛规则——正和博弈与合作共生机制

　案例 1-6　航天二〇六所“科创合伙人”机制

闯关锦囊

锦囊 1　如何获取行业资料

锦囊 2　产品需求—成本分析工具

锦囊 3　6W2H 科技成果成熟度多维分析

拓展阅读

推荐专家和书籍资料

引　言

“十三五”时期，我国科技事业加速发展，创新能力显著增强，创新的数量、质量都大幅提升。全社会研发经费支出从 2015 年的 1.42 万亿元增长到 2019 年的 2.21 万亿元，2019 年研发投入强度达到 2.23%。基础研究经费增长近一倍，2019 年达到 1 336 亿元。技术市场合同成交额翻一番，2019 年超过 2.2 万亿元。世界知识产权组织发布的全球创新指数排名显示，我国排名从 2015 年的第 29 位跃升至第 14 位①。

中国现在正处在从“模式创新”到“科技创新”的拐点，虽然我国科技成果的数量已有较大提升，但科技整体水平距离发达国家还存在较大差距，关键领域“卡脖子”问题还比较突出，要把原始创新能力提升摆在更加突出的位置，努力实现更多“从 0 到 1”的突破。

科技成果转化，即为提高生产力水平而对科技成果所进行的后续试验、开发、应用、推广直至形成新技术、新工艺、新材料、新产品，发展新产业等活动，可以为国家经济社会发展提供更加有效、更加坚实的技术供给和创新支撑。

科技成果完成的过程是由钱变成纸，通过投入研发经费取得科技成果；科技成果转化的过程是由纸变成钱，将高价值科技成果转化为收益，合法合规分配给单位和科研人员。

科技成果怎么才能由纸变成钱，叫好又叫座？知本院推荐的解决方案是找到科技成果转化密码 PMF（Product—产品、Market—市场、Fit—匹配），即产品与市场的匹配。也就是在合适的市场时机，做出适合性价比的产品，最终匹配用户的需求。用国外的说法是鸡和蛋（chicken and egg，只有双方都到位，才能得到想要的结果），用咱们中国的成语表达更文雅：**啐啄同机**，即内部的技术创新与外部的市场创新一起发力，打破两者之间的壁垒。

① 引自《2021 年全国科技工作会议工作报告》。

科技成果转化的挑战和解决方案如图 1-1 所示。

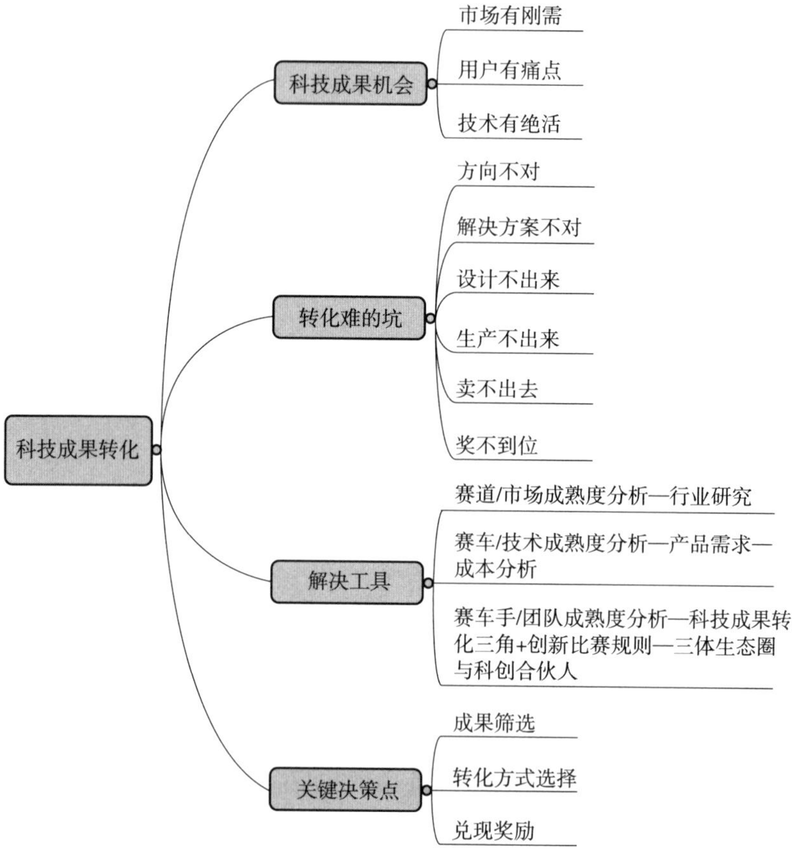

图 1-1　科技成果转化的挑战与解决方案

科技成果转化是一项复杂的系统工程，有较高的技术壁垒，投入大、周期长，必须在借鉴成功经验的基础上，结合自身的特点，探索科技成果转化背后的科学方法，找到适合本单位的路径和模式，不断验证和持续调整。科技成果转化要关注行业（赛道）、产品（赛车）、团队（赛车手）与创新机制（比赛规则）这四要素的协同，分别对应本关的任务 1.1 到任务 1.4。

任务 1.1　找准赛道——行业研究[①]

高价值的科技成果，往往来自新赛道的行业大潮到来之前的早期阶段。通过行业研究，找到一条既宽且长的赛道，可以支撑我们对于行业风口的精准研判。

行业研究是以产业、用户、企业为对象，研究产业的内外部环境、背景格局组成、竞争格局、关键因素等；研究用户演变、喜好和行为；研究企业提供过的服务和产品、企业的组织形态等，以及这三者之间的关系。行业研究的思维导图如图 1-2 所示。

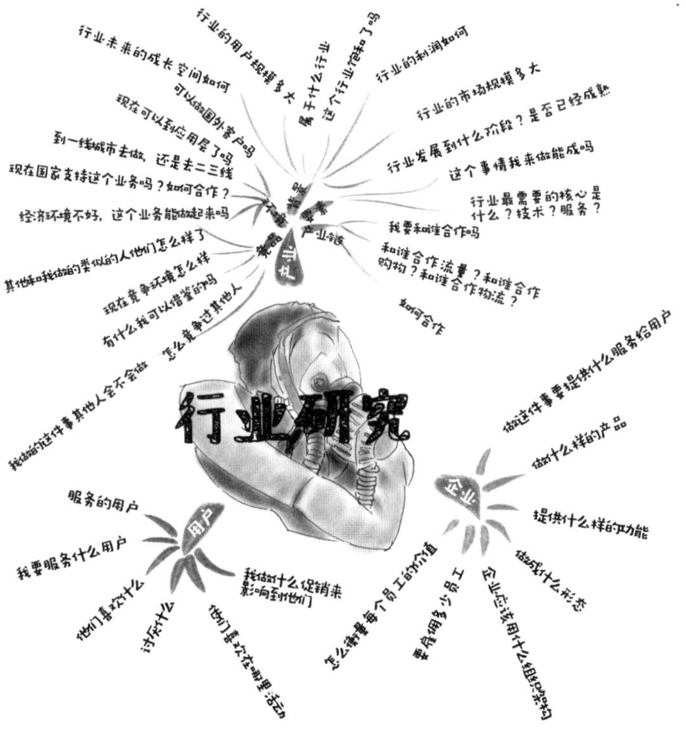

图 1-2　行业研究的思维导图

---

① 曹婷婷供稿。

行业研究的流程通常可以概括为确定研究内容、获得数据、解读数据、得出结论 4 个步骤。

1.1.1 确定研究内容

第一步要界定我们要研究的行业。这项工作的难点在于，很多公司并非涉及单一行业，而是涉及行业交叉，存在多个行业交叉是现今企业发展的普遍现象，清楚地定义行业是开展行业研究的先决条件。

第二步要制定行业研究的信息搜集框架。框架存在的意义在于帮助我们结构化思考，更快速、高效地指导搜集信息。

1.1.1.1 产业

1）产业的背景：产业的起源，发展历史，变更，表现，趋势，行业周期，市场规模，行业利润，收入，未来成长空间，产业链上下游的情况，合作的演变，行业的细分和组成等。图 1-3 展示了光伏产业链的上下游产品。

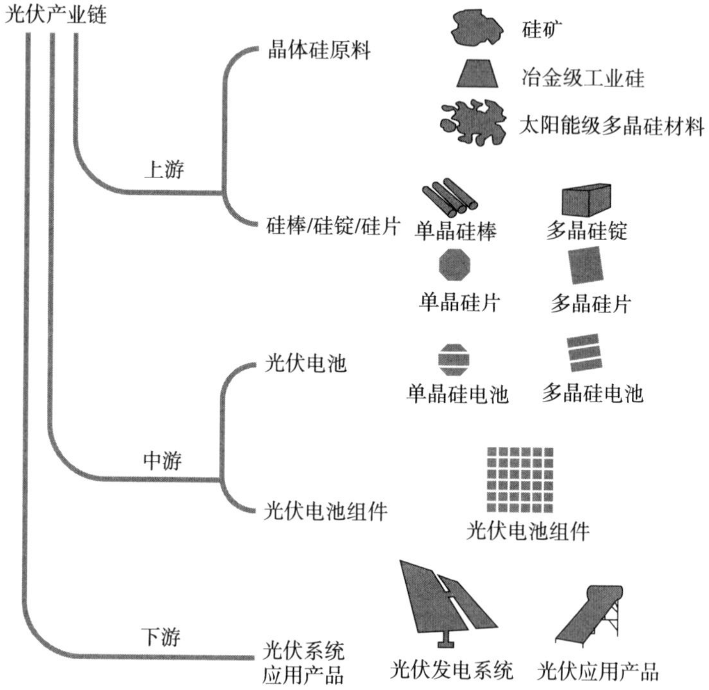

图 1-3 光伏产业链的上下游产品

2）产业的外部环境：国家政策，经济环境，人口变化（如2021年我国出台三胎政策的影响等），技术变化，城市变化，贸易变化等。

3）产业的竞争：主要的竞争对手，潜在的竞争对手，未来的竞争对手，主要竞品的表现，竞争要素，竞争环境，竞争门槛，竞争格局。

4）产业的关键要素：行业的关键环节，每个环节的关键要素，关键要素的组成，供需分析。

5）产业的市场：定价，渠道，策略，协同，产能。

6）产业的财务：盈利，杠杆，流水，规模效应，边际成本，库存，经营情况。

划重点

判断一个产业机会是否临近，可以看四个方面：

- 技术是否成熟
- 产业链是否完备
- 市场是否有需求
- 竞争是否有壁垒

如果在上述四个方面能对某行业做到心中有数，那么碰到这个行业的一个新玩家，就可以用业内人的角度来分析这个公司是真有本事还是只是在忽悠了。

1.1.1.2　用户

1）目标用户定义：目标用户画像，目标用户选择，目标用户的故事，目标用户特征等；

2）目标用户触达：目标用户接触的媒介（线上和线下），目标用户的运营，影响目标用户加入的因素，购买的因素，忠诚的因素，复购的因素；

3）目标用户需求：目标用户的心理诉求，目标用户的产品诉求，目标用户的喜好；

4）目标用户细分：按照城市分布，按照年龄分布，按照性别分布，按照收入分布，按照职业分布，按照需求分布，按照行为分布，按照属性分布；

5）目标用户痛点：目标用户体验地图，目标用户满意度，目标用户的痛点挖掘；

6）目标用户的规模：现在的规模，未来的规模，和其他人群的交叉和融合，不同目标人群的影响。

1.1.1.3 企业

1）企业的组织和架构：人员的组成，人员的规模，企业的组织，企业的效率，关键绩效；

2）企业提供的服务：不同企业提供的服务和产品，产品的主要功能，版本的迭代；

3）企业价值链：基本活动，后勤，运营，生产，销售，营销，产品，服务，售后，人力，技术；

4）企业的财务表现：上市公司财报，未上市公司业绩，准备上市公司的招股书。

1.1.2 获得数据

在制定出信息搜集框架后，我们就可以开始收集“情报”了。很多人认为这一步需要购买专业的行业分析报告，或者购买动辄几万元、几十万元的软件来获取数据，其实很多行业数据都是可以通过公开渠道免费获得的。

1.1.2.1 如何找到朝阳行业

1）高德纳曲线；

2）麻省理工科技评论；

3）福布斯排行榜；

4）世界500强网站；

5）咨询机构网站的行业研究报告；

6）垂直媒体。

1.1.2.2 如何找到标杆企业

1）协会网站；

2）大公司年报+CFA分析报告；

3）行业头部公司的官网及高管讲话；

4）36 氪等网站，天眼查、企查查等 App；

5）中国社会组织政务服务平台（网址：http：//www.chinanpo. gov. cn/）；

6）信用中国网站及各级信用信息共享平台。

更多获得行业数据的途径可参照本关锦囊 1：如何获取行业资料。

1.1.3　解读数据

数据搜集后，通常称之为 Raw Data，也就是原始数据，它们庞大而繁杂，可用 3 个步骤把数据化繁为简，为决策提供支持。

第一步，选择有效数据。要重新审视哪些数据是统计错误的、观点错误的、站位错误的、复核对不上的、悖于认知的、统计口径有偏差的，将其剔除修正后应用。

第二步，可用数据抽象化。在确保每个数据真实可信、口径统一的前提下，下一步要将数据抽象出可用的内容。

第三步，用逻辑串联观点。用行业框架拆解了要研究的问题，通过搜集大量信息并提炼了观点，现在需要把这些观点组织起来，让观点和观点之间产生联系，信息可读。

1.1.4　得出结论

解读行业研究报告的数据，有助于得到有效的结论，帮助我们更好地将信息和观点组织起来，使结果一目了然。

比如当年 GDP 的增速是 6%，而某一行业的年增长率是 10%，并且该行业近 5 年的 GDP 占比也不断增加，可以大致判断这是一个朝阳行业；如果其中细分领域中，某几家企业的增长速度超过了 20%，市场占有率、利润率等指标也大幅超过行业平均水平，就可以将其作为标杆企业进行重点研究。

通常有百亿元以上的市场规模，才有机会出现 10 亿元以上估值的头部公司。比如某一行业细分领域市场规模 200 亿元，A 公司的市场占有率 10%，营业收入 20 亿元，利润率 15%，利润 3 亿元，如果按照 15 倍的市盈率，A 公司估值可达到 45 亿元。这个项目就值得重点研究。

任务 1.2 做好赛车——从点子到产品

1.2.1 科技产品研发流程：从马拉松到接力赛

以前科技产品研发流程往往是马拉松式的，科技创业者往往要独自完成需求管理、产品/技术路线图、产品立项、技术研究与开发、产品开发、生产制造、销售服务等全过程。

现在的科技产品研发流程更像接力赛，分工更细化，要善于找到自己价值的头部，跑好自己的那一棒。生产及工艺等环节，可以通过 OEM①、ODM② 或者 JDM③ 与产业链企业合作完成，如图 1-4 所示。

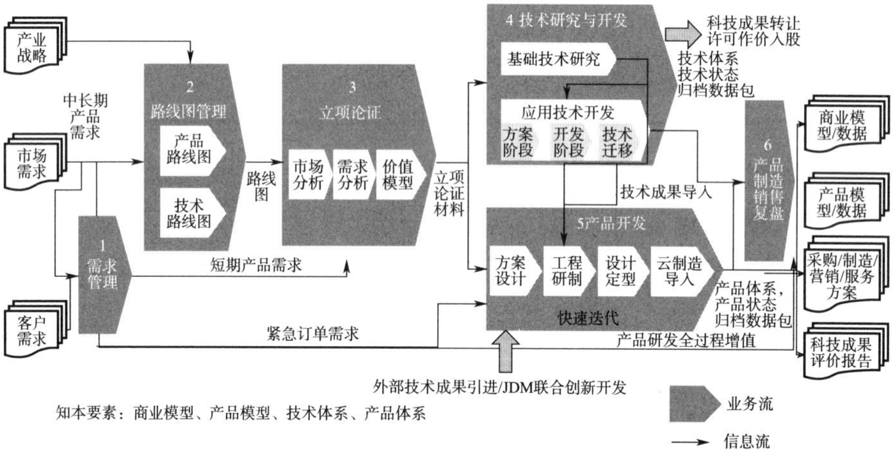

图 1-4　科技产品研发流程

有别于 OEM 和 ODM，JDM 即面向应用，融合产业链，与客户建立的联合定制开发与合作模式，JDM 合作模式科技成果可选择双方共享或客户独有。

---

① OEM（Original Entrusted Manufacture），委托制造，俗称“代工”。
② ODM（Original Design Manufacture），委托设计制造。
③ JDM（Join Design Manufacture），联合设计制造。

案例 1-1：JDM 协同创新，成果共享模式

优秀科技创业公司的核心优势，已经不再是遵循传统思维，根据客户需求按部就班开发了。而是看到机会，站在客户的立场上从产品、技术、商业模式层面的快速跟进和优势建立。JDM 不仅体现于产品开发层面，也体现于产业链的融合。通过与终端客户紧密对接，与客户共同设计、共同研发、共同成长，将与客户的关系从服务变成共生。双方建立业务大数据系统及定期沟通机制，实现需求与研发端、采购端、生产端的对接，提高业务响应速度与资源协作效率。面向客户的紧急需求，产品线更新和交付周期可以缩短到 2 个月甚至更短。

北京昱栎技术有限公司（以下简称昱栎）是一家以 JDM 模式为主的设计公司。昱栎的客户定制化业务模式从简单产品设计、工厂定制起步到逐步成熟，定制层次已渗入产品层面，当时研发的新能源汽车智能教育台架等产品获得了可观的市场份额。

昱栎 JDM 模式真正发生转折是在 2018 年，当时新能源汽车职教国赛举办，而传统油机教具厂商还处在拆车零件拼凑 DIY 阶段。国赛提出了新的标准和要求，亟待一种可实现快速交付，满足新标准、新需求，能快速部署到各大院校且标准统一的新型装备，这是面向刚需应用的深度定制开发，成果就是后来比赛的成功举办和遍布院校全新的易学易用新能源汽车教学装备（图 1-5）。

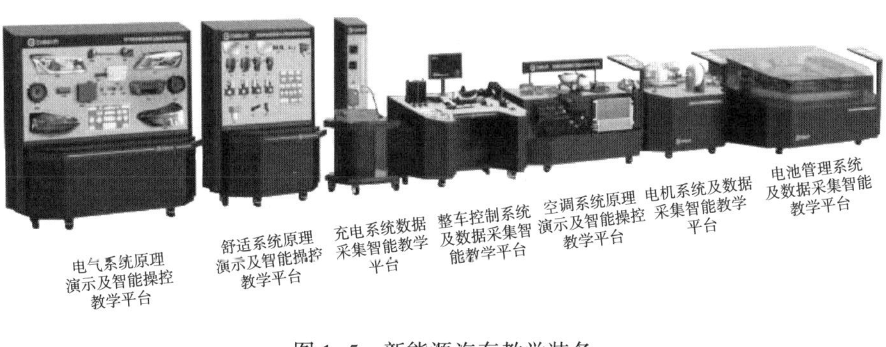

图 1-5　新能源汽车教学装备

如图 1-5 所示，昱栎技术只用了 3 个月时间，开发出包括油电混

合、插电混合、纯电动等车型从全套系统设计到制造的七大系统。昱栎发挥自我优势，开发出最关键的模组模块，内部分组，利用多年的开发经验，将原理设计、电路设计、结构设计、软件设计等结合其他成熟组件进行联合测试调试。最后产品既保证了系统的完整性和真实性，又体现了各系统模块的独立性和可操作性（分控功能，每个模块可以单独学习，并可以和整车对接互联，多工位同步学习），避免了对整车反复训练的破坏性，节约了二次投入成本，产品获得终端用户的高度认可。

昱栎与多家汽车主机厂多层次合作，获得最核心最前沿的配套支持和协议解析。昱栎发动了他们既往的高校客户，让甲方变成合作伙伴，根据各自学科擅长逐点进行技术理论体系支持。同时与7家传统工业设计公司深度融合，建立设计联合体。昱栎根据联合体成员既往的设计案例经验迅速完成细节分发，这里不是传统的分包和转包，而是全新的合作模式。设立专门的项目管理部，与此同时，充分利用互联网的优势建立了一套完善、快捷的实时在线沟通机制，与终端客户联合办公。从原型设计、方案选定到详细设计整个流程，统一思想、统一行动、快速响应。最后联合几十家后端生产制造企业完成设计输出，直到产品落地。

1.2.2 跨越“魔川—死谷—达尔文海”

“魔川—死谷—达尔文海”的科技成果转化阶段如图1-6所示。将着眼点放在0→0.1→1→N各阶段转换中的问题或障碍，每成功地跨越一个障碍，或者每解决一个阶段的难题，科技成果的技术成熟度就上一个台阶。

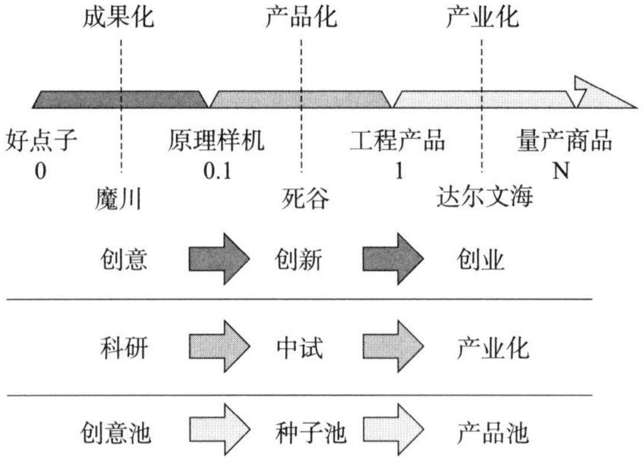

图1-6 “魔川—死谷—达尔文海”的科技成果转化阶段

案例 1-2：设备精灵三代产品，跨越“魔川—死谷—达尔文海”

设备精灵全局物联网管理系统（以下简称设备精灵），是一款基于物联网平台的智能设备管理终端，起点 0 是针对仪器设备运行状态管理痛点提出的一个好点子，1 是工程产品，在这中间有一个关键点 0.1，也就是原理样机的概念验证，设备精灵的专利等科技成果是在从 0 到 0.1 的阶段就开始申请的。

如图 1-7 所示，设备精灵正好经历了三代产品。

第一代产品的重点是概念证明，交付物是功能样机并提出专利申请。

第二代产品的重点是性能验证，交付物是性能样机及可靠性测试报告。

第三代产品的重点是可制造性验证和商业模式，先后完成打样试制和正式批产，交付物是工程产品、BOM、PCB 板、代码等全套资料和商业订单。

图 1-7　设备精灵三代产品

（1）0→0.1 跨越魔川：技术成果化

从科学研究到技术开发转化所经历的障碍被称为“魔川”，其难点是由技术的不确定性造成的。这就要求研究人员进行大胆的探索、试错，以克服技术的不确定性。

对 0.1 的界定标准（技术成果化：技术概念证明）：

➢ 虚拟样机/功能样机 MVP ①；

➢ 专利、软件著作权等科技成果申请。

（2） 0.1→1 跨越死谷：成果商品化

从开发到商业化的过程中，所经历的障碍被称为“死谷”（即死亡之谷）。这些障碍是由顾客的不确定性导致的。这就要求研发人员或者科技成果转化人员准确定义顾客的需求，即应当对顾客进行大量的调研，找到顾客的痛点、痒点。破解“死谷”之道，无非是增加初期投资、尽量节省开支和尽快实现新产品销售这三条途径。

对 1 的界定标准（成果产品化：市场概念证明）：

➢ 取得了一定的用户基础和品牌知名度；

➢ 产品具有自主可控的技术模型和可复制的商业模型；

➢ 匹配的团队。

科技成果转化最需要支持的破局点，是打破研究—开发与量产—市场之间的壁垒，如图 1-8 所示。

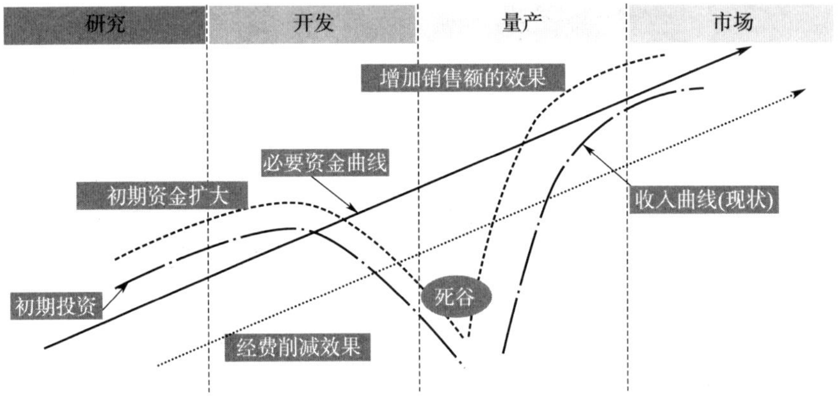

图 1-8　科技成果转化破局点

① MVP（Minimum Viable Product），最简可行产品，指企业用最低的成本开发出可用且能表达出核心理念的产品版本。

(3) 1→N 跨越达尔文海：商品产业化

从商品到产业化所经历的障碍被称为“达尔文海”。这是由市场竞争造成的，即优胜劣汰，关键在于能否找到合适的商业模式。在这一阶段，主要矛盾已经从技术转移到市场，不仅要不断降低产品的单位成本，提高产品的性能，即为顾客提供高性价比的质优价廉产品，还要注重商业模式开发。是否找到合适的商业模式是成败的关键。这个阶段的交付物是具有市场竞争力的量产产品，需要关注大规模批生产阶段的可制造性和资源保障。

2017 年 6 月底，设备精灵拿到了 2 000 套产品订单，以前调试阶段的产品都是几十台的量级，调试设计师自己就能完成，可当产品数量增加上百倍以后，每套产品 5 分钟的对码调试就成为一项难以完成的任务，关键时刻航天原点创客联盟其他同志放弃休息时间过来帮忙，成立了产业化突击队（图 1-9），确保了产品交付的节点。后面研发团队吸取教训，通过优化设计，将对码工作前置到出厂调试环节，解决了大批量生产与小规模试制的可制造性难题。

图 1-9　决战之前的产业化突击队

1.2.3 产品与市场的匹配

是先有技术再去开发市场，还是先有市场再去找技术？

高校、科研院所、央企研发机构等单位的思路是正向转化，往往从基础技术出发，一个技术，对应三个产品，然后开发九个市场去销售。例如研发航空航天等技术，最重要的考虑因素是国家安全而不是成本，而研发民品技术就要重点考虑成本和利润回报。这就使得周期长、投资巨大的高精尖科技成果往往在大型研究机构诞生，而在创业公司就非常难。另一方面，这些高精尖科技成果一旦向民品市场转化，就必须要考虑成本，否则就成为阳春白雪，技术再好，市场也不愿买单，叫好不叫座。

对科技型创业公司来说，更多采取的是反向孵化，从市场需求出发，一个市场，用三个产品来集中去攻，背后还要用九个技术来支撑①。

例如谷仓新国货研究院孵化器主要聚焦消费品和硬件产品的孵化，提供专业化、精细化、系统化的创业服务，用新理念和新技术重新定义消费品。至 2021 年 6 月已累计孵化 137 个项目，7 家企业已成为小米生态链企业，众多企业已经孵化出了爆品，如图 1-10 所示。谷仓原创的反向孵化模式：

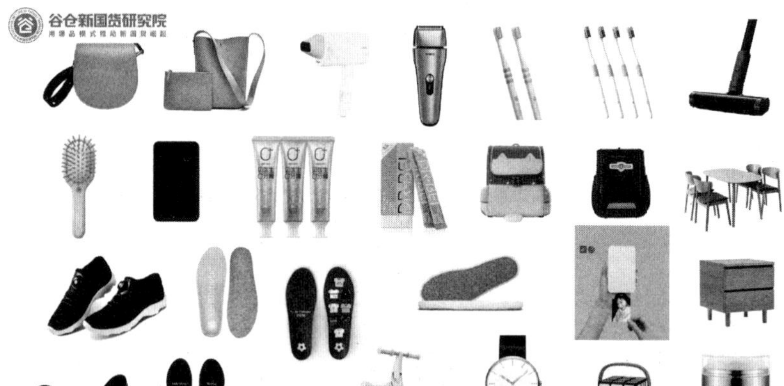

图 1-10　谷仓新国货研究院孵化的部分产品

---

① 来源：北极光邓峰老师在清华大学五道口金融学院科创服务与管理班讲座交流。

➢先有方向，后有团队；

➢先有供应链，后有方案；

➢先有渠道，后有产品；

➢先有资本路径，后有项目。

在理解技术的基线和底线基础上，加上对用户有深刻的了解、对市场有深入的洞察，才能发现技术和市场的结合点 PMF（Product—产品、Market—市场、Fit—匹配），即技术与市场的匹配，也就是在合适的市场时机，做出有合适的性价比的产品，最终匹配市场的需求。

哪些技术可以用到真正的市场、真正的用户场景里，是需要探索的。可运用如图 1-11 所示的“技术—市场四象限图”进行分析。

图 1-11　技术—市场四象限图

第Ⅰ象限：新技术+新市场，有技术壁垒，但技术过于超前，全价值链成本不具备竞争优势，创新也很难成功，比如摩托罗拉的铱星项目。

第Ⅲ象限：现有技术+传统市场，很多靠商业模式互相竞争打价格战，也很难成功，比如之前外卖行业的“千团大战”。

在第Ⅱ象限“传统市场+新技术”和第Ⅳ象限“新市场+现有技术”中，会有更多机会。

案例 1-3：传统市场+新技术：新型化学氧呼吸面罩

呼吸面罩在消防、煤炭等行业已经应用了数十年，且量大面广，各类产品均有相应的国家标准，各行业也有对应的配备规范，属于传统市场品类。新类别的产品在这种成熟市场中几乎不可能出现，即使出现了也极有可能陷入标准化和行业准入的漫漫长路中。而且我们在酒店里面常见的过滤式呼吸面罩价格只有十几元，消防和煤炭行业的隔绝式化学氧自救呼吸器价格也低至百元，长期的低价竞争已经让市场产品进入了技术平稳期，甚至一二十年间未出现重大技术升级，各生产企业产品之间的差异极小。

创业团队瞄准呼吸面罩技术落后的市场特点，挖掘出了传统化学氧呼吸面罩吸气温度普遍过高，佩戴舒适性、安全性差的技术痛点，通过热与流场一体化调控技术和新型低温低阻产氧剂材料的研发，革新了现有品类，将吸气温度从原来几乎无法正常使用的五六十摄氏度降至人体无感的 35 摄氏度以下，与原有同类产品对比形成了明显的技术优势，可以跳出价格战的死水。同时传统的消费级过滤式呼吸面罩虽然使用简便，但无法在缺氧、有害气体组分复杂的环境中使用，新设计的化学氧呼吸面罩隔绝式的使用特点配合新颖美观、佩戴舒适的结构设计，对传统消费级过滤式呼吸面罩形成了一定的替代趋势，提升了传统市场的活力，然后通过有针对性的系列化产品研发，在传统市场领域找到了新的切入点，取得了良好的口碑和销售业绩。新型化学氧呼吸面罩与传统呼吸面罩的对比如图 1-12 所示。

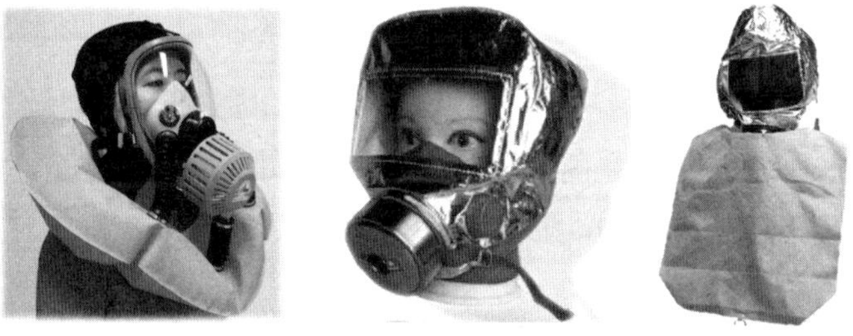

新型化学氧呼吸面罩　　过滤式呼吸面罩　　传统化学氧呼吸面罩

图 1-12　呼吸面罩

案例 1-4：新市场+现有技术：MasSpec 探测笔

2017 年，得克萨斯大学的研究团队研发出了一种能够在手术过程中实时探测癌症组织的 MasSpec 探测笔（图 1-13），这是一种手持装置，它能用极少量（10 微升，即大约一滴水的五分之一大小）的水从组织中轻柔地提取分子，该装置通过一根柔性的管子将样品转移至质谱分析仪（一种能计算样品中所含分子质量的仪器），能够在 20 秒内诊断出癌症组织。

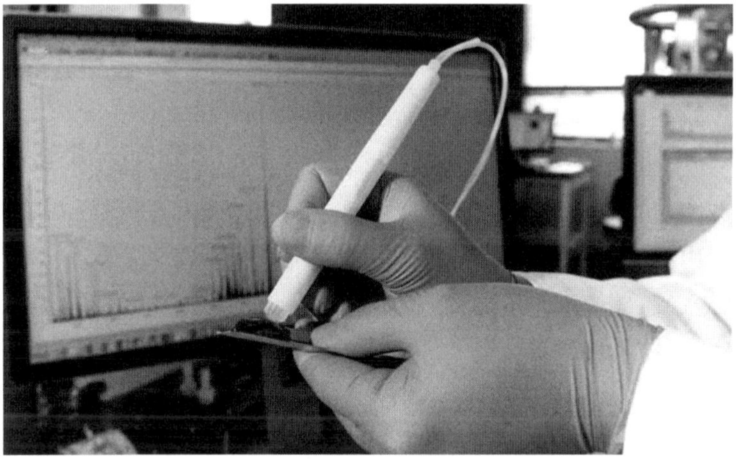

图 1-13　MasSpec 探测笔

这项技术本来是用来检测肿瘤的，现在将该技术迁移到了水产检测新领域。有些鱼肉特别不容易区分，但是价格却相差不少，比如鳕鱼和仿鳕鱼等，经常会被贴错标签，其中不乏供应商刻意以次充好的情况。如果有一种技术可以把这些鱼类轻松地分辨出来，无论对于消费者还是商家来说，都能节省不少成本。

“科学美国人”网站报道：美国得克萨斯大学的科学家正在研发一种用于鱼肉识别的探测笔，使用者用笔尖轻轻接触鱼肉，在 15 秒内，就可以从连接笔的电子屏幕上知道一条鱼的种类以及原产地。

他山之石，可以攻玉。针对一个新领域的市场需求，将其他领域的成熟技术迁移到本领域进行适应性改进，也是一条有效的科技成果转化路径。

1.2.4 产品价值检验①

怎样的技术与市场的匹配才称得上是合理的呢？简单来说，就是面对大活人、解决真问题。图 1-14 中的检验矩阵就是从九个问题出发检验产品模型是否得当，其中基础层、逻辑层、价值层是呈现逐级递进关系的。

价值层（能否创造价值）	效率	成本	用户体验
逻辑层（是否合理）	资源供给	场景	意愿
基础层（是否真实存在）	市场	需求	用户

图 1-14　产品模型的检验矩阵

1.2.4.1 在最底端的基础层判断市场、需求、用户是否真正存在

1）市场的存在：是指这个市场是否成熟。比如 VR 和 AR 市场，用户群是否还停留在只有少数顾客的程度；飞速发展的无人驾驶，是否达到能实际使用的地步。

2）需求的存在：是指需求出自臆想还是真实的发现。这个需求是自己猜测的，还是经过了仔细的分析调研？仅涵盖了亲戚朋友等个体，还是经过了市场数据研究？需要客观评价。

3）用户的存在：是指针对判定出的需求，用户群是否存在，用户量有多大，是否足够支撑产品的产出和迭代，这些都是要考虑的。

1.2.4.2 在逻辑层判断满足需求的逻辑是否合理

1）提供的可能：是指现实中提供服务、功能、内容、产品的真实性。以存在多方产品的平台来说，服务、功能和内容大多由另一端的用户提供，因此他们提供的意愿是要充分考虑的。

2）发生的场景：是指存在的用户及需求要匹配到合适的场景中。比如想要提供服务的人和想接受服务的人在不同的地理区域，或者两者

① 刘飞，《从点子到产品》，收录本书时有改动，已获得作者许可。

出现在不同的时间段，需求就可能对接不上。又如用户认可你设计的产品功能，却找不到恰当的使用时机和触发条件，那说明该产品也是失败的。

3）接受的意愿：是指产品不仅要考虑需求本身的合理性，还要考虑用户对它的接受程度。比如最常见的上门服务，若是各方面都很完备，但用户总是有所顾虑，不愿接受，那产品就不得不面临悲剧收场。

1.2.4.3　在价值层判断产品模型创造的价值是否是正面的

效率、成本和用户体验是产品创造价值的关键要素。

1）效率：能否让一些事情变得更快捷、更有效率，让用户完成一件事更快是最重要的检验要素。

2）成本：效率跟成本往往是对应的。如果提高效率，成本通常会降低。如果效率提升了，成本反而提高了，就要反思产品逻辑是否欠妥、整个模式是否给用户带来价值。

3）用户体验：在当今消费升级时代，体验是很多产品的价值所在。能够让用户节约成本和时间的前提下有更好的体验，才能让产品模型足够稳固。

以上三个层面，至少要在两个不降低的情况下对另一个做提升。好的产品模型，应当是三个层面都有提升。也只有经过这种检验矩阵考量的产品模型，才值得做出真正的产品并投放市场。

比如有些行业，新产品的性能指标要比老产品提升一倍以上，同样的性能指标，新产品的价格要比老产品降低 50% 以上乃至降低一个数量级，才有竞争力。新产品的价值可以参照公式

$$\text{新产品价值} = \text{现有产品价值} + \text{创新增值} - \text{老用户迁移成本} - \text{新用户的获客成本}$$

进行计算。

推荐使用闯关锦囊 2：产品需求—成本分析工具。

任务 1.3　搭配赛车手——科技成果转化三驾马车

科技成果转化本身是一项专业化程度很高的活动，需要将技术成功地融合进产品并销售出去才能创造价值。一项科技成果如能成功转化，有大量的工作需要做，其中离不开科研人才、经营管理人才与成果转化人才的艰苦付出。科技成果的供给端主要是科研人员（科学家），需求端主要是企业家，连接端主要是投资家、政府管理人员、投资人、技术经理人等，这三方面的人才共同构成科技成果转化三驾马车。

技术与市场永远是两个维度，没有技术壁垒，只靠市场营销和商业模式“烧钱”的项目很难成功；同时很多人尤其是科研人员，也会有“技术文化陷阱”的认知误区：认为好技术就等于好价钱。但单靠技术的过度开发来创新产品，产品缺乏市场也很难成功。

科研人员，适合做 CEO（管理路径）还是 CTO（技术路径）？

科技成果转化的主体是刚参加工作的年轻创客，还是有一定工作经验、专业背景、资源渠道和管理能力的中青年骨干？

建议年轻的创客作为预备队，重点是培育创新的基因、培养创业的能力。相对成功的科技成果项目，创新的主体应该是技术实力强、创新活力足的优秀年轻骨干，可按照“在职创新”“离岗创业”的模式，科研人员享受体制内的平台赋能和外部市场的灵活机制，搞成果转化也就没有了后顾之忧，单位也不必担心人才流失。

划重点：成果转化团队负责人符合“二八、五、高”定律，成功的概率相对大一些：

1）28 岁以上；

2）工作 5 年以上；

3）高学历/高职称/高情商，至少一条。

案例 1-5：航天极创：内创+外创的协同团队

航天极创物联网研究院（南京）有限公司（ATIA）成立于 2018 年 5 月，是首家由航天科技成果作价入股成立的创客控股的科创公司，总部坐落于江苏南京，是中国航天科工集团有限公司参股设立的首家科技团队控股经营、国资参股的高新技术企业。航天极创以航天领域技术为基础，秉承着“航天技术、航天品质、极速创新、极致创造”的发展理念，凝心聚力，务实笃行，深耕物联网领域以及智能制造领域。航天极创依托南京总部、青岛特种事业部，集研发、设计、生产、销售、服务于一体，协同推进智能传感器、装备智能制造、工业智能化/信息化三大产业方向布局和发展。构建“人才先行、合作共赢、产学并进”的产业型新型研发机构，已研发和推出多系列智能传感器产品、产品智能化生产线/检测线、智能物流综合保障装备、全局物联网智能监测系统、科技资源共享系统、隧道智能检测系统、多光谱智能检测等产品及技术服务。

航天二〇六所科研人员高宝龙担任总经理（图 1-15），宋高顺担任副总经理，外部创业者郑峰担任副总经理，组成了航天极创的经营管理团队。

图 1-15　航天青年创客高宝龙

按照科技人员“离岗创业”等国家“双创”政策和《中国航天科工集团有限公司支持和保障人才在专有云平台开展“大众创业 万众创新”活动的指导意见》的有关要求，高宝龙和宋高顺两人采取“离岗创业”的形式就职于航天极创，高宝龙担任公司法定代表人。

任务 1.4　创新比赛规则
——正和博弈与合作共生机制

创新是一个对未知路径的探索过程，它具有三大特征：高度的不确定性、高失败率、周期特别漫长。科技成果转化的创新机制需要一个契约组合：在短期内允许试错、容忍失败；同时对长期的成功，给予创新者丰厚的回报①。

国资单位的科技成果转化基于其创新属性和国有资产保值增值要求，更要关注体制机制的创新。通过正和博弈，构建科技成果转化三体生态圈，内外部合作方一起把科技成果转化的蛋糕做大；通过合作共生，构建科创合伙人机制，单位与个人一起把科技成果转化的蛋糕分好。

1.4.1　正和博弈：科技成果转化三体生态圈

科技成果供给端主要是高校、科研院所，以及央企等大企业的内设研发机构以及国家高新技术企业、科技型中小企业等，需求端主要是央企集团、制造类企业、上市公司等，服务端主要包括政府产业引导部门、产业园区等创新载体、科创投资基金、孵化器/加速器、技术转移机构、技术交易机构、协会等社会组织、科创媒体及教育培训资源等，这些外部战略协同资源，共同构成科技成果转化三体生态圈（图 1-16）。

很多传统行业是零和博弈，蛋糕就这么大，几家一分，肯定是你多我少；但是通过科技成果转化三体生态圈，可以把蛋糕做大，实现正和博弈，供给端、需求端、服务端共享科技成果转化增值红利。

---

① 2011 年时在美国麻省理工学院任教的古斯塔沃·曼索教授提出了创新契约理论。

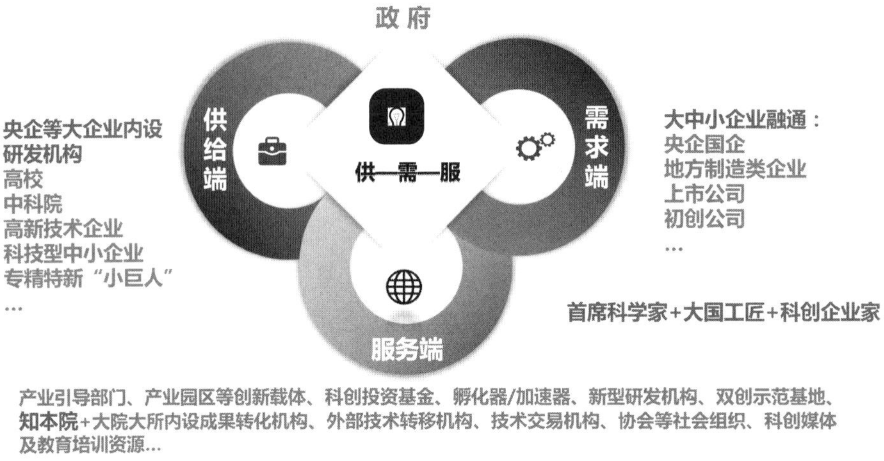

图 1-16　科技成果转化三体生态圈（见彩插）

1.4.2　合作共生：科创合伙人机制

组织和个体的共生：组织和个体关系中，尤其要注意处理好单位与科研人员之间，涉及职务科技成果的权属和利益分配。

国资单位设计科技成果转化的机制，需要关注好以下问题：

1）适用范围：哪些项目能适用科技成果转化政策？

2）激励对象：哪些人能享受成果转化收益？

3）确权时机：什么时机确权？

4）激励额度：激励多少？成本测算规则是什么？

5）实操措施：怎么兑现奖励？激励的起点和结束点在哪儿？

6）特例处理：成果贡献人调动、退休、离职等特殊情况，收益如何分配？

科技成果转化涉及国有资产交易和职工奖薪酬决策，集团总部、基层单位的侧重点也应不同，顶层需要关注规则，基层更需要关注实操。细节决定成败，一定要找有实操经验的高水平团队，找专业的人做专业的事，帮助单位领导履行勤勉尽责义务，免除决策责任风险。

有效提升科技成果转化工作，可对科技成果转化等创新项目实行“科创合伙人”机制。“科创合伙人”是指单位投入资金和资源，科研人员投入知识和时间，促进科技成果实现市场价值，并与单位分享成果转化收益，科研人员合伙组建团队，自下而上实现内部自主管理，自主决定产品发展方向和实现路径的新型的组织与个体的共生模式。

案例 1-6：航天二〇六所“科创合伙人”机制

航天二〇六所组建了以孙磊总师为带头人的航天原点创客团队。团队成员 20 余人，业务范围涵盖科技成果转化、技术、专利、法务、财务、风控等，积极响应国家“大众创业、万众创新”号召，始终秉承“科技强军、航天报国”的企业使命，积极推动内部“双创”、支持外部“双创”，构建了“体系与大系统主体创新+专业技术多维度双创”的科技创新体系，形成了以成果知本券①为基础的科创合伙人制度，推动并形成了“企业有组织、资源无边界”的共享型双创新生态。航天原点创客入选“全国双创示范基地创新创业百佳案例”，先后辅导“设备精灵”“灯塔”相机等 220 多个科技项目成功转化，创新增收过亿元，科技成果转化经验在多家央企和国家双创示范基地被推广，成功为央企科研院所的科技成果转化开辟出了一条道路。

航天二〇六所探索的“科创合伙人”机制，具体运作模式为，科技成果转化团队内部实行高度自治，自主决定产品实现路径和成本控制，模拟公司化运行。合伙团队在内部可以看作一个独立的“初创公司”进行市场核算。采用合伙人制运营，压缩管理层，使团队管理扁平化。设立合伙团队负责人，负责团队的整体工作。确定初始合伙人成员后，后加入者采用“合伙人准入机制”，即须由一名现任合伙人推荐，并经合伙人投票通过方可加入的规则，择优保留核心骨干。合伙人可自愿退出，长时间不参加“双创”团队工作的成员也视为自动退出，不再领取新的“成果知本券”，已发放的“成果知本券”还可以按比例兑现，体现了按照成果贡献度分配的原则，兼顾了新、老合伙人的权益。

---

① 成果知本券具体介绍详见第 7 关任务 7.3。

如图1-17所示，科创合伙人具有知识量化、动态确权、团队合伙、按知分配四大特点：

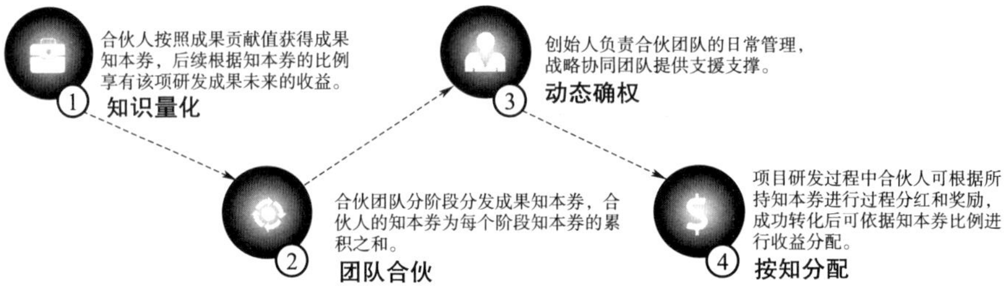

图1-17 科创合伙人特点

通过“科创合伙人”机制，将产品决策权充分下放至科研团队，做到“责权利”相匹配，通过“成果知本券”量化确权、动态奖励。科创合伙人实施流程可参考图1-18。

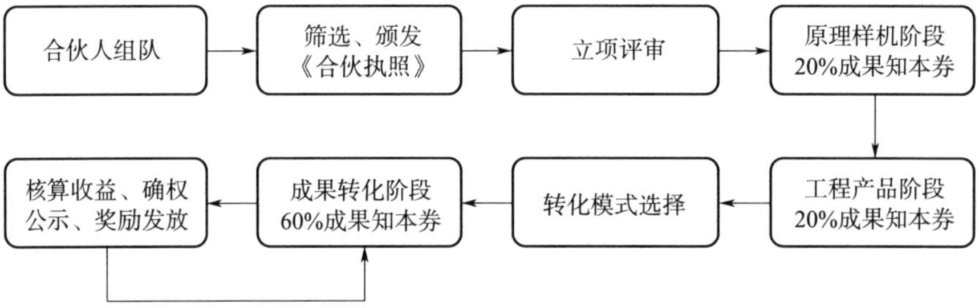

图1-18 科创合伙人实施流程

王立铭老师在《进化论50讲》中，提到了三种类型的组织：细菌型组织、大象型组织、蚂蚁型组织。

细菌型组织具有暂时、松散和去中心化的特征，比如农业时代的人类组织，组织效率不高，但生命力极其顽强；

大象型组织具有长期化、严密性和中心化的特征，比如大企业往往属于工业时代的复杂组织，内部存在分工、合作、对抗、博弈，组织的规模和效率优势明显；

蚂蚁型组织很像一个分布式的大象型组织，建立在组织共同利益基础上，利他也是利己，在纪律性和成长性之间找到了平衡，具有群体智能、分布式、自下而上的特征，实现了个体与组织的共生关系。

科创合伙人的机制设计，参照了公司生物学中的蚂蚁型组织架构：内部组织结构稳定，通过微创新和组合创新不断进化；通过“婚飞”行为进行颠覆式创新，构建区域研发中心、新设初创公司等方式，让创新开枝散叶。

科创合伙人借鉴“航母+战斗机”的特混编队模式，把分布式创新的研发效率、集成创新的协同效应、大规模应用的市场效应，有机结合在一起，构建母体大平台下的创新小团队。

闯关锦囊

锦囊 1：如何获取行业资料[①]

行业资料来源主要有以下渠道：

（1）国家公开的统计数据

包括人口普查数据、智能硬件出货情况等，都可在国家公开的统计数据中查询。

（2）咨询公司提供的行业数据

咨询公司会公开很多的行业数据，以显示自己在该领域的专业性和权威性。这些报告是咨询公司的名声，是他们未来收入的来源和品牌保证，所以会相对精确。

（3）大企业发布的自己领域研究报告

很多企业有自己的研究院，会公开自己的企业和所在行业的发展趋势和变化。这些报告公布的数据通常是比较准确的，因为这体现了企业的权威性。但是企业发布的报告通常有一定的倾向性，所以这些报告要采取批判的态度来看，其公正地描述用户行为的地方，可以直接参考。

（4）企业信息的网站公布的关于企业信息的报告

这些信息和数据主要包括企业的成立信息、股东信息、员工信息、不同公司之间的股东机构等。通常免费版本可以获得基础信息，如果是付费版本可以看到更多的社保信息、工商局信息等。知本院的会员可以通过天眼查、企查查等 App 查询。

（5）投融资平台

哪些行业是投资热点，哪些行业开始冷下来，被追捧的行业和创业公司通常具有什么特点，创始人拥有怎样的背景和简历等非常多详细的

---

① 曹婷婷供稿。

信息都可以在投融资平台看到。如果你要研究的行业和公司是准备上市或已上市的公司，那么信息会更多一些，你可以看他们的招股书，也可以看他们的财报原件，这是了解一个行业和企业的特别好的信息来源。

（6）垂直报告汇集平台

垂直平台通常汇集了所有的市面上的报告，你在这个网站内部直接搜索相关的关键词，可以看到对应的报告，效率和搜索结果都比搜索更好一些。

（7）标书

花几百元买份招标文件，就能掌握甲方的很多需求和行业标准。

（8）券商研报

券商研报，通常是指证券公司的研究部门对与证券产品相关的市场趋势、行业格局和企业动向所做的研究报告。

划重点

避开研报中的“私货”，从中获取有价值的信息，需要注意以下三点：

1）货比三家：尽量选择口碑良好、实力较强的大券商，同时不能只看一家观点，最好博采众长，在比较中进行全面分析。

2）聚焦重点：可以跳过研报中对具体股票标的的推荐，重点关注研究团队对行业信息和底层逻辑的整理与分析。

3）优中选优：在持续阅读了大量研报之后，你就很容易分清哪些分析师是真有水平，哪些是人云亦云或目的不纯的“糟粕”了，这样就更便于之后做进一步的取舍。

锦囊 2：产品需求—成本分析工具①

（1）Kano 模型：需求的优先级排序

如何判断一个需求存在的价值有多大呢？运用东京理工大学教授狩野纪昭（Noriaki Kano）提出的“Kano 模型”进行判断，从产品功能视角来分析，是一个好方法。

图 1-19 所示的 6 类情形是一个简化版的“Kano 模型”。模型中的“行”，描述的是“如果产品有此功能”，用户会“开心”“无所谓”“不开心”；模型中的“列”描述的是“如果产品没有此功能”的情况下，用户相同的三种心理活动。

		如果没有此功能		
		开心	无所谓	不开心
如果有此功能	开心	矛盾	惊喜	期待
	无所谓	错误	无关	必要
	不开心	错误	错误	矛盾

图 1-19　Kano 模型

1）矛盾：如果用户觉得功能存在和不存在都很开心，或者都不开心，显然是有问题的，这种矛盾的情况是存在逻辑问题的，不予考虑。

2）错误：如果功能不存在让用户很开心，或者功能存在让用户不开心，那么这个功能显然是错误的功能，不予考虑。

3）无关：如果功能存在和不存在，用户都觉得无所谓，那功能也就无关紧要了，同样不予考虑。

4）必要：如果功能存在，用户并没有特别的感觉，但功能不存在，用户会不开心。这说明这个功能是要满足基本需求的，也就是大家常说的“痛点”。

5）期待：如果功能存在用户很开心，功能不存在用户很不开心，这就是满足用户最直接、最明显的需求了，因为在用户内心已经对该功

① 刘飞，《从点子到产品》，收录本书时有改动，已获得作者许可。

能有所期待。

6）惊喜：如果功能不存在的时候用户并没有感觉，说明对这个功能，用户之前没有预期。但功能存在用户很开心，也就是说达到了惊喜的效果。这就是我们在第 2 关所说的能够超预期满足用户。

考虑需求的价值时最重要的就是后三类情况。任何需求对应的功能也可以分为“必要型”“期待型”和“惊喜型”三种类型。

（2）需求—成本的优先级判断

开发需求的次序，我们不仅仅要按照需求价值优先级进行排序，还要综合考虑大致的需求成本加以判断，用价值、成本结合下的优先级得出该需求最终的性价比。

我们可以用 P1、P2、P3 完成对需求价值优先级的标注。P1 为“关键”，P2 为“重要”，P3 为“一般”，优先级由高到低。

我们也可以用 D1、D2、D3 完成对需求成本优先级的标注，D1 为“低成本”，D2 为“中成本”，D3 为“高成本”，优先级由高到低。

有了矩阵图我们就可以按需求性价比依次完成功能的开发了。性价比由高到低的顺序可以参考序号从 1 到 9，如图 1-20 所示。

	需求				
P1	关键	1	2	5	
P2	重要	3	4	7	
P3	一般	6	8	9	
		低	中	高	成本
		D1	D2	D3	

图 1-20　成本—需求优先级判断

锦囊 3：6W2H 科技成果成熟度多维分析

可以通过市场成熟度、技术成熟度与团队成熟度三个方面对科技成果成熟度进行分析。

（1）市场成熟度

对于一项科技成果，如果不能达到预期的投资收益率，其转化的动力就不足，就难以实现转化的目的，因此科技成果成熟度应能科学地反映一项科技成果是否有足够的吸引力得到转化，成熟度高的科技成果其得到转化的吸引力更大，即成功转化的可能性较大。科技成果转化不仅取决于它的技术是否成熟，还取决于其市场是否形成，即市场成熟度。

（2）技术成熟度

技术成熟度是综合反映科技成果的技术实用性程度，在技术生命周期中所处的位置，以及实施该成果的工艺流程与所需配套资源的完善程度等，也是反映某个具体系统或项目中的技术所处的发展状态，以及该技术对于达到或实现该系统或项目预期目标的满足程度。可以从以下 5 个角度进行分析：

1）实用性程度；

2）技术生命周期；

3）工艺流程的完善程度；

4）配套资源的完善程度；

5）技术发展状态。

（3）团队成熟度

团队成熟度主要是指技术团队、经营管理团队以及投资方等外部战略协同资源的能力是否互补，是否匹配产品所处的阶段。

（4）6W2H 分析

好的科技成果可以归纳为：市场有刚需、用户有痛点、技术有绝活、团队有活力，科技成果的成熟度可通过 6 个 W、2 个 H 双向各 8 个核心指标进行分析，见表 1-1。

表 1-1　科技成果成熟度 6W2H 衡量因素①

维度	市场成熟度：观世界（外部）	技术成熟度+团队成熟度：看自己（内部）
Which	市场洞察：挣哪个行业的钱？目标行业在哪个细分领域，是否已形成小巨头垄断？	产业方向：产业大方向和产品小方向，我们（创业团队）可选择哪个市场？红海还是蓝海？
Who	用户分析：挣谁的钱？谁会买我们的产品？ to B 还是 to C，产品的用户和付费的客户是不是同一拨人，挣谁的钱？	团队构建：创始人牛不牛，团队齐不齐？资源配置是否合理？
What	需求分析：他们要什么？是中长期需求还是短期需求？	产品定位：我们能提供什么？
When & Where	场景分析：何时用？在哪儿用？	上架时间：何时能提供产品？ 交付场所：交付到哪儿？
Why	竞品分析：当前痛点有哪些未满足的地方？	产品差异化优势：为什么选我们的产品？核心竞争力是什么？
How to do	效果分析：如何通过帮助用户获取价值？效率、成本还是用户体验？	产品实现措施：融资、产品研发、供应链、服务等，具体怎么做？
How much	规模分析： 有多少钱？市场有多大？行业天花板在哪儿？	盈利分析： 怎么挣钱？我们市场份额能占到多少？市场营销怎么做？

① 接头暗号：6W2H，获得使用详解。

拓展阅读

（1）推荐专家

孙磊，中国航天科工二院二〇六所副总师，成果转化首席科学家。

专注航天 24 年，12 年技术+12 年投资管理；

多项专利发明人，多项软著，国家级管理创新成果主创人；

中国专利保护协会国资成果转化与产业融合专委会主任，工信部中小企业发展促进中心产教融合产业实践教授，中国技术创业协会科技创业导师（特聘），230+科技创业项目资深顾问，270 余场成果转化专题讲座；

“航天原点创客”七剑客大师兄，成果知本券、科创合伙人、科技成果转化三体生态圈模式首创者；

实操设备精灵、呼吸面罩等明星项目成功转化；

首单央企大院大所科技成果三权分离的创客控股公司；

主要研究方向为职务科技成果转化投资策略与创新激励机制。

（2）推荐书籍资料

1）克莱顿·克里斯坦森：《创新者的窘境》，中信出版社，2020 年。

2）蔺雷：《内创业革命》，机械工业出版社，2020 年。

3）洪华：《小米生态链战地笔记》，中信出版社，2017 年。

4）吴军：《硅谷之谜》，人民邮电出版社，2015 年。

5）彼得·蒂尔：《从 0 到 1》，中信出版社，2015 年。

6）王煜全：《中国优势：抓住全球创新生态新机遇》，中信出版社，2020 年。

7）刘飞：《从点子到产品》，电子工业出版社，2017 年。

第 2 关

科技成果转化重要概念、政策及流程指南

本关擂主：吴寿仁　孙　芸

欢迎来到科技成果转化第 2 关。

闯关主角

高校院所、央企研发机构等单位的主管领导、科技成果转化管理人员

本关挑战

如何在红线底线内，合法合规做好科技成果转化?

解决方案

任务 2.1　科技成果转化重要概念解析

案例 2-1　医院院长履职过程中取得的发明创造是职务科技成果吗?

任务 2.2　科技成果转化相关政策解析

任务 2.3　科技成果转化流程及关键决策点

闯关锦囊

锦囊 4　科技成果转化 TOP100 常见问题清单

锦囊 5　科技成果转化政策法规体系清单

拓展阅读

推荐专家及书籍资料

任务 2.1　科技成果转化重要概念解析

主要对科技成果、职务科技成果、科技成果转化等基础概念进行解析，其余见锦囊 4：科技成果转化常见问题 TOP100 清单。

2.1.1　科技成果

《中华人民共和国促进科技成果转化法》（以下简称《促进科技成果转化法》）第二条规定："本法所称科技成果，是指通过科学研究与技术开发所产生的具有实用价值的成果。"

这一规定包括以下三层含义：

一是指通过考察、试验、研制、观测等一系列科学技术研究活动取得的自然科学、工程技术、农业和医学等领域的研究成果，不包括人文社会科学领域和决策科学的研究成果；

二是具有实用价值，一般是指应用技术研究成果，不包括具有学术价值或学术意义的基础研究成果；

三是经鉴定、验收、评估、评价等途径验证是成熟的结果。

科技成果的分类如图 2-1 所示，既包括受法律保护的知识产权，也包括公共领域的不受法律保护的科技知识。

常见的有证科技成果如图 2-2 所示。

为了更好地理解《促进科技成果转化法》规定的科技成果的概念，需要注意以下四点：

第一，科技成果一般是应用类科技项目研发的结果，包括由政府财政资金资助所取得的，也包括高校院所、企业和其他组织自行立项、自筹资金研发所取得的。

第二，科技成果与技术基本上是等同的，只是在不同的语境下分别使用而已。

第三，科技成果与专利、软件著作权等知识产权是有区别的。科技

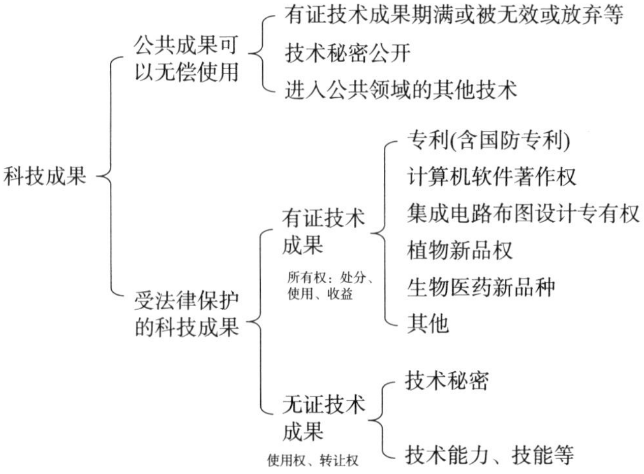

图 2-1　科技成果分类

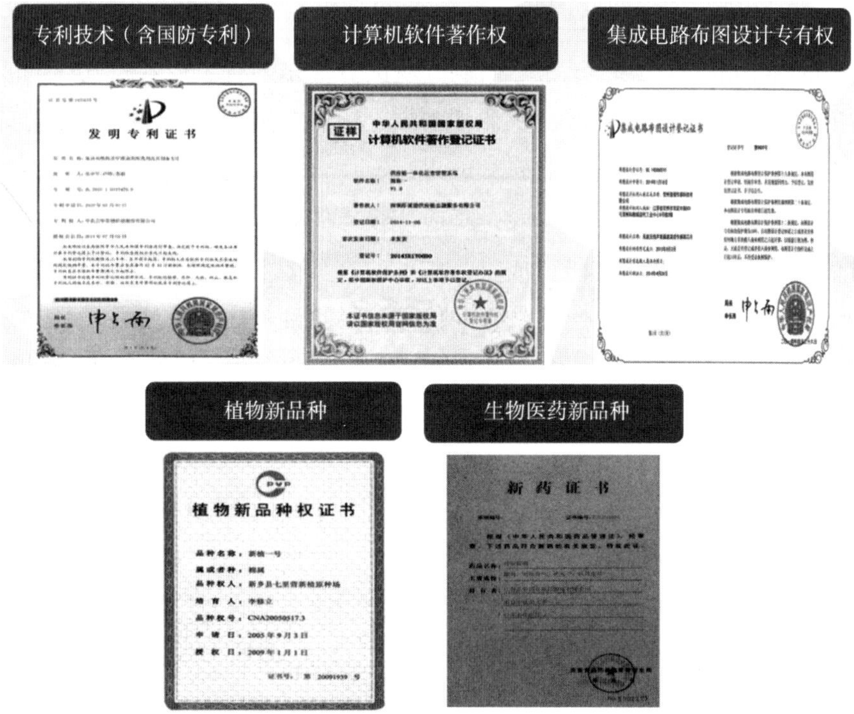

图 2-2　常见的有证科技成果

成果包含了一项或多项知识产权，是知识产权的组合。但任何一件知识产权，也可视为一项科技成果。

第四，科技成果的概念是相对的，每一项科技成果可以细分为若干项科技成果，或者若干项科技成果可以组合成一项科技成果。

基于上述认识，在科技成果转化时，或者处置科技成果时，应当判定其是否是科技成果，如是科技成果，应确定该成果的范围，包括哪些知识产权，哪些公知信息。这是科技成果转化的前提和基础。

2.1.2　职务科技成果

《促进科技成果转化法》第二条规定："职务科技成果，是指执行研究开发机构、高等院校和企业等单位的工作任务，或者主要是利用上述单位的物质技术条件所完成的科技成果。"

职务科技成果两种不同的判定标准：

一是"职责标准"，即执行单位的工作任务所完成的，是科研人员履职中取得的；

二是"资源标准"，即主要利用单位的物质技术条件所完成的，科研人员在科研中利用了单位的科研资源。

职责标准是刚性规定，而资源标准具有较大的弹性，即不是"主要"利用单位的物质技术条件所完成的，可以界定为非职务科技成果。

一般来讲，科技成果的权利归属取决于谁投资与谁研发两个因素，并据此判断科技成果的权利归单位还是个人，主要有以下三种情形：

一是科技人员自行投资并进行研究开发所完成的科技成果，属于非职务科技成果，归投资并研发该成果的科技人员所有。这是投资者与研发者重合的情形。

二是单位组织研发所取得的科技成果是职务科技成果。投资者是单位，研发者是与单位有聘用关系的个人。

三是有约定从约定。有时职务行为与非职务行为是模糊的，是否主要利用单位的物质技术条件也不清晰。在遵循有利于技术进步的原则下，为充分发挥科技人员的积极性与创造性，法人或者其他组织与职工个人在一定条件下也可约定技术成果的归属。

判断一项成果是否是职务科技成果，就是对科技成果进行确权。这也是科技成果转化的基础。而在确权时，要看该成果的完成人是否存在兼职或离岗创新创业的行为，是否存在流动的情形。如存在这些情形，要看是否对知识产权归属做出约定，有约定的，依照约定。没有约定的，应当由相关当事人确定该成果的归属。

案例 2-1：医院院长履职过程中取得的发明创造是职务科技成果吗？①

（1）案例基本情况

某医院 E 目前没有建立专利管理制度，没有制订专利管理规定，也没有出台专利成果转化政策。这就导致医生在诊治病人、手术治疗过程中取得的发明创造，都以个人的名义申请专利并获得授权。该院院长 A 是一位主任医师，擅长某一领域的技术。A 在为病人进行手术操作过程中发现原来的手术刀具不好用，就进行了改良设计。经过多次试验改进后设计出一款新的手术刀具 C，在临床上具有良好的使用效果，就以其个人名义申请了一项实用新型专利 D，并获得专利权授权，专利的技术主题是《一款某一功能性障碍疾病中的一把手术刀具 C》，属于医疗器械。在申请专利之后，A 多次在相关领域的专业课上宣讲并推荐了手术刀具 C。因手术刀具 C 涉及专业技术，需要对新人进行培训指导，目前有厂家 F 想跟 A 合作，生产制造并销售手术刀具 C。

但 A 发现，目前市面上医疗器械公司 B 在销售这种手术刀具，可以初步判断公司 B 涉嫌侵犯 A 的专利权 D，而且 A 并未许可公司 B 对手术刀具 C 进行生产制造和销售等。

A 作为院长，他有一个疑问，将专利权 D 进行转让或许可并赚取收益是否符合相关法律法规的规定？A 对此有顾虑。目前 A 采取的做法是：先将专利权 D 无偿转让给医院 E。之所以这样做，是因为 A 考虑到其本身有院长的行政职务，采用这样“牺牲专利权”的保守做法，能够避免口舌风波：涉嫌利用 A 自己手中的手术刀具这一“职务发明”专利权 D 进行谋利。同时，A 作为一线临床医护工作者，还是希望通过这款手术刀具更好地治疗患者。所谓“医者仁心”，就是“牺牲自己

① 来源：吴寿仁《科技成果转移转化案例解析》，已获得作者许可。

的专利权，造福患者”。

（2）本案例引发的问题思考

1）A 的发明创造是否是职务发明？为什么？

2）A 可否以自己的名义实施专利权 D？

3）从本案例看，在进行科技成果转移转化之前，是否有必要进行确权？为什么？

4）科技成果确权应当注意哪些事项？

5）A 如何解决公司 B 侵犯专利权 D 的问题？

6）医院 E 可否主张专利权 D？医院 E 该如何做？

7）A 有否必要委托技术中介处理这个问题？

8）本案例带给我们哪些思考？

（3）对有关问题的解答

A 院长的发明创造是职务科技成果吗？解答如下：

1）从本案例介绍的情况看，A 的发明创造应是非职务成果。因为 A 是医院 E 的主任医师，手术刀具 C 是他在进行相关手术中对现有刀具进行改良设计取得的，尽管是他在履职过程中取得的，但与其本职工作并无关系。

《专利法》第六条规定，执行本单位的任务或者主要是利用本单位的物质技术条件所完成的发明创造为职务发明创造。专利权 D 的发明虽与 A 履职有关，但既不属于“执行本单位的任务”的范畴，也不是“主要是利用本单位的物质技术条件所完成的”。

很显然，专利权 D 的取得并不是从医院 E 分派给 A 的科研任务取得的，而是 A 按照自己的意志进行深入思考，通过自主研发取得的。也就是说，手术刀具 C 及其专利权 D 的取得与 A 的履职有一定的关系，但与其本职工作无直接的关系，也不能认为他利用了单位的物质技术条件，因为医院 E 是治病救人的，不是研究手术刀具的。手术刀具应是医疗器械公司或相关研究机构的分内事，不是医院的分内事，更不是医生的分内事。不过，医生是手术刀具的使用者，却最有条件进行发明创造。

2）既然专利权 D 不是职务发明成果，是 A 的无形资产，A 完全可以以自己的名义实施专利权D。而且，事实上，A以自己的名义申请并取得了专利权D，符合《专利法》规定。A可以将专利权D转让给他人，或许可他人使用专利权D，也可以将专利权D作价投资。

3）无论是公司B还是厂家F，在进行科技成果转移时应进行确权。如果知识产权不成立，或者存在权属不清，或者存在权属纠纷的可能，会影响后续的转移转化工作，因此应在确认知识产权归属之后再进行合作。

进行科技成果确权，主要确认以下三个方面的权利：

首先，判定科技成果的知识产权构成。一项科技成果有哪些技术主题，每个技术主题包括哪些类型的知识产权。本案例中，技术成果是一款手术刀具，只有一项实用新型专利。

其次，查询知识产权权属状况，以判断知识产权本身是否成立？是否存在什么问题？包括是否有效？有否存在被无效的情形？是否存在不符合专利法规定的情形？从本案例来看，专利权D应该是有效的。

第三，判断知识产权的权利归属。由于A是医院E的职工，也是院长，作为投资者，或者让与人，或者被许可人，在与A进行技术合作洽谈时，应该判断专利权D是否是A在履职过程中取得的，是否属于职务成果。如是职务成果，医院E可以主张权利，就可能存在权属纠纷。投资者就有可能陷入A与医院E的纠纷之中，进而使自己的利益受损。

不过，正如前面分析的，专利权D应是A的非职务发明。

4）在进行确权时，一般应分以下两种情形：

一是自然人取得的科技成果。此时应了解该自然人是如何完成该成果的，是否属于履职行为。特别是对在职的自然人取得的科技成果，应判定该成果是否与其履职有关，是否利用了单位的物质技术条件。如果是，则要谨慎处理，要进一步了解其细节，包括是否与单位就该成果的归属签订了协议。如果与现职单位无关，要进一步了解是否与其前一个单位的履职有关联。如有关联，应进一步了解是否存在离职后一年内完成的情形。通过深入了解，搞清楚该成果的归属。

二是单位取得的科技成果。在这种情形下，应了解该成果完成人在完成该成果的过程中，是否存在以下三种情形之一：兼职、离岗创新创业、变换工作单位。如果存在兼职或离岗创新创业情形的，则应进一步了解是否签订了兼职协议或离岗创新创业协议，协议中对科技人员在兼职或离岗创新创业期间所完成成果的知识产权归属作出了约定，并判断该成果的归属与约定是否一致。如果没有作出约定，应该得到现职单位和兼职单位、离岗创新创业单位对该成果归属的确认。如存在科技人员流动情形，应判定该成果是否在该科研人员流动后一年内取得的。流动后一年内取得的成果，很可能被判定为归前一个单位所有。

结合本案例来看，专利 D 是由 A 申请并获得专利授权，原则上医院 E 不可以对专利权 D 主张权利。投资者在确权时，可以函询医院 E，如果医院 E 答复为不是职务成果，即归 A 所有，则投资者与 A 合作；如果医院 E 答复为职务成果，应由医院 E 和 A 就专利权 D 的归属达成一致。

正如前面分析，专利权 D 是 A 的非职务成果，医院 E 不应该主张权利。

5）A 可以采取以下办法解决公司 B 侵犯专利权问题：

方式一：A 将专利权 D 转让给公司 B，获得一笔专利权转让收入；

方式二：A 将专利权 D 许可给公司 B，获得一笔专利许可收入，或者按照销售每把手术刀具 C 的数量、销售收入、营业利润等进行提成；

方式三：A 将专利权 D 转让或许可给医疗器械公司 F，并要求公司 B 停止侵权，赔偿损失。

6）从本案例来看，医院 E 不可以对手术刀具 C 主张专利权。不过，在本案例中，A 鉴于其医院院长的职务，为避免“口舌风波”，将专利权 D 无偿转让给医院 E，由医院 E 按照《促进科技成果转化法》规定，对专利权 D 实施转化，并从转化收益中提取不低于 50% 的比例奖励 A。

一般情况而言，这种做法似乎不妥，既然是非职务成果，就应当公私严格分离，没有必要公私不分。

不过，A 的做法有可取之处，利用医院这个平台，可更好地宣传推广专利权 D。鉴于他的院长身份，无偿转让给医院 E，可以省去一些不必要的麻烦。

7）本案例中，A可以委托技术中介，包括技术经纪人或技术经理人处理专利权D的实施问题。

首先，A是医院E的院长，不方便自己出面处理一些有关专利实施的问题。

其次，专利权的转让或实施许可，专业性较强，A缺乏这方面的专业知识，很难应付公司B的侵权问题，也不具备与公司B诉诸公堂的法律知识。

最后，科技成果转让或许可等，要花费不少时间和精力。A作为医院E的院长，日常工作比较多，也无暇去处理专利权D的实施问题。

基于上述原因，A委托技术经纪人或技术经理人来处理比较好。委托中介，要支付一笔中介费，看起来增加了成本或支出，但从综合效果来看，却是最省事、最经济的做法。由于技术中介的参与，可以省去沟通障碍，增加了成功率；由于中介的专业性强，可实现成果价值的最大化，弥补成本的支出；中介的参与，可省去自己的宝贵时间和精力，即让自己省心。

8）对于本案例的思考，首先要注意以下三个关键点：一是A是医院E的院长，是领导干部；二是A是主任医师，是专业技术人员；三是A在职有发明创造，并以个人名义申请专利权，且获得了专利授权。可以说，A的身份比较敏感，稍有处理不当，就有可能踩到红线，影响其本职工作。

A自行对专利权D进行转化，并取得收益，政策上是允许的，但在实操中稍不小心就有可能踩到政策红线。即使你自认为没有踩到红线，但别人也可能认为你踩到了红线，让人进退两难，因此A的顾虑是有道理的。

A将专利权D（无偿）转让给医院E，将非职务成果转为职务成果，再以医院E的名义去实施专利技术转化，并根据《促进科技成果转化法》和《专利法》等有关规定，A可从医院E在技术成果转化收益中得到相应奖励。这是相对保守却又是比较稳妥的办法。

2.1.3　科技成果转化

《促进科技成果转化法》第二条第二款规定："本法所称科技成果转化，是指为提高生产力水平而对科技成果所进行的后续试验、开发、应用、推广直至形成新技术、新工艺、新材料、新产品，发展新产业等活动。"

所谓试验，是指验证产品设计和工艺设计是否合理，是否符合实际所进行的研究活动。通过试验取得科学数据，用以修订原产品设计和工艺设计中存在的问题。

所谓试制，是指试着研制新产品，并通过试验、试用等验证新产品是否符合实际，并不断地进行修改完善，直至制成符合要求的新产品。

所谓开发，是指将技术发现出来并加以利用。

所谓应用，是指将科技成果应用于新产品、新工艺、新材料和新服务等开发过程，目的是获得投资回报。

科技成果转化是科技成果的价值实现活动，必须紧紧围绕用户的价值进行，以满足用户的需要。为此，科技成果转化必须做好以下三个方面的开发工作。

1）产品开发，包括新产品开发，或对现有产品的改进。满足用户的需要都是通过产品或服务实现的，因此首先应当利用科技成果开发新的产品或服务，这是科技成果转化的核心与关键。在这一过程中，必须找准用户及其痛点、痒点。这关系到成果转化的成败。

2）工艺开发，即运用新的科技成果，将产品批量地、低成本地生产出来，或持续地、低成本地提供服务。工艺开发必须解决好以下三个问题：一是产品或服务能够批量生产或提供；二是产品或服务之间具备一致性，满足用户的质量要求；三是成本要低，性价比高。

3）商业模式开发，即将产品或服务有效地送达到用户，并被用户所接受。这也是科技成果转化必须考虑的。科技成果转化能否取得成功，很大程度上取决于能否开发出合适的商业模式。

划重点

科技成果转化基于科技成果本身，但不限于有知识产权的科技成果，以下活动也属于科技成果转化活动。

一是利用公知的科学原理、科技知识、科技信息等为他人开发技术、工艺、材料、产品及其系统的技术开发活动。

二是利用公知的科学原理、科技知识、科技信息等为他人提供技术服务，解决技术难题的技术服务活动。

三是利用公知的科学原理、科技知识、科技信息等为他人提供技术咨询活动。

四是企业创造性地运用科学技术新知识，实质性改进产品、工艺等研发活动。

也就是说，除《促进科技成果转化法》第十六条规定的科技成果转让、许可、作价投资，或以科技成果作为合作条件等活动属于科技成果转化以外，技术开发、技术咨询、技术服务，以及绝大部分企业研发活动，都是科技成果转化活动。

任务 2.2　科技成果转化相关政策解析

科技成果转化具有“三多一高”的特点，即主体多元、方式多样，环节多种、复杂程度较高，针对不同主体、不同行为，有不同的政策法规与之适用，而这些政策法规也成为规范科技成果转化行为、支持转化活动的重要支撑和保障。

2.2.1　不同维度科技成果转化政策体系的构建

以下从不同法律层次、不同主题、不同主体三大视角对政策体系进行梳理和构建。

2.2.1.1　基于不同法律层次的政策体系

表 2-1 为基于不同法律层次的科技成果转化部分政策文件。

表 2-1　基于不同法律层次的科技成果转化政策体系

文件性质	法律政策文件（部分）
法律	《民法典》； 《促进科技成果转化法》； 《专利法》； 《著作权法》； 《公司法》等
行政法规	《专利法实施细则》； 《著作权法实施条例》； 《计算机软件保护条例》等
部门规章	《财政部关于修改事业单位国有资产管理暂行办法的决定》； 《企业国有资产交易监督管理办法》等
地方性法规	《北京市促进科技成果转化条例》； 《河北省促进科技成果转化条例》； 《深圳经济特区科技创新促进条例》； 《武汉市知识产权促进和保护条例》等

续表

文件性质	法律政策文件（部分）
规范性文件	《国务院关于印发实施促进科技成果转化法若干规定的通知》; 《国务院办公厅关于印发促进科技成果转移转化行动方案的通知》; 《北京市人民政府办公厅关于北京市促进科技成果转移转化行动方案的通知》; 《上海市人民政府办公厅关于本市推进研发与转化功能型平台建设的实施意见》等

促进科技成果转化法“三部曲”:

1）2015 年 10 月 1 日，修订后的《促进科技成果转化法》开始实施，是我国各类不同主体推动科技成果转化工作的主要法律依据;

2）2016 年 2 月，国务院发布《关于印发实施<促进科技成果转化法>若干规定的通知》(国发〔2016〕16 号);

3）2016 年 4 月，国务院办公厅发布《关于印发促进科技成果转移转化行动方案的通知》(国办发〔2016〕28 号)

“三部曲”属于不同的法律层次，其中，《促进科技成果转化法》由全国人大常委会发布，立法层级和效力最高；国发〔2016〕16 号文件和国办发〔2016〕28 号文件属于国务院印发的规范性文件，这三项法律政策都是不同主体开展科技成果转化的重要法律和政策依据。

2.2.1.2 基于不同主题内容的政策体系

根据政策文件所涉及的内容，可分为综合政策和专项政策。

综合政策内容比较广泛和全面，几乎涵盖成果转化的全部或大部分环节，比如《促进科技成果转化法》，再比如各地方政府出台的“科技十条”“创新十条”等。

专项政策一般聚焦某一个主题展开。我们基于不同主题及其与成果转化的关联程度，将专项政策分为三项值得大家重点关注的主题，即国资管理、人员激励和税收征缴，具体内容见表 2-2。

表 2-2　针对不同主题建议重点关注的专项政策文件

政策主题	建议重点关注的政策文件	文号
国资管理	《财政部关于修改事业单位国有资产管理暂行办法的决定》	财政部令 2019 年第 100 号
	《企业国有资产交易监督管理办法》	国务院国资委、财政部令 2016 年第 32 号
	《企业国有资产评估管理暂行办法》	国务院国资委令 2005 年第 12 号
人员激励	《国务院关于印发实施〈促进科技成果转化法〉若干规定的通知》	国发〔2016〕16 号
	《中共中央办公厅 国务院办公厅关于实行以增加知识价值为导向分配政策的若干意见》	厅字〔2016〕35 号
	《财政部 科技部 国资委关于印发国有科技型企业股权和分红激励暂行办法的通知》	财资〔2016〕4 号
税收征缴	《财政部 国家税务总局关于完善股权激励和技术入股有关所得税政策的通知》	财税〔2016〕101 号
	《财政部 税务总局 科技部关于科技人员取得职务科技成果转化现金奖励有关个人所得税政策的通知》	财税〔2018〕58 号
	《科技部 财政部 税务总局关于科技人员取得职务科技成果转化现金奖励信息公示办法的通知》	国科发政〔2018〕103 号

2.2.1.3　基于不同实施主体的政策体系

正确适用一项政策文件的前提是明确该项政策的适用主体，这也是大家容易误解或误用某项政策的地方。从实施主体看，政策可分为两类：一是一项政策适用多个不同主体，此时要注意政策中不同条款针对某类主体是否有特殊规定；二是一项政策仅适用某一类主体。对于第二种情况，多见于部门规章制度，如部分政策仅针对事业单位或企业，同时我们进一步把国有企业的适用政策单独区分开来。具体见表 2-3。

表 2-3 不同实施主体所对应的政策文件

实施主体	适用的政策文件	文号
各类主体	促进科技成果转化法“三部曲”	国发〔2016〕16 号、国办发〔2016〕28 号
	《中共中央办公厅 国务院办公厅关于实行以增加知识价值为导向分配政策的若干意见》	厅字〔2016〕35 号
	各省市出台的促进科技成果转化条例	—
科研事业单位	《财政部关于修改事业单位国有资产管理暂行办法的决定》	财政部令 2019 年第 100 号
	《财政部关于进一步加大授权力度促进科技成果转化的通知》	财资〔2019〕57 号
	《财政部 税务总局 科技部关于科技人员取得职务科技成果转化现金奖励有关个人所得税政策的通知》	财税〔2018〕58 号
	《科技部 财政部 税务总局关于科技人员取得职务科技成果转化现金奖励信息公示办法的通知》	国科发政〔2018〕103 号
	《人力资源社会保障部关于进一步支持和鼓励事业单位科研人员创新创业的指导意见》	人社部发〔2019〕131 号
国有企业	《企业国有资产交易监督管理办法》	国务院国资委 财政部令 2016 年第 32 号
	《企业国有资产评估管理暂行办法》	国务院国资委令 2005 年第 12 号
	《财政部 科技部 国资委关于印发国有科技型企业股权和分红激励暂行办法的通知》	财资〔2016〕4 号
居民企业	《财政部 国家税务总局关于完善股权激励和技术入股有关所得税政策的通知》	财税〔2016〕101 号

2.2.2 有关科技成果转化的税收支持政策

高校、科研机构等事业单位通过技术转让、技术开发、技术咨询、技术服务以及科技成果入股等方式实施成果转化，在企业所得税、个人所得税、增值税方面能够享受相关税收支持政策。

2.2.2.1 科技成果转化企业所得税有关政策

科技成果转化有关企业所得税政策主要包括两项：一是技术转让减免企业所得税政策；二是技术入股企业所得税递延政策。

2.2.2.1.1　技术转让减免企业所得税政策

根据《企业所得税法》及其实施条例有关规定，一个纳税年度内，居民企业符合条件的技术转让所得不超过 500 万元（中关村国家自主创新示范区特定区域为 2000 万元）的部分，免征企业所得税；超过 500 万元（中关村国家自主创新示范区特定区域为 2000 万元）的部分，减半征收企业所得税。在政策落实方面，财政部和税务总局相继出台了四项配套文件，见表 2-4。

表 2-4　技术转让企业所得税配套政策文件

序号	文件名称	文号
1	《税务总局关于许可使用权技术转让所得企业所得税有关问题的公告》	税务总局公告 2015 年第 82 号
2	《税务总局关于技术转让所得减免企业所得税有关问题的公告》	税务总局公告 2013 年第 62 号
3	《财政部 税务总局关于居民企业技术转让有关企业所得税政策问题的通知》	财税〔2010〕111 号
4	《税务总局关于技术转让所得减免企业所得税有关问题的通知》	国税函〔2009〕212 号

正确使用技术转让减免企业所得税政策，需要注意以下几点：

（1）适用主体

这里的“居民企业”除了在中国境内成立的企业，还包括高校、科研机构等事业单位，以及社会团体和其他取得收入的组织。再进一步，《企业所得税法》中所称的“依法在中国境内成立的企业”，均包括依照中国法律、行政法规在中国境内成立的企业、事业单位、社会团体以及其他取得收入的组织。

（2）技术转让行为

转让行为包括两种情况：一是居民企业转让其拥有的技术的所有权；二是转让 5 年及以上（中关村国家自主创新示范区特定区域为 3 年及以上）技术许可使用权。第一种技术转让行为，技术成果的权属发生变更；第二种转让技术许可权，包括独占许可、排他许可和普通许可三种形式，技术成果的权属并不发生变更。

划重点

> 企业从直接或间接持有股权之和达到100%的关联方取得的技术转让所得，不享受企业所得税减免政策（中关村国家自主创新示范区特定区域除外）。

（3）技术转让范围

居民企业只有转让专利技术、计算机软件著作权、集成电路布图设计权、植物新品种、生物医药新品种这五种形式的技术成果，以及财政部和税务总局确定的其他技术，即“5+1”类技术成果，才可以享受企业所得税减免政策。

划重点

> 上述五类技术的权属都由相应的国务院行政主管部门予以确定，其中，专利由国家知识产权局确定权属；计算机软件著作权由国家版权局登记；集成电路布图设计专有权由国家知识产权局登记；植物新品种权由农业部登记；生物医药新品种由国家食品药品监督管理总局登记。

技术秘密（或称专有技术）并不在该项政策的适用范围之内，即如果居民企业转让一项或若干项技术秘密，是无法享受企业所得税减免政策的；如果企业同时转让技术秘密和上述五类技术，则需对符合规定的技术转让所得单独计算，没有单独计算的，也不能享受企业所得税减免政策。

（4）技术转让所得计算

计算方法是：技术转让所得=技术转让收入-技术转让成本-相关税费。其中，技术转让收入是指当事人履行技术转让合同后获得的价款。

划重点

> 销售或转让设备、仪器、零部件、原材料等非技术性收入是不计算在内的；同时不属于与技术转让项目密不可分的技术咨询、技术服务、技术培训等收入，也不得计入技术转让收入，但如果是在技术转

让合同中约定的与该技术转让相关的技术咨询、技术服务、技术培训，并且这几项收入与该技术转让项目收入一并收取价款，则可以计入技术转让收入。

（5）认定登记

技术转让应签订技术转让合同。其中，境内的技术转让须经省级及以上科技部门认定登记，跨境的技术转让须经省级及以上商务部门认定登记。上述登记证明材料是企业向税务机关办理企业所得税减免税备案手续的必备材料之一。

2.2.2.1.2　技术入股企业所得税递延政策

根据《财政部 税务总局关于完善股权激励和技术入股有关所得税政策的通知》（财税〔2016〕101 号）有关规定，企业以技术成果投资入股到境内居民企业，涉及缴纳所得税时，可选择继续按现行有关税收政策执行，也可选择适用递延纳税优惠政策，即投资入股当期暂不纳税，允许递延至转让股权时缴纳所得税。在政策落实方面，税务总局在上述文件印发一周后，即发布了《关于股权激励和技术入股所得税征管问题的公告》（税务总局公告 2016 年第 62 号），明确了相关企业所得税的征管问题。

综合财税 101 号文件和税务总局第 62 号公告，技术入股企业所得税递延政策在适用时，需要注意以下几点：

（1）政策二选一

企业实施技术入股缴纳所得税，可按现行政策执行，也可递延至股权转化环节。这里所说的现行政策是指《财政部 税务总局关于非货币性资产投资企业所得税政策问题的通知》（财税〔2014〕116 号）所规定的，企业以技术成果投资入股所确认的非货币性资产转让所得，可在不超过 5 年期限内，分期均匀计入相应年度的应纳税所得额，按规定计算缴纳企业所得税。简单来说，企业实施技术入股，可以选择 5 年分期纳税，也可选择在股权转让环节纳税。此外，不管企业选择哪一种方式，对于被投资企业，都可按技术成果投资入股时的评估值入账并在企业所得税前摊销扣除。

（2）企业所得税的计算

计算技术入股有关企业所得税，首先要确认“所得”，将相关所得计入相应年度的应纳税所得额后，即可按规定计算企业所得税。从税法角度，企业实施技术入股，视同非货币性资产转让，并据此确认所得，即为股权转让收入减去技术成果原值和合理税费后的差额。其中，股权转让收入的确认有两个条件：一是投资协议生效；二是已办理股权登记手续。

（3）技术成果范围

能够享受技术入股递延纳税政策的技术成果范围，与上述技术转让所得税减免政策的技术转让范围一致，都是“5+1”类技术成果，包括专利技术（含国防专利）、计算机软件著作权、集成电路布图设计权、植物新品种、生物医药新品种，以及财政部和税务总局确定的其他技术。企业以技术秘密入股，无法享受企业所得税递延政策。

（4）办理备案

企业实施技术入股选择适用递延纳税政策的，应在投资完成后首次所得税预缴申报时，将相关内容填入《技术成果投资入股企业所得税递延纳税备案表》，完成备案手续的办理；未办理备案手续的，将不得享受递延纳税优惠政策。

划重点

实施技术入股的主体不仅有企业，也包括个人，即个人以技术成果投资入股到境内居民企业，应按照“财产转让所得”项目，依法计算缴纳个人所得税。依据财税〔2016〕101号文件，发生上述应税行为时，个人可选择继续按现行有关税收政策缴纳所得税，也可选择适用递延纳税优惠政策。这里的现行政策是指《财政部 国家税务总局关于个人非货币性资产投资有关个人所得税政策的通知》（财税〔2015〕41号），即个人以技术成果投资，纳税人一次性缴税有困难的，可在不超过5年内（含）分期缴纳个人所得税。同时，个人也可按财税〔2016〕101号文件选择递延纳税，即投资入股当期暂不纳税，递延至转让股权时，按股权转让收入减去技术成果原值和合理税费后的差额计算缴纳个人所得税。

2.2.2.2　科技成果转化个人所得税有关政策

个人所得税政策包括现金奖励减半征收政策（详见第 7 关锦囊 14）和股权激励递延纳税政策，本部分重点介绍后者。《财政部 税务总局关于完善股权激励和技术入股有关所得税政策的通知》（财税〔2016〕101 号）分别针对非上市公司和上市公司授予员工的股票（权）期权、限制性股票、股权奖励，提出了递延纳税和适当延长纳税期限的支持政策。

2.2.2.2.1　递延纳税

非上市公司授予本公司员工的股票（权）期权、限制性股票、股权奖励，员工在取得股权激励时可暂不纳税，递延至转让该股权时纳税；股权转让时，按照股权转让收入减除股权取得成本以及合理税费后的差额，适用“财产转让所得”项目，按照 20% 的税率计算缴纳个人所得税。

这项政策在适用时，需要注意以下几点：

（1）须同时满足七项条件

1）属于境内居民企业的股权激励计划。即依照外国（地区）法律成立，但实际管理机构在中国境内的居民企业不在该项政策的适用范围之内。

2）股权激励计划经公司董事会、股东（大）会审议通过。未设股东（大）会的国有单位，经上级主管部门审核批准。股权激励计划应列明激励目的、对象、标的、有效期、各类价格的确定方法、激励对象获取权益的条件、程序等。

3）激励标的是本公司股权。股权奖励的标的可以是技术成果投资入股到其他境内居民企业所取得的股权。

4）激励对象应为公司董事会或股东（大）会决定的技术骨干和高级管理人员，激励对象人数累计不得超过本公司最近 6 个月在职职工平均人数的 30%。

5）须在股权激励计划中列明激励股权的持有时间，即股票（权）期权自授予日起应持有满 3 年，且自行权日起持有满 1 年；限制性股票自授予日起应持有满 3 年，且解禁后持有满 1 年；股权奖励自获得奖励之日起应持有满 3 年。

6）股票（权）期权自授予日至行权日的时间不得超过 10 年。

7）实施股权奖励的公司及其奖励股权标的公司所属行业均不属于《股权奖励税收优惠政策限制性行业目录》范围（公司所属行业按公司上一纳税年度主营业务收入占比最高的行业确定）。即对实施股权奖励的公司设置了行业负面清单，属于表 2-5 中所列行业的公司如实施股权奖励，不能享受递延纳税政策。

表 2-5 股权奖励税收优惠政策限制性行业目录

门类代码	类别名称
A（农、林、牧、渔业）	03 畜牧业（科学研究、籽种繁育性质项目除外） 04 渔业（科学研究、籽种繁育性质项目除外）
B（采矿业）	采矿业（除第 11 类开采辅助活动）
C（制造业）	16 烟草制品业 17 纺织业（除第 178 类非家用纺织制成品制造） 19 皮革、毛皮、羽毛及其制品和制鞋业 20 木材加工和木、竹、藤、棕、草制品业 22 造纸和纸制品业（除第 223 类纸制品制造） 31 黑色金属冶炼和压延加工业（除第 314 类钢压延加工）
F（批发和零售业）	批发和零售业
G（交通运输、仓储和邮政业）	交通运输、仓储和邮政业
H（住宿和餐饮业）	住宿和餐饮业
J（金融业）	66 货币金融服务 68 保险业
K（房地产业）	房地产业
L（租赁和商务服务业）	租赁和商务服务业
O（居民服务、修理和其他服务业）	79 居民服务业
Q（卫生和社会工作）	84 社会工作
R（文化、体育和娱乐业）	88 体育 89 娱乐业
S（公共管理、社会保障和社会组织）	公共管理、社会保障和社会组织（除第 9421 类专业性团体和 9422 类行业性团体）
T（国际组织）	国际组织

注：以上目录为财税〔2016〕101 号文件附件，按照《国民经济行业分类》（GB/T 4754—2011）编制。

如不同时满足全部条件，或递延纳税期间公司情况发生变化，则不得享受递延纳税优惠，应按规定计算缴纳个人所得税。

（2）三种激励方式的内涵

这项政策适用三种股权激励方式，其中股票（权）期权是指公司给予激励对象在一定期限内以事先约定的价格购买本公司股票（权）的权利；限制性股票是指公司按照预先确定的条件授予激励对象一定数量的本公司股权，激励对象只有工作年限或业绩目标符合股权激励计划规定条件的才可以处置该股权；股权奖励是指企业无偿授予激励对象一定份额的股权或一定数量的股份。

（3）纳税环节合并

公司员工从取得激励股权到转让股权，存在两个纳税环节，即取得股权时，按“工资薪金所得”3%～45%的超额累进税率缴纳个人所得税；转让股权时，按“财产转让所得”20%的税率缴纳个人所得税。该项递延纳税政策不仅将纳税时点递延至股权转让，还将上述两个纳税环节并作一个纳税环节，即仅在股权转让时，按照股权转让收入减除股权取得成本以及合理税费后的余额，适用“财产转让所得”，统一适用20%税率，这样员工的综合税负约降低7%～8%。

图 2-3 为非上市企业股权激励递延纳税示意图。

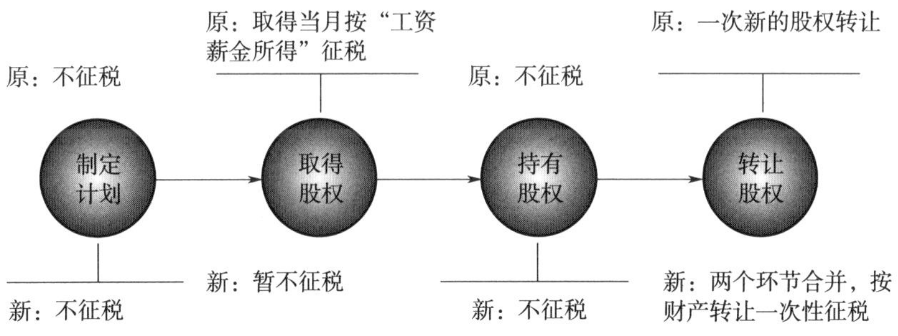

图 2-3　非上市企业股权激励递延纳税示意图

在计算股权转让“所得”时，股权取得成本按如下方式确定：股票（权）期权按行权价确定，限制性股票按实际出资额确定，股权奖励取得成本为零。

（4）办理备案

满足全部政策适用条件，且个人选择递延纳税的，非上市公司应在股票（权）期权行权、限制性股票解禁、股权奖励获得的次月 15 日内，向主管税务机关报送《非上市公司股权激励个人所得税递延纳税备案表》、股权激励计划、董事会或股东大会决议、激励对象任职或从事技术工作情况说明等。实施股权奖励的企业同时报送本企业及其奖励股权标的企业上一纳税年度主营业务收入构成情况说明，以此确认企业不属于上述行业负面清单所列领域的企业。

2.2.2.2.2　适当延长纳税期限

上市公司授予个人的股票期权、限制性股票和股权奖励，个人可自股票期权行权、限制性股票解禁或取得股权奖励之日起，在不超过 12 个月期限内缴纳个人所得税。

划重点

上述股权激励递延纳税政策主要依据财税〔2016〕101 号文件，实施激励的主体包括非上市企业和上市企业。科技成果转化实践中，还有一类股权激励的实施主体是高校、科研机构等事业单位，即高校、科研机构以科技成果入股方式实施转化，并将科技成果形成的股权或者出资比例的一部分奖励给科研人员。此时科研人员获得的激励股权，仍可享受递延纳税，即递延至股权转让时缴纳个人所得税，主要依据的是《财政部 国家税务总局关于促进科技成果转化有关税收政策的通知》（财税字〔1999〕45 号）和《国家税务总局关于促进科技成果转化有关个人所得税问题的通知》（国税发〔1999〕125 号）等文件，不是财税〔2016〕101 号文件。其中，国税发〔1999〕125 号文件规定："科研机构、高等学校转化职务科技成果以股份或出资比例等股权形式给予科技人员个人奖励，暂不征收个人所得税"，同时规定"获奖人转让股权、出资比例，对其所得按"财产转让所得"应税项目征收个人所得税，财产原值为零"。

2.2.2.3　科技成果转化增值税有关政策

根据《财政部 国家税务总局关于全面推开营业税改征增值税试点

的通知》（财税〔2016〕36 号）附件 3《营业税改征增值税试点过渡政策的规定》有关规定，纳税人提供技术转让、技术开发和与之相关的技术咨询、技术服务，免征增值税。这项政策是从“营改增”之前免征营业税政策过渡而来。

划重点

纳税人申请免征增值税时，须持技术转让、开发的书面合同，到相关科技主管部门进行技术合同认定，并持相关证明文件报主管税务机关备查。转让方（或受托方）根据技术转让或开发合同，为帮助受让方（或委托方）掌握所转让（或委托开发）的技术，而提供的技术咨询、技术服务业务，且这部分技术咨询、技术服务的价款与技术转让或技术开发的价款应当在同一张发票上开具。纳税人独立提供的技术咨询和技术服务，是不能享受增值税免征政策的。

任务 2.3　科技成果转化流程及关键决策点

科技成果转化流程如图 2-4 所示，有 3 个关键决策点（Decision Check Point，DCP）：

（1）第一个关键决策点 DCP1：高价值科技成果筛选

（具体解决方案见第 3 关）

1）单位受理科研人员提交的发明披露，并分析判断其价值，进而做出是否申请知识产权、申请何种知识产权的判断。如果申请知识产权，则要负责组织撰写申请材料，并向有关知识产权部门提出申请。如果认为适合采取保密措施以技术秘密的形式加以保护的，则要及时组织定密，并根据密级采取相应的保密措施。如果认为所披露的发明不够完善，则反馈给科研人员加以补充、完善。如果认为没有市场价值的，也应反馈给科研人员调整研发方向，或者发表论文。

2）跟踪知识产权申请的授权情况，争取更大的授权范围，以取得最大的知识产权权益。

3）做好存量知识产权的管理，定期分析、评判其价值，对于失去市场价值的知识产权，应当及时放弃，以降低保护成本，对有市场价值的知识产权，要及时缴纳年费或者采取其他措施，防止其失效。

4）做好存量知识产权的保护，对侵权行为应当及时采取相关措施，或者配合法务部门采取相应的法律措施。

以知本院辅导的某央企研究所为例，梳理该单位现有的科技成果库，可以将其科技成果分为 4 类并采取对应的成果处置方式：

A 类科技成果：与单位主业核心技术和关键产品有关的高价值成果，可选择自行实施，不对外转移；

B 类科技成果：目前已经转化形成产值的非主业高价值成果，根据成果特点，可选择对外转让、许可、作价入股的转化方式，继续增加该科技成果的收益；

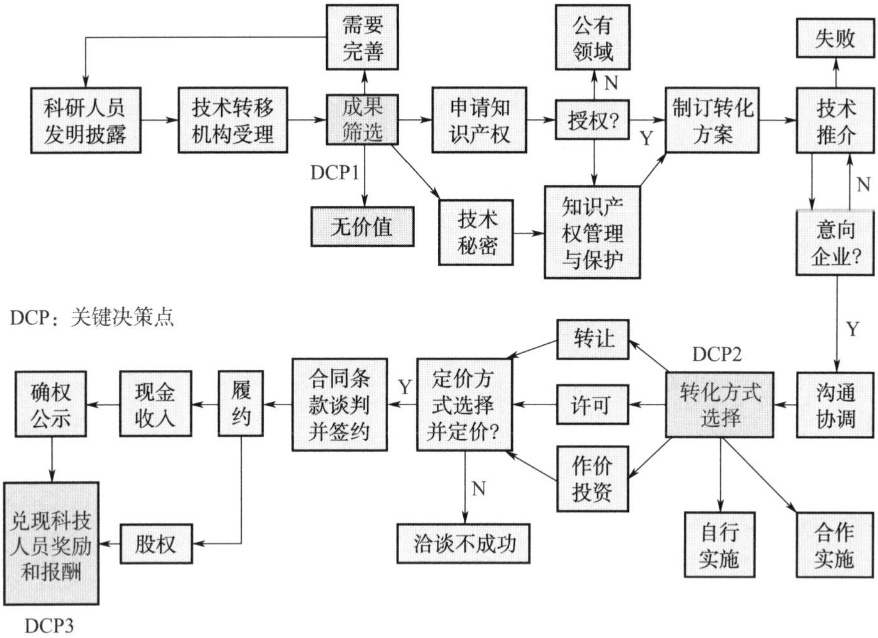

图 2-4　科技成果转化流程及关键决策点

C 类科技成果：本身有价值、但需要继续投入研发经熟化后才能转化的，可选择相应渠道立项研发，通过从课题、创新基金等获取内外部资金资源支持，也可选择对外转让、许可，或者合作实施；

D 类科技成果：本身没有转化价值，有可能是科研人员为了考核评职称用的，应该尽快清理，减少不必要的科技成果维护费用。以发明专利为例，从专利申请到专利保护到期，整个周期申请维护费用约 8 万元，维护专利也需要付出代价的。

（2）第二个关键决策点 DCP2：科技成果转化方式选择

（具体解决方案见第 4~6 关）

对于每一项科技成果，都应该按照“一品一策”方式制订转化方案：一般性的科技成果，可以科技成果完成人为主拟订，技术经理人（或单位内设成果转化机构人员）配合；对一些重大的科技成果，应由技术经理人拟订，科技成果完成人配合。转化方案经有关部门审核并按照单位的决策程序审定以后，组织实施，可以采取多途径、多渠道推介科技成果，包括直接向相关行业的企业、投资机构等发函推介，或者通过行业性展览会、技术交易会等渠道推介，或者委托技术交易市场、技术经纪机构等推介，也可以鼓励科技成果完成人以在职创办企业或者以离岗创业的方式转化科技成果。图 2-5 为五种科技成果转化方式对比。

方式	权属变化	优点	不足	工资总额	个税减半
自行实施	知识产权不转移，风险收益全归成果所有人	消除了中间环节，降低交易成本	产业链过长，没有充分整合社会优势资源	不受限	不享受
成果转让	知识产权转移，科技成果所有权变化，涉及国有资产交易，风险收益转至成果受让人	交易界面清晰，一把一利索，受让人用科技成果所有权比较容易融资	资产评估、公示周期长，国有资产需要在技术市场交易，交易时间较长、过程复杂，转让费用较高，中小企业很难承担	不受限	享受（限非营利性研发机构和高校）
成果许可	知识产权不转移，科技成果实施权交易	交易成本低，交易对价低，被许可人不需要一次性支付费用	后期的许可费很难收回	不受限	享受（限制同上）
合作实施	知识产权不转移，收益共享，风险共担	程序简单，优势互补，合作企业不必支付成果使用费或转让费	转化效果取决于双方信任度，双方合作关系不紧密，收益分成核算难	不受限	不享受
作价入股	知识产权转移，科技成果所有权变化，涉及国有资产交易，收益共享，风险共担	无需现金出资，利益与经营业绩绑定，合作关系紧密的经营实体	资产评估、公示周期长，设立新公司投资审批长	不受限	不享受

图 2-5　五种科技成果转化方式对比

（3）第三个关键决策点 DCP3：职务科技成果转化奖励兑现

（具体解决方案见第 7 关）

成果不转化就是“零”，可如果机制不对，比如还是按传统模式过多分摊成本，有可能转化净收益会变成负数。成果转化机制再好，也要细胞级微操执行，打通成果转化最后 1 厘米。大河有水小河满，既要单位获得产值 GDP，也要科技人员有肉吃。真金白银给到一线科研人员手里，及时激励。单位要关注科技成果转化收入与直接成本的核算，受理课题组成员分配方案的备案及相关争议的处理等。

（4）科技成果转化过程中的勤勉尽责

国资单位的科技成果既具有创新属性，同时作为国有资产也具有保值增值要求，单位领导需要关注勤勉尽责这一要求。

《国务院关于印发实施〈中华人民共和国促进科技成果转化法〉若干规定的通知》（国发〔2016〕16 号）第（十）条规定，“科技成果转化过程中，通过技术交易市场挂牌交易、拍卖等方式确定价格的，或者通过协议定价并在本单位及技术交易市场公示拟交易价格的，单位领导在履行勤勉尽责义务、没有牟取非法利益的前提下，免除其在科技成果定价中因科技成果转化后续价值变化产生的决策责任”。这一规定提出了“勤勉尽责”的规定。对于这一规定，可以从以下 5 个方面来理解：

1）依照法定要求定价，即《促进科技成果转化法》第十八条规定的“应当通过协议定价、在技术交易市场挂牌交易、拍卖等方式确定价格”；

2）同时满足“履行勤勉尽责义务”和“没有牟取非法利益”两个前提条件；

3）科技成果转化后续价值变化，有两种可能的结果：一是亏损或甚至完全失败；二是科技成果后续价值超出预期，科技成果的价值被低估。无论哪一种结果，都是因为科技成果的价值难以事先判断或确定，是不可控的，不是决策者能够事先准确判断的；

4）定性为“有责”；

5）处理办法是免除该责任。

“勤勉尽责”反映的是高度负责的精神和履行应尽的职业责任，但怎么才算勤勉尽责，法律还没有做出明确的规定。

《国务院关于印发国家技术转移体系建设方案的通知》（国发〔2017〕44 号）第（十八）条提出，“针对技术转移过程中高校、科研院所等单位领导履行成果定价决策职责、科技管理人员履行项目立项与管理职责等，健全激励机制和容错纠错机制，完善勤勉尽责政策，形成敢于转化、愿意转化的良好氛围”。这在国发〔2016〕16 号文规定的基础上，提出了三项重要内容：

一是对技术转移中的责任进行了划分，单位领导应履行成果定价决策职责，科技管理人员应履行项目立项与管理职责，从文字表述来看，这两项职责性质与内容是不一样的：前者是决策职责，后者是管理职责；前者对成果定价负责，后者对项目立项与管理负责。

二是提出健全容错纠错机制，即《关于进一步激励广大干部新时代新担当新作为的意见》第四条规定。

三是提出完善勤勉尽责政策。从这一规定可知，容错纠错与勤勉尽责不是一回事，前者是体制机制层面，后者是政策层次，因而是两个层面的问题。

《国务院关于推动创新创业高质量发展打造“双创”升级版的意见》（国发〔2018〕32 号）第（三十二）条提出，“鼓励各地方先行先试、大胆探索并建立容错免责机制”。每一项科技成果的转化，都是探索性科技活动，涉及环节多，需要的过程较长，期间难免存在纰漏。有了容错免责机制，各地、各单位、科技人员才敢于去探索，敢于先行先试。

以上海 2017 年出台的《上海市促进科技成果转化条例》第二十六条为例：一是该条例第二十六条第一款规定，研发机构、高等院校、国有企业的相关负责人根据法律法规和本单位依法制定的规章制度，开展科技成果转化工作，履行了民主决策程序、合理注意义务和监督管理职责的，即视为已履行勤勉尽责义务。二是将“未牟取私利”改为“未谋取非法利益”，即承认“研发机构、高等院校、国有企业的相关负责人”有私利，因为他们依法享有科技成果转化的奖励和报酬权。三是定性为“不因科技成果转化后续价值变化而产生决策责任”，即自始就不产生责任。

闯关锦囊

锦囊 4：科技成果转化 TOP100 常见问题清单[①]

第一模块　概念解析

1）什么是科技成果？

2）什么是职务科技成果？

3）什么是科技成果完成人？

4）职务科技成果的权属能否授予职务科技成果完成人？

5）什么是科技成果转化？

6）科技成果转化的主要内容是什么？

7）什么是科技成果转化人员？

8）为什么说科技成果转化的根本目标是发展新产业？

9）影响科技成果转化的因素有哪些？

10）什么是科技成果转移？

11）科技成果转移与科技成果转化有何不同？

12）“四技”服务是不是科技成果转化？

第二模块　科技成果的价值与知识产权保护

13）如何判断科技成果的价值？

14）如何衡量专利质量的高低？

15）如何获得高质量的专利？

16）如何判断一项科技成果是否值得转化？

17）为什么知识产权管理应贯穿于科研的全过程？

18）申请知识产权都是为了实施吗？

19）为什么说大量的低质量专利阻碍科技成果转化？

① 吴寿仁，《科技成果转化操作实务》，授权知本院发布。

20）申请专利应当考虑哪些因素？

21）科技成果的知识产权有哪些保护方式？

22）影响专利质量的因素有哪些？

第三模块　科技成果转移转化方式及其选择

23）在什么情况下选择自行实施科技成果转化？

24）如何以许可或者转让的方式转化科技成果？

25）科技成果转让与许可有何不同？

26）如何以科技成果作为合作条件与他人合作转化？

27）为什么要以科技成果作价投资，折算股份或者出资比例？

28）如何以科技成果作价投资，折算股份或者出资比例？

29）科技成果转让与科技成果作价投资有何不同？

30）科技成果持有人可以科技成果的使用权作价投资吗？

31）科技创业属于科技成果转化吗？

32）科技成果转化方式还有哪些？

33）科技成果转化收益该如何分配？

34）如何做好科技成果转化的策划？

第四模块　科技成果转移转化平台建设与服务

35）商务谈判是以科技成果完成人为主还是单位的技术转移机构为主？

36）如何促进科技成果转移转化中介服务机构的发展？

37）如何促进技术经纪人的发展？

38）加强科技成果转化，为何要加强共性技术研究开发？

39）加强科技成果转化，为何要促进工程技术研究中心的建设与发展？

40）加强科技成果转化，为何要支持新型研发机构的发展？

41）如何引导和支持科技类社会组织更好地服务于科技成果转化？

42）如何支持科技企业孵化机构的发展？

43）加强科技成果转化，为何要且该如何支持众创空间的发展？

第五模块　科技成果市场化定价

44）为什么要对科技成果进行价值评估？

45）如何对科技成果的价值进行评估？

46）如何确定科技成果的实施许可费吗？

47）市场化定价与评估作价矛盾吗？

48）如何处理好评估与市场化定价的关系？

49）为什么采取协议定价方式要公示拟交易价格？

50）协议定价的拟交易价格如何公示？

51）如何处理公示与成交的关系？

52）如果对拟交易价格有异议的，应当如何提出异议？

53）对拟交易价格有异议的，公示部门应当如何处理异议？

54）科技成果在技术交易市场挂牌交易是怎么回事？

55）科技成果拍卖是怎么回事？

第六模块　各类主体的科技成果转移转化

56）为什么研究开发机构、高等院校等事业单位不太愿意以科技成果作价投资？

57）研究开发机构、高等院校如何走通以科技成果作价投资之路？

58）以科技成果作价投资形成的国有产权要保值增值吗？

59）如何促进研究开发机构、高等院校加强科技成果转移转化？

60）研究开发机构、高等院校应当如何推进科技成果转移转化？

61）企业如何成为科技成果转移转化的主体？

62）如何降低行政领导在科技成果转移转化中的决策风险？

63）科技成果转移转化收益低于研发投入还要转移转化吗？

64）科技成果转移转化没达到预期目标会造成国有无形资产流失吗？

第七模块　科技人员的奖励与报酬

65）科技成果转移转化收入怎么使用？

66）如何给予为转化科技成果做出重要贡献的人员奖励和报酬？

67）为完成与转化科技成果做出重要贡献的人员获得的奖励和报酬比例多少合适？

68）如何确定为完成、转化职务科技成果做出重要贡献的人员的奖励和报酬标准？

69）科技成果转让或许可的净收入是否应扣除研发成本？

70）科技成果完成人离职了，可否获得奖酬？

71）以科技成果作价投资，科技成果完成人是分股权还是分股权收益？

72）科技成果以作价投资方式转化的，以股份或出资比例形式给科技人员的奖励和报酬是先奖后投还是先投后奖？

73）太赫兹技术成果作价投资一波三折说明了什么？

74）科技成果完成团队有否必要设立持股公司？

75）营业利润是怎么计算的？

76）为什么把给予为完成、转化职务科技成果做出重要贡献的人员的奖励和报酬的支出要计入当年本单位工资总额？

77）转化收益用于人员激励的部分为何不计入工资总额基数或者绩效工资总额基数？

78）转化收益用于科技人员的奖励和报酬是否纳入社会保险费的缴费基数？

79）担任领导职务的科研人员能否获得科技成果转化的奖励和报酬？

80）科技人员获得的奖励和报酬如何缴纳个人所得税？

81）国有科技企业如何实施股权与分红激励？

82）一般企业如何为科技人员设计股权激励方案？

第八模块　科技人员的权利与义务

83）科技人员在科技成果转化中享有哪些权利？

84）科技人员在科技成果转化中应当履行哪些义务？

85）单位放弃职务科技成果的知识产权时，是否要征询职务科技成果完成人的意见？

86）单位转让职务科技成果时，职务科技成果完成人可否享受优先受让权？

87）科技人员兼职转化科技成果有何要求？

88）科技人员离岗创业转化科技成果有何要求？

89）为什么要允许科技人员兼职或离岗创业转化科技成果？

90）允许离岗创业与清理“吃空饷”是否矛盾？

91）从事技术转移、科技成果转化的科技人员能否参加专业技术职称评审？

第九模块　科技成果转移转化的财税金融扶持政策

92）为什么要进行高新技术成果转化项目认定？

93）科技成果转化可享受哪些税收优惠政策？

94）如何运用政府采购政策促进科技成果转化？

95）如何引导商业银行支持科技成果转化？

96）以知识产权质押可否向商业银行贷到款？

97）如何引导创业投资投向科技成果转化？

98）如何引导保险机构支持科技成果转化？

99）如何推动投贷保联动？

100）为什么需要科技金融信息服务平台？

锦囊5：科技成果转化政策法规体系清单

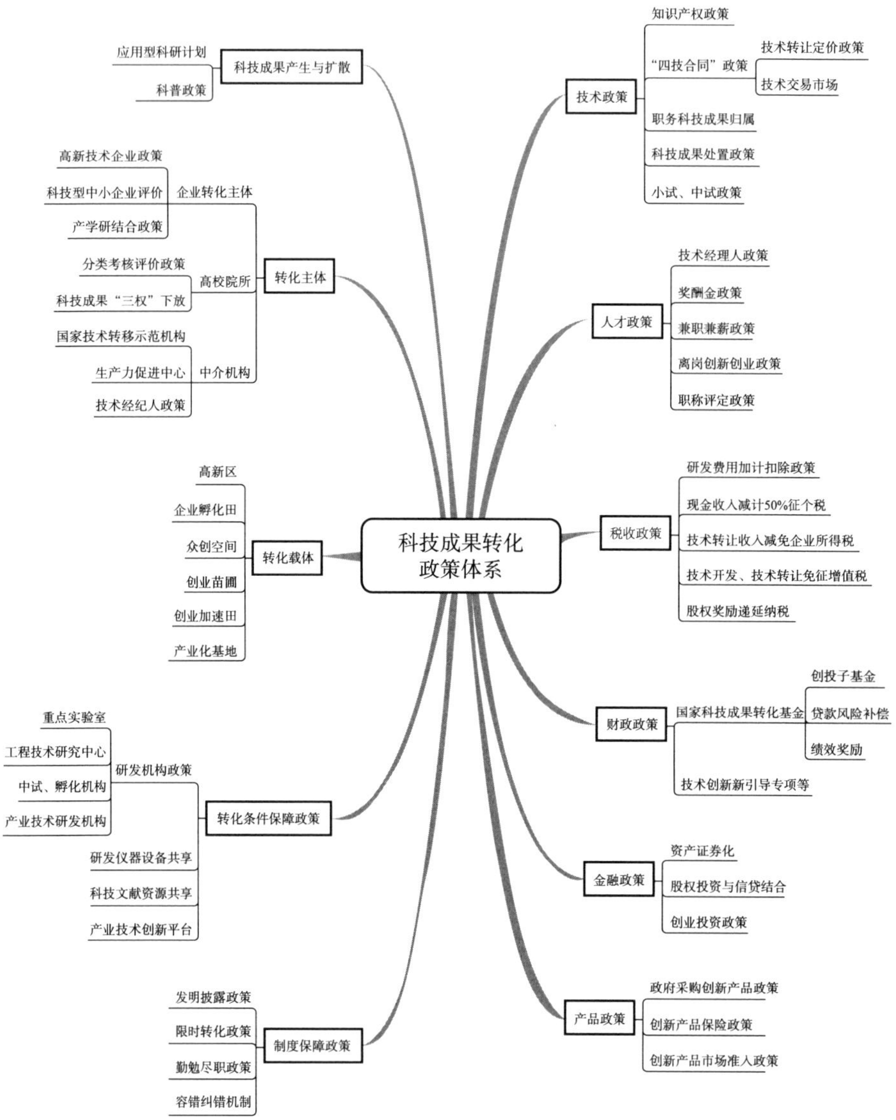

图2-6 科技成果转化政策法规体系清单

拓展阅读

（1）推荐专家

吴寿仁，上海交通大学工学学士、工学硕士、管理学博士，教授级高级工程师，长期在科技系统工作，擅长科技创新、科技政策法规、科技成果转化等，曾任上海市科学技术委员会体制改革与法规处处长等职务，现任上海市科学学研究所副所长。

（2）推荐书籍资料

1）吴寿仁：《科技成果转移转化案例解析》，2020 年。

2）吴寿仁：《科技成果转化政策导读》，2019 年。

3）吴寿仁：《科技成果转化疑解》，2018 年。

4）吴寿仁：《科技成果转化操作实务》，2016 年。

5）阚珂，王志刚：《促进科技成果转化法释义》，中国民主法制出版社，2015 年。

第 2 关更多资料请扫码回复：02

第3关

高价值科技成果筛选指南

本关擂主：张晓宇

欢迎来到科技成果转化第三关。

闯关主角

高校院所、央企研发机构等单位的科技成果转化管理人员、技术经理人

本关挑战

如何从海量科技成果中，筛选出高价值科技成果?

解决方案

任务 3.1　科技成果价值点挖掘

　　案例 3-1　SERS（表面增强拉曼光谱）技术转移案例

任务 3.2　技术定位

任务 3.3　科技成果价值维度与机会空间分析

闯关锦囊

锦囊 6　科技成果估值分析方法：成本法、市场法、收益法

锦囊 7　技术尽职调查分析工具

锦囊 8　操作价值×市场价值的四象限模型

拓展阅读

推荐专家及书籍资料

每一项商业化的科技成果对应的市场价值各有不同，因此如何从海量科技成果中发现商业机会，即高价值科技成果筛选则显得尤为重要。

任务 3.1　科技成果价值点挖掘

科技成果价值点挖掘可以使用 TAPS-XYZ 分析方法①，即“技术应用—问题解决”分析方法，该方法对于捕捉清晰的、有意义的关键技术特征，挖掘科技成果的价值点至关重要。

3.1.1　技术应用 TA

TAPS-XYZ 分析可用来挖掘一个应用型的新技术或技术组合的价值点。图 3-1 即描述了针对某防水技术项目，采用 TAPS-XYZ 分析由其技术特征锁定其支撑点、进而捕捉并挖掘到其技术的利益点的过程。

TAPS-XYZ 分析流程如下：

1）思考一些具有检验性质的质疑性问题：这个新技术与现有技术有什么不同？这些不同给客户带来的利益足够诱人吗？

2）对目标客户群体进行画像描述和模拟使用场景，反复拷问这个功能是否是客户真正关注的，并记录下每一个答案。

3）在每个答案旁边，再继续创建一个质疑性的问题“就算新技术实现了，又能怎么样呢？性价比如何？客户是否会愿意为之买单？”

4）添加上了这些功能，能给产品提高多少价格呢？能够提高多少利润？定价是否有竞争力？如何提高市场渗透和客户获取效率？

如此循环往复，梳理这些质疑问题与解决方案，直至将之前每一个不同的答案转化成这个新技术存在的真正意义，即科技成果价值点。

---

① 张晓宇提供的科技成果商业价值盘点分析方法，TA（Technology Application）是技术应用的英文缩写，PS（Problem Solved）是问题解决的英文缩写。

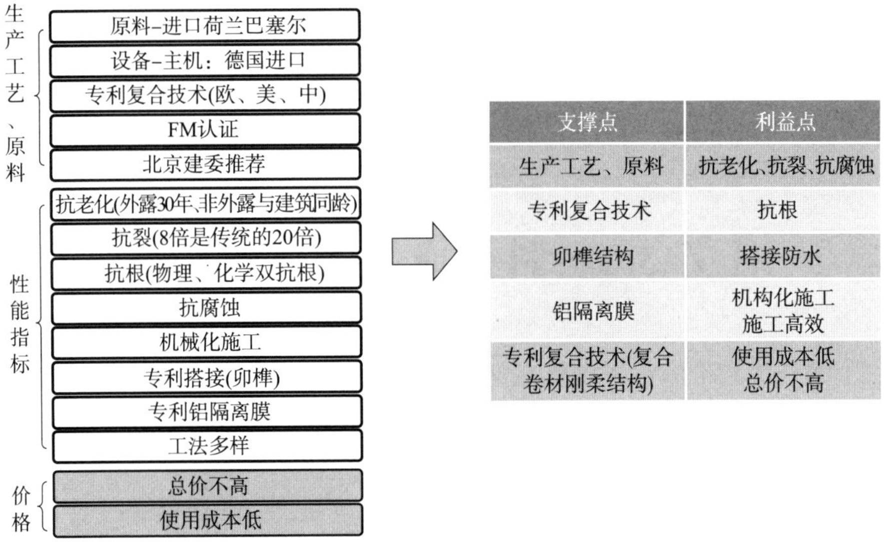

图 3-1　针对某防水技术项目的 TAPS-XYZ 分析①

3.1.2　问题解决 PS

针对技术所能解决的问题，在评价其是否具有高价值的潜力时，应该有以下直观的认识：

1）了解每一个技术组之间的区别，每个组关键技术之间的区别；

2）供方提供的技术和现有的技术的区别，新的技术针对不同的客户群体能够带来什么不一样的好处；

3）供方能给需方提供什么样的权利组合。

更进一步，对于具有较高价值的技术机会，还可以做些什么来进一步增加它的价值：

4）是否有一些数据可以对于技术的价值或者作用的范围产生巨大的影响？

5）上述数据是否已经存在于供方企业内部，或者由其他人公开发表？

6）上述数据是否有可能获得额外的专利保护？

① 张晓宇，《某防水技术项目的实操案例》。

7）是否有额外的专业设施或自定义的测试装置可以提供早期的市场测试？

8）是否存在关键性的团队成员例如 IP 领袖？

9）如存在 IP 领袖，是否有可能在技术转移的同时让 IP 领袖永久性的加入或者在特定的技术转移周期加入需方？

案例 3-1：SERS（表面增强拉曼光谱）技术转移案例①

SERS（表面增强拉曼光谱）技术的权利人为美国 A 公司，其 SERS 技术原先主要应用领域为扫描仪市场。通过 TAPS-XYZ 分析发现：SERS 是一种快速实用的材料识别方法，可实现对分子精确的指纹识别，具有高灵敏度、实时反应、方便使用、非破坏性、低成本等优异特性。它原本的用途是用于提高 A 公司扫描仪的定位精准度的，通过进一步思考发现，该技术可在牛奶市场领域用来检测奶制品中是否含有三聚氰胺（图 3-2），并因此成功被某知名牛奶企业引进，实现了该专利技术的跨领域应用并解决了重大问题。

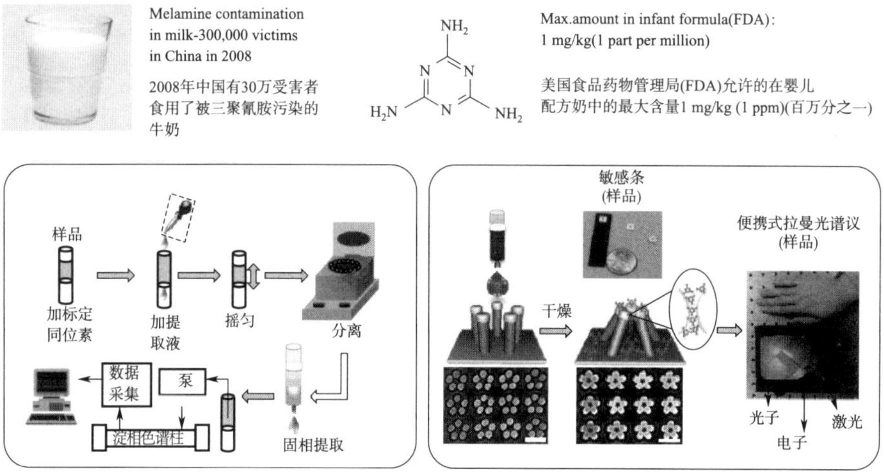

图 3-2　SERS 技术应用于检测牛奶中是否含有三聚氰胺

① 张晓宇提供的 SERS 技术转移案例。

3.1.3 技术功效矩阵

可视化的技术功效矩阵图可以用来辅助 TAPS-XYZ 分析。

1）通过图 3-3 技术功效矩阵来清晰的体现技术特征及技术效果，一目了然地掌握当前主题的技术聚焦点（热点技术，图 3-3 中用数字大小表示）和技术空白点的分布情况（图 3-3 中没有数字的位置）。

功效 技术	改善可用空间	改善振动	提升进排气与引擎效率	提升冷却与散热效率	操作维修容易	降低重量与成本
修改化油器	1		4		1	
修改进气系统	2		7	1	1	
修改排气系统	2		3	3		
修改空气滤清器	2		3		1	
修改引擎悬吊	2	3	1			1
修改散热器	2			1		1
修改油箱	1				2	
修改传动轴	1					
修改水冷系统				1		
修改引擎设计	1		2			1

图 3-3　某燃油发动机技术功效对比

2）通过技术功效的匹配度来分析哪一个专利权人更适合技术转移方，掌握重要专利权人的专利技术领先程度、技术占比、技术活跃程度、授权量/率、同族布局等指标（图 3-4）。

TAPS-XYZ 分析方法可以由一个有技术和商务背景、熟悉知识产权的综合性人才（技术经理人）牵头，组织技术发明者、销售经理、专利律师和生产工程师等专业人士共同参与进行分析评价。

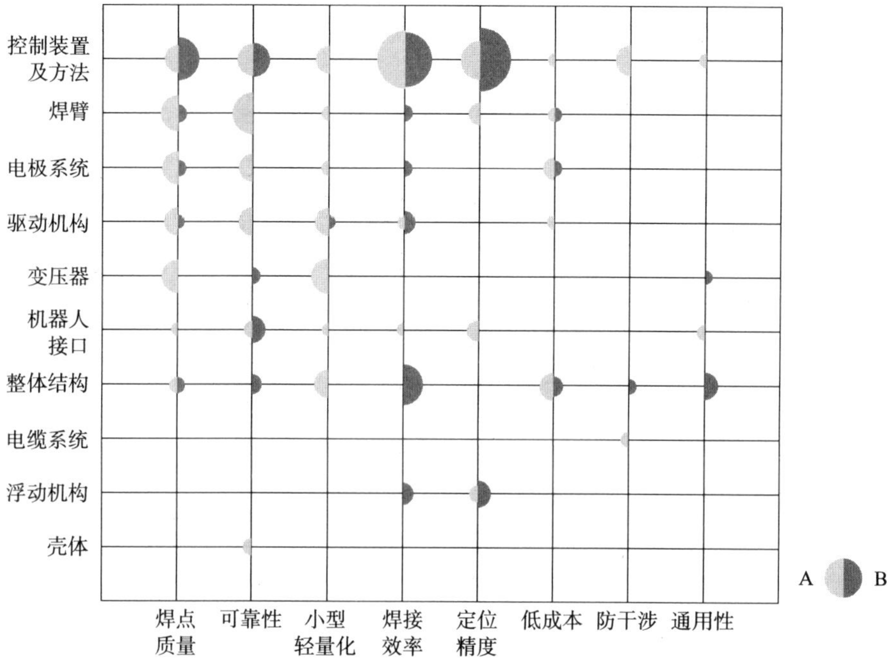

图 3-4　技术功效矩阵（焊接机器人领域的专利权人 A 与 B 的对比分析）

任务 3.2　技术定位

技术定位的目的是摸查清楚科技成果的技术成色，其定位方法主要包括以下 5 个方面内容。

3.2.1　技术发展路径定位

在进行科技成果转化时，需要着重判断目标科技成果是否在本领域技术发展的主路径上，避免使用过时技术。

例如切削加工刀具涂层结构技术，通过不同节点的重要专利可以看到技术的变化和改进：刀具涂层在发展的 40 多年间，共经历了单层、双层、多层、软硬、梯度和纳米等多个发展路径，目前切削加工刀具涂层的前沿技术是纳米涂层技术。

3.2.2　代级定位

大部分领域的技术都有比较明显的代级，比如可分为第一代技术、第二代技术直到第 N 代技术，越靠近当前代级的技术越先进。代级定位可以有效避免单纯使用某专利的被引频次进行专利重要性排序的缺陷。

例如高纯氢氟酸氧化提纯技术是除去其砷杂质的有效途径。根据检索的相关专利技术，可以将氧化提纯氢氟酸的技术大致分为五个技术代级①：

1）第一代氧化技术：高锰酸盐或重铬酸盐等重金属盐氧化剂；

2）第二代氧化技术：以过氧化氢代表的氧化剂；

3）第三代氧化技术：以氟单质为代表的卤素类氧化剂；

4）第四代氧化技术：电解；

5）近几年的氧化技术：主要是使用金属氟化物作为氧化剂，利用

① 杨铁军主编，《产业专利分析报告（第 26 册）——氟化工》，知识产权出版社，2013 年。

生成的五价砷化合物固定化的方法，提纯氟化氢。

在进行路径定位和代级定位时，通常需要先绘制技术路线图，表征各节点专利技术，然后检索定位专利申请，进而判断待定位专利技术的技术价值①。该方法工作量和成本相对较高，但如果科研人员和科技成果管理者已经制作了本领域的专利技术路线图，则该方法的应用将会变得非常高效和便捷。

3.2.3　功效定位

对科技成果进行功能和效果疏解分析，可以明晰待引进技术是否属于技术转移方亟需的匹配性技术，可以以专利号为展示对象，构建功效矩阵，可参考表 3-1 的示例进行操作②。

表 3-1　以专利号为主要展示对象的功效矩阵分析示例

技术类别 / 技术功效		电极设计	机构设计	密封设计	制程参数	电解液配方	电控技术	夹治具设计
		1	2	3	4	5	6	7
减少电解液使用	1	4001094 4082638 4156637 4190513 4330381 4431501 4634511 4772367 5135632	4001094 4082638 4156637 4190531 4330381	4001094 4082638 4127459 4156637 4634511 5135632 6099715	3864238 4148699	4127459 4256637 5378331 3864238 4148699 4224123		
降低成本	2	4001094 4082638 4148699 4406459	4001094 4082638	4001094 4082638	4001094 4082638 4634511 5135632	4406759 5911867 5935411	4148699 4406759 5565084	4148699 5911867 5935411

① 张小凤，《中国专利申请价值智能评估方法研究》，国家知识产权局学术委员会 2016 年度一般课题研究项目，课题编号：Y160902。

② 马天旗，《专利分析-方法、图表解读与情报挖掘》，知识产权出版社，2015 年 8 月，第 139 页。

续表

技术功效＼技术类别		电极设计	机构设计	密封设计	制程参数	电解液配方	电控技术	夹治具设计
		1	2	3	4	5	6	7
操作安全	3	4001094 4082638 4634511 4645581	4001094 4082638 4224123 4645581	4001094 4082638 4634511	4001094 4082638 4148699	4156637	4224123	5082745

表3-1中，专利号为4001094、4082638、4148699的专利覆盖了多个技术功效交联点，凸显了这些专利的重要性和基础性。

3.2.4 技术自由实施度定位

技术自由实施度定位，可以帮助科技成果需求端判断待引进的科技成果能否自由实施，是否依赖于他人科技成果的许可，是否依赖于配套条件的成熟，可按照如下步骤进行定位：

1）先分析该科技成果是否与其他科技成果的权利要求保护范围有无重叠，是否为其他科技成果的保护范围所覆盖；

2）再分析科技成果的实施是否需要较为苛刻的配套基础条件，以及当前该基础条件的成熟程度。

3.2.5 技术成熟度定位

技术成熟程度取决于其技术研发所处的阶段，即处于起步、试验、成长、成熟还是衰退阶段，也可按照其技术实现程度分为如下等级：报告级、方案级、功能级、仿真级、初样级、正样级、环境级、产品级、系统级、产业级。一般情况下，引进尚处起步和试验阶段的专利技术风险较大，因为该技术能否最终产业化并进入市场具有不可确定性；引进处于成熟阶段的科技成果技术风险相对较小，因为该技术能够直接投入生产。通过技术成熟度定位分析，可以帮助判断科技成果的技术成熟度，是否还需要进一步研究和开发。

任务 3.3　科技成果价值维度与机会空间分析

科技成果价值维度分析是衡量机会空间中的科技成果价值高低、风险大小的有效手段。

3.3.1　如何进行价值维度的分析

在科技成果转化过程中，主要选取技术价值、法律价值、市场价值、战略价值、经济价值这五个维度并相应的设置若干指标参数来进行分析（图 3-5）：

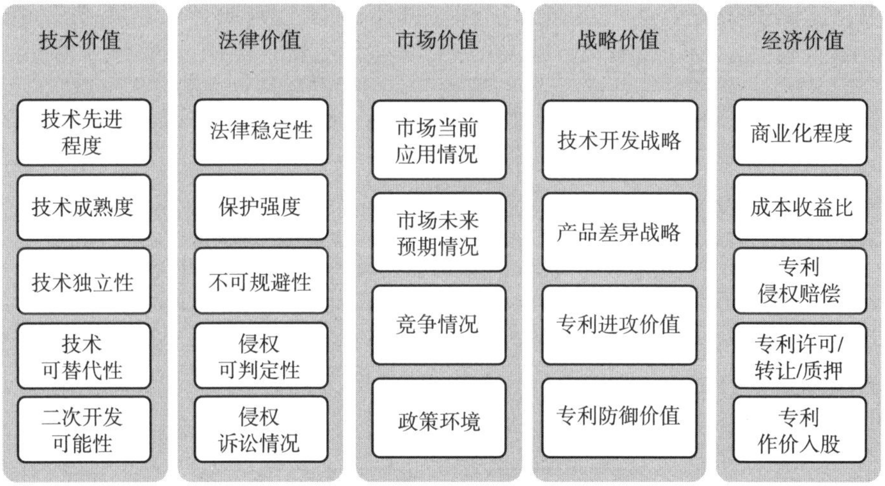

图 3-5　科技成果五个价值维度分析

对科技成果价值维度的分析，应关注以下三个因素：

（1）待引进科技成果的二次开发可能性

企业引进科技成果的最终目的是对其进行消化、吸收、整合、创新，从而发展自主知识产权、促使技术进步。因此，制定科技成果转化战略时需重视待引进科技成果的二次开发可能性，将外来技术真正为我所用，避免陷入“引进—落后—再引进—再落后”的恶性循环[①]。

（2）科技成果的商业化程度

科技成果的商业化程度包括该科技成果创造的竞争优势、降低成本的幅度、市场前景和商业寿命长短；待引进科技成果商业价值判断的内容涉及科技成果技术商业化的可能性、实施成本、潜在的市场规模、引进方的利润增值空间等。商业化程度较高的科技成果应当是实用性较强、市场前景较好、商业寿命较长的科技成果。

（3）成本收益比

企业在引进技术时应力求以最小的成本获取最大的收益。其中，成本主要体现于引进成本和消化成本，收益主要体现于将来的市场潜力。

3.3.2 其他可能影响科技成果价值的风险因素[②]

上述五个价值维度从正面描述了科技成果的质量和价值，在实践中，还需要关注上述维度之外的起反面影响甚至构成“一票否决”的风险因素，如图3-6所示。

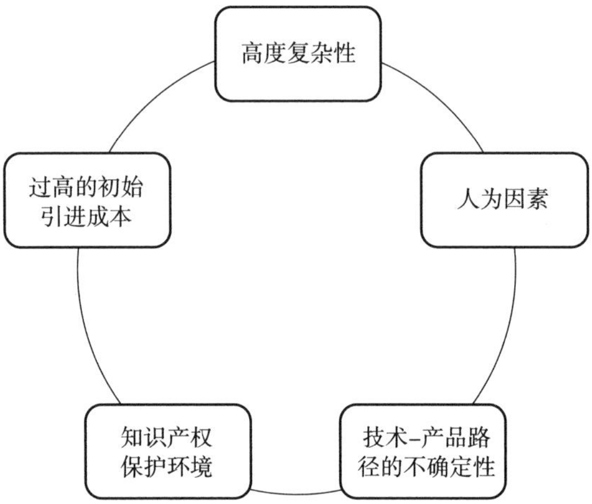

图3-6 其他可能影响科技成果价值的风险因素

① 罗娇，孙忠群，《基于“法商结合”视角的企业专利引进战略探析》，《科技管理研究》，2012年第21期。

② 接头暗号：风险因素，查看详解。

3.3.3 如何挖掘科技成果转化的机会空间

科技成果转化的核心并非是寻找创新因子很高的科技成果，而是筛选出有高经济价值、投资价值和技术壁垒的科技成果，因此构建机会空间①、技术分组和技术初筛的能力尤为重要。

（1）机会空间

机会空间挖掘的总体目标是通过对技术价值点的挖掘来发现哪些专利机会更为重要，哪些专利组合能带来最大的价值，可参照表 3-2 进行分析。

表 3-2　科技成果的机会空间

序号	技术 ID 编号	特征 1	特征 2	特征 3	特征 N	评级
1	101					A1
2	102					A2
3	103					A3
4	201					C5
5	301					B1
6	302					B2
7	303					B3
8	304					B4

表 3-2 中，每空代表一个机会：一个机会可以是一个专利，是一个专利族，或者是相关联的专利技术和专有技术（技术秘密）构成的一个技术组合。

第一列为每个机会的技术 ID 编号，通过 ID 编号来识别每个机会，有利于对技术项目进行全方位分析。第二列至第 N 列，依照由重要到次要的顺序，依次标记每个机会的特征；特征 1 代表该机会的最重要的价值点，特征 N 是该机会的最次要的价值点。最后一列，标注机会的优先等级（按价值维度从高到低分为 A、B、C 三级，按风险从小到大分为 1~5 档）。

① DR. Richard Razgaitis，Valuation & Deal Making of Technology－Based Intellectual Property [M]，2009。

一个简单的机会空间，可能包括数列数行；而一个复杂的机会空间，可能包括数十列、上百行。对于由技术组合构成的机会空间，如何进一步筛选？最简单的方法是“全押”，即一揽子购买该机会空间内的所有技术；然而“全押”策略仅仅在资本资源充足的并购交易中可能适用。在大多数的现实交易中，需方能够发掘的机会很多，但能够利用的资本及资源有限；在此种情况下，筛选变得尤为重要，需方必然需要放弃一些低价值的机会，从而将有限的资本资源投入到最有可能收获高回报的高价值机会中，优先引进这些高价值机会中所包含的科技成果。具体分析见锦囊 8：操作价值×市场价值的四象限模型。

（2）技术分组

在技术分组[①]阶段，最优方法是去繁就简，抓住主要矛盾，集中市场战略，锁定需重点抢占的应用技术领域和地域。对机会空间的专利技术按照其特征进行分组，进而形成机会组合，是对机会空间进一步筛选的重要步骤。在机会空间中，技术 ID 编号显示了不同类型的机会组合，如专利族（101、102、103）与专利族（301、302、303、304）即是两个机会组合。

技术分组可以有效锁定供需双方的真正需求：

1）有利于需方发现并锁定最感兴趣、最可用、同时又具有高价值的机会组合，并为每一个被依此划分的机会组合进行最有效的定价，继而引进最有价值的机会组合，并有针对性地设计产品、创建市场信息、建立分销渠道。

2）有利于供方制定最有利的科技成果许可、转让、合作实施或技术入股策略。供方一方面要给需方感兴趣的技术组合，另一方面又需要保留基础专利技术以支持其专利运营业务的其他战略性操作。在一个复杂的机会空间中，一些极为重要的基础技术对应着多个专利，通过分组分析后，供方可更轻易地识别出基础专利组合，从而将这些基础专利组合予以保留。

（3）机会初筛

好钢需用在刀刃上，成果需求端争取引进的专利技术为技术发展趋

---

① Bramson，Robert，Valuing Patents，Technologies and Portfolios：Rules of Thumb［M］，2001.

势的前沿技术和必要技术，且能够弥补企业自身的技术短板，这需要拟进行技术引进的企业做好充分的专利信息调研分析工作①，做好技术追踪工作和主要专利权人的技术实力分析，尤其是专利权人的专利技术领先程度、技术占比、技术活跃程度、授权量/率、同族布局等指标，并结合实际调研情况综合考虑上述因素以锁定重点专利权人/重点发明人（团队），专利信息调研可参考表 3-3。

表 3-3　专利信息调研

	专利信息调研分析	分析方法
确定 技术引进主题方向	技术主题的专利技术发展趋势	• 专利申请趋势分析； • 技术生命周期分析； • 技术路线分析
	专利布局的热点和空白点	• 专利技术功效矩阵分析
	自身技术的短板分析	• 技术占比分析； • 自身技术实力分析
主要专利权人分析	做好技术追踪工作	• 技术追踪方法与策略分析
	分析主要专利权人的技术实力	• 专利申请及布局情况分析； • 技术角色分析； • 发明团队分析； • 技术匹配度分析
	分析主要专利权人进行技术转让许可的可能性	• 研发、申请、布局、运用策略； • 专利转让许可情况； • 专利诉讼情况
构造机会空间 并进行机会初筛	检索和标引与所需技术主题相关的重要专利	• 筛选重点专利； • 专利价值初步评估； • 令技术权利要求与自身产品的技术特征对照分析
	专利技术引进的必要性分析	• 可规避性分析； • 法律状态及地域布局情况分析
	专利技术引进的“缺陷”分析	• 技术实施自由度分析； • 所涉及的技术秘密分析

① 马天旗，《专利分析-方法、图表解读与情报挖掘》知识产权出版社，2015 年 8 月，第 309-334 页。

闯关锦囊

锦囊6：科技成果估值分析方法：成本法、市场法、收益法

科技成果估值不是只给出数值，而是创建理解、传递价值、指导后续科技成果转化，最好的方法是综合下面三种评估分析方法，将估值的范围确定到一个合理的区间内，使得它能够真实地反应未来的预期收益。

（1）成本法

通过计算研发项目已经发生的成本来确定研发项目的价值，通行的计算方法是“成本+收益”。成本估值法是一种最基本的对无形资产及知识产权进行评估的方法。最常用的就是替代成本法，即在当前的价格条件下，采用同样的材料、标准、设计、形式及人力条件来完全地、精确地复制该专利技术所需要的成本，即模拟全部投入成本。

成本分析法虽然应用起来简单，但有一个重要缺陷就是在估值过程中没有考虑项目未来的预期收益、市场条件、寿命以及继续研发过程中的风险因素等。例如，一个研发可能有很高的未来收益，但是由于前期投入资本过大，例如基因组计划，肿瘤治疗人工智能方法等，可能直接被排除，即便这些方法未来可以完全统治市场，带来无限可能。另外一个缺陷就是该方法是建立在该项目是可被复制的这样一个假设上的，然而这对于很多专利技术而言并不适用，因此这无疑会影响对项目价值的正确评估。虽然有这些缺点，但成本分析法在对那些处于非常早期的专利技术项目、特别是那些基础研究科技成果，在其市场前景及商业应用尚不清楚的情况下是一种很合适的估值方法。现阶段，成本法并没有值得参考的案例，因为对于投资，任何研发都希望回报大于0，即一定要

覆盖全部成本，否则买方或者投资者不会对项目感兴趣，在前期就会将此类项目过滤掉。所以说，成本法更应该等价于投资发展此专利的必要条件，只有未来预期收益大于成本时，才值得投资，并且交易金额至少在成本之上，给出交易的下限。

（2）市场比较法

市场比较法，即通过观察可比交易来确定价值的方法。具体做法就是参考类似专利技术在市场上已经发生的技术交易中的估值，作为对待分析的专利技术的价值进行评估的基础。

市场比较法，因它只能从市面上的数据库中找寻最接近的专利发明，所以说，它的一个重要缺点就是没有考虑专利技术的独特性和技术秘密的隐秘性。即便是对于相似性很高的专利技术，比较法也忽视了因专利技术的进度差异及可能的市场条件变化对专利技术价值的影响。毕竟，微小的差异也会带来收益预期的不同。但不可否认的是，对于处于早期的专利技术及一些基础研究科技成果，在技术的商业应用前景和市场状况难以预测的情况下，比较法提供了一种更易为不同参与方认可的价值评估方法。此外，即便是对于相对成熟的专利技术，比较法可以很快地使项目参与方形成对项目价值的初步判断，从而指导进一步的、更科学的价值评估活动。比较法也无须提供具体案例作为参考，因为结果显而易见。选择一个行业，选择一个专利技术，按照其功能划分，寻找已有的专利技术的历史交易值，以此为基础，得出拟估值专利的价值。

（3）收益法

收益法要求预测资产为其持有者带来的净收益（如利润），并将这些收益折现为现值。**收益法是寻求直接衡量估值驱动原则的估值方法：价值是未来收益的当前价值。**

推荐常用的方法之一是 *NPV* 净现值评估法[①]。*NPV*（Net Present Value），净现值，指技术投资项目所产生的现金净流量以资金成本为贴现率折现之后与原始投资额现值的差额。

---

① Clarkson Gavin，Intellectual Asset Valuation［M］，2000.

NPV 分析应用于机会发现的过程中。通过对于 NPV 的临时计算可以促进潜在买家对于机会价值的估计。这样的计算方法可以从另一个角度让我们重新进行评级/排名，综合之前通过收入分析后的结果。实际上，NPV 的方法将受制于早期投资（净现金流出）的规模和时机，以及最终收入的规模和时机。一个项目机会，在未来可能有非常巨大的潜在收入，但是回报的周期过于久远，在许多买家的眼中，它的价值可能会低于某些收入较低，但是回报较快，并且同时可以投资较少的替代技术项目。

NPV 值计算公式如下

$$NPV = \sum_{t=1}^{n} \left[NCF_t / (1+i)^t \right] - C$$

式中　NPV ——专利或技术的评估值；

NCF_t ——未来 t 年收益期内的预期收益额，即资产净现金流；

n ——剩余经济寿命，或者是专利保护期；

i ——折现率；

C ——初始投资额。

从上述计算公式中可以看出，NCF 反映的是收益的规模程度，时间 n 代表的是专利保护周期也就是专利价值周期，风险则是由 i 以及每个对应 t 中 NCF 的变化值来联合反应。NPV 值越大，则专利项目方案越优，价值越高，投资效益越好。

NPV 分析应用于技术转移项目筛选的过程中，有助于技术受让方对于机会价值进行量化估算；其优点在于能够全面地反映出专利项目的投资成本、管理成本、原材料成本、运行成本以及产品价格等，可以反映专利技术全生命周期的技术和经济的综合性能，映射专利的价值及风险。

划重点

成本法、市场比较法和收益法的区别小结如下：

1）成本法：通过使用资产的某些可以计量的成本（已经消耗的资产）作为估值基础，进行价值确定，因此，成本法是“向后看”，通过分析历史成本，进行数据建模。

2）市场比较法：寻求的是通过参考其他买家和买家对相同或相似的交易的估值来确定资产的交易价格，市场法是“环顾四周”，通过调查市场，看其他人的交易给出评估的数据模型。

3）收益法：寻求的是直接估量给定资产留出的未来经济效益，收益法看的是“未来”，是“前瞻性”操作，预测未来并且使用对未来效益的预测作为数据模型。

锦囊 7：技术尽职调查分析工具

通过表 3-4 技术尽职调查分析，有助于消减科技成果供需双方在转化中的潜在风险。

表 3-4　技术尽职调查分析表

技术尽调工作内容	涉及对象	常见问题	潜在风险
背景技术核查、技术权属核查、专利情况核查、技术原始研发资料清单、方法工艺清单、材料转移清单、设备转移清单	科技成果需求端	去现场看过对方产品就以为没问题	买回来的科技成果是无法再注册的，或权属有问题，或直接导致纠纷
主合同（转化方式、支付方式、后续开发、税务处理、人员培训、里程碑核查）	科技成果转化双方	习惯于靠喝酒交朋友谈生意	直接导致技术尽职调查分析双方对于权利义务和转移方式的理解偏差，对支付方式不习惯，技术团队留一手，导致信任产生裂痕，最终合作失败
技术原始研发资料清单	科技成果转化双方	经常被忽视 直接影响后续工作开展	直接影响科技成果需求端实现生产、相关生产批件获取和出现合规性问题
成果注册资料清单	科技成果需求端的技术、质量注册、专利等部门	经常被忽视 直接影响后续工作开展	直接导致引进的技术无法完成国内审批注册和专利申请流程
设备和零配件转移清单	科技成果需求端生产部门	只注意设备，不注意零配件	直接导致产品无法生产、影响相关生产批件获取和出现合规性问题
工艺验证	科技成果需求端的技术、质量、生产部门	经常做，但忽视原材料等信息	直接导致产品无法生产

锦囊 8：操作价值×市场价值的四象限模型

按照科技成果的市场价值与操作价值（找到潜在买家并完成可接受的技术交易的可能性）的高低划分成如图 3-7 所示的四象限模型[①]，有助于对高价值科技成果进行筛选。

图 3-7　操作价值×市场价值的四象限模型

X 轴：以概率来表示完成技术引进并达成双方可接受协议的可操作性，比如，可设定 60%以上概率为高操作价值（H），40%以下概率为低操作价值（L）。

Y 轴：以数值来表示专利项目（机会组合）的市场价值，*Y* 轴的数值可根据实际操作需要而具体设置；比如，项目 A 设定 500 万人民币以上为高市场价值（H），而项目 B 则设定 1000 万人民币以下为低市场价值（L）。

按照操作价值×市场价值，其意义是科技成果的机会期望值越高，则科技成果转化越有可能成功，四个“机会空间”分别说明如下：

1）明星项目（HH）：高操作价值×高市场价值，代表容易达成交易且市场价值高的科技成果，机会期望值最高，机会空间中对应的评级为 A，值得深入挖掘和关注。

---

① 波士顿咨询集团（BCG）的矩阵模型，http：//www. bcgmatrix. org/。

2）现金牛项目（HL）：高操作价值×低市场价值；代表容易达成交易但市场前景不明朗的科技成果，虽然机会期望值处于中间，但目前市场空间有限，机会空间中对应的评级为B，需要通过“挤奶”来获得回报。

3）问号项目（LH）：低操作价值×高市场价值；代表难以达成交易但市场前景明朗的科技成果，机会期望值处于中间，机会空间中对应的评级为B，包含了好的机会同时也需要进行谨慎的判断。

4）瘦狗项目（LL）：低操作价值×低市场价值，代表难以达成交易且市场价值低的科技成果，机会期望值最低，机会空间中对应的评级为C，没有投资价值，建议直接放弃。

上述四象限模型，作为系统性决策工具，有助于对不同的机会组合进行优先级排序，合理配置资源，平衡利益冲突，从而更理性地确定适合的科技成果转化目标并设计合理的实施路径。

拓展阅读

（1）推荐专家

张晓宇，中国首批获得注册认证的国际技术转移经理师（RTTP）；北京市首批工程技术系列（技术转移方向）高级工程师；国际认证产品经理（NPDP）；曾在英国、美国、中国的大学技术转移办公室和孵化器中工作 15 年。

（2）推荐书籍资料

1）马天旗等：《高价值专利筛选》，知识产权出版社，2018 年；

2）马天旗等：《价值布局》，知识产权出版社，2020 年；

3）马天旗等：《专利转移转化案例解析》，知识产权出版社，2017 年。

第 3 关更多资料请扫码回复：03

第 4 关

科技成果转化方式选择指南

本关擂主：吴寿仁

欢迎来到科技成果转化第四关。

闯关主角

单位领导、科技成果转化管理人员

本关挑战

高校院所和企业应该怎么选择成果转化方式?

解决方案

任务 4.1　科技成果转化方式对比

　　案例 4-1　甲单位科技成果转化的概率权

任务 4.2　科技转化方式制约因素分析

任务 4.3　高校院所等科技成果供给端转化方式选择

　　案例 4-2　T 研究所一项成果的三个合作方案及其分析

任务 4.4　企业等科技成果需求端转化方式选择

　　案例 4-3　光进铜退战略下某企业 PLC 分路器调试系统成果转化案例

闯关锦囊

锦囊 9　技术经理人的岗位职能与特征

拓展阅读

推荐专家及书籍资料

任务 4.1　科技成果转化方式对比

《促进科技成果转化法》第十六条规定，科技成果持有者可以采用下列方式进行科技成果转化：

1）自行投资实施转化；

2）向他人转让该科技成果；

3）许可他人使用该科技成果；

4）以该科技成果作为合作条件，与他人共同实施转化；

5）以该科技成果作价投资，折算成股份或者出资比例；

6）以其他协商确定的方式实施转化。

第一种方式是科技成果持有人自行实施运用科技成果；第二、第三种属于技术转移方式；第四、第五种属于以合作、合资或者股份制形式，进行科技成果实施与运用。

除了上面五种成果转化方式，技术开发、技术咨询和技术服务也是科技成果转化的重要方式。

案例 4-1：甲单位科技成果转化的概率权

甲单位有一项科技成果，有五种成果转化方式可以选择：

选择一，自行投资实施转化。甲自己有资金和资源进行成果转化，假设成果转化收益是 5 000 万元、转化成功概率是 20%，这种方式转化收益全部归甲所有。

选择二，向他人转让该科技成果。甲将成果所有权转让给乙公司，一次性收取转让费 2 000 万元，转让后甲也不能再使用该成果，乙使用该成果挣 1 000 万元还是 1 亿元看乙自己的本事，即无论后续转化有无收益，甲都能拿到转让收入。

选择三，许可他人使用该科技成果。甲按照入门费+提成制将成果使用权转让给乙公司，即乙先支付甲 1 000 万元，后面乙每卖一块钱产品，甲提成 0.1 元，假设一共卖了 4 亿元，则甲的成果许可收益为 1 000+40 000×0.1＝5 000 万元。

选择四，以该科技成果作为合作条件，与他人共同实施转化。甲方和乙方合作，甲出成果，乙出生产资源，共同实施转化，风险共担，利益共享，甲乙双方按照 1∶1 的比例分享收益，也就是一个亿的收益，甲能够分成果转化收益 5 000 万元。

选择五，以该科技成果作价投资，折算成股份或者出资比例。假设甲的成果按照 3 000 万元作价入股成立公司，中间经过多轮融资，最后上市，市值达到 50 亿元，此时甲的股份稀释至 20%，甲的成果作价入股的市值就是 10 亿元。

如果光看收益，是不是觉得作价入股方式收益最高？先别着急，我们再引入一个变量，即转化成功概率，科技成果转化的概率权估值＝成果转化的预期收益×成果转化成功的概率。测算可以参考表 4-1。

表 4-1　甲单位采取五种不同方式进行成果转化的预期收益转化成功率及科技成果转化概率权估值

	方式	甲单位成果转化预期收益/万元	转化成功概率	科技成果转化概率权估值/万元
选择一	自行实施	5 000	20%	1 000
选择二	成果转让	2 000	—	2 000
选择三	成果许可	1 000+40 000×0.1	50%	2 500
选择四	合作实施	5 000	30%	1 500
选择五	作价入股	100 000	2%	2 000

注：以上数据为示意值，只是用于五种方式进行对比说明示意。

思辨：是不是还有更好的方式，比如知本院首创的科技成果先许可再作价入股模式，即“先恋爱再结婚”，也值得大家探索①。

科技成果转化各种方式的详解和对比如下。

4.1.1　自行实施

释义：自行实施是科研院所、院校或企业等市场主体将其研发的科

① 详见第 9 关科技成果转化模式 9.8。

技成果应用于本单位科研生产活动的一种科技成果转化方式。这种转化方式是科技成果所有人与科技成果转化人重合，不发生知识产权转移，科技成果所有人取得全部的转化收益，承担全部的转化风险，一般会组织科研人员进行后续研究开发，且享有后续开发成果的所有权。

特点：自行实施科技成果的收益与风险都由成果所有人享有和承担，不发生知识产权转移，方式简单。

科技成果自行实施适合规模较大、转化能力强、市场开拓能力强的企业。主要有两种情况：一是科技成果与企业主营业务关系密切，能够有效促进主营业务能力增长；二是科技成果与企业转型升级的方向关系密切，能够促进企业培育新增长点。

优点：科技成果的所有人与转化人融为一体，消除了中间环节，在很大程度上降低了科技成果转化的交易成本，单位可获得较多的产值和利润。

不足：没有充分整合社会优势资源；自行实施的成果转化与单位主营业务有时不好区分，从单位存量业务中提取奖酬金比较困难。

主要适用对象：实力较为雄厚、研发生产链条较为完善的单位。目前央企下属的大院大所选择自行实施的方式相对多一些。

实操难点：自行实施与单位主业的纵向任务不好界定，申请奖励工资总额奖励较难，审批复杂。

4.1.2　成果转让

释义：科技成果转让是指科技成果所有人（科研院所、院校或企业等市场主体）将科技成果的知识产权，包括专利权、软件著作权等，转让给他人（受让方）的一种科技成果转化方式。最常见的形式是高校院所等出让科技成果，企业受让科技成果，通过成果所有人与受让方之间签署转让协议来实施，交易标的是科技成果中的知识产权。

转让协议一般要将拟转让成果的内容、范围界定清楚，对双方的权利义务事先进行约定。其中核心条款是转让价格，包括支付方式。转让价格是双方谈判的焦点，而价格的确定及其支付与交易双方对拟转让科技成果的技术含量、技术成熟度、市场预测、经济效益前景、收益周期长短、投资风险大小等密切相关，交易各方一般要对拟交易的成果进行分析评估，并达成共识。协议签订以后，凭转让合同办理知识产权转移手续。

特点：一是知识产权转移，科技成果所有权变化，涉及国有资产交易，交易过程比较复杂，交易时间比较长；二是收益与风险全部转移到成果受让方，即转让方收取的转让费，不与科技成果转化的效果直接关联，也不承担转化的风险。受让方不只是为了实施技术或掌握技术，而是取得科技成果所有权，即可以自己实施、禁止或许可他人实施、转让、放弃等。

采用科技成果转让方式的，其前提条件是该成果具有自主知识产权，包括依法取得并受法律保护的专利权、软件著作权、集成电路布图设计权、植物新品种权、技术秘密权等，而且要符合以下条件：

1）该科技成果的技术成熟度比较高，如新产品技术路线明晰、完整，完成了产品的开发设计，工艺流程完善，一般不再需要进行后续的研发，受让人有能力对该成果进行后续研发、应用、推广。

2）市场成熟度较高，市场容量是可预期的，受让方具备比较完善的市场销售渠道，或者具备较强的市场开拓能力。

3）受让方具有雄厚的资金实力，具备实施转化该成果所需资金的投资能力。

4）技术距离不大。受让方具备较强的消化吸收能力，经过该成果完成人的指导、培训和相应的技术服务，有能力实施该成果的转化。

5）受让方看重该成果的知识产权，愿意为获得知识产权而支付更高的费用。另外，受让方也想通过科技成果转让来提高自身的技术能力。这种方式的特点是，科技成果紧贴市场需求，其技术成熟度和市场成熟度均比较高，一般以产品型或服务型技术为主，主要是对现有产品或服务进行实质性改进，因而其技术水平不一定特别高，创新性不一定特别强。

优点：交易界面清晰，受让人取得科技成果所有权，利用科技成果所有权比较容易融资。

不足：受让方一次性投入的费用较大，包括支付科技成果受让费、交易费用和转化科技成果的费用等，同时需进行资产评估、招拍挂，周期长、过程复杂，一般中小企业很难承受。

隐藏风险：受让人取得科技成果所有权，但科技成果完成人掌握的隐性知识不可能一并转让，受让人需要付出比显性支出更多的费用才能掌握同等水平的隐性知识。

主要适用对象：科技成果转让既可充分发挥高校院所的科研优势，也可发挥企业的生产优势和市场优势，比较适用于技术成熟度和市场成熟度均比较高的科技成果。

实操难点：

1）涉及国有资产交易，资产评估难、公示周期长；

2）需要在技术市场交易，时间较长、过程复杂；

3）一般需提前寻找到意向受让方。

4.1.3　成果许可

释义：科技成果转让是指科技成果所有人（科研院所、院校或企业等市场主体）将其研发的科技成果许可给他人（被许可人）使用的一种科技成果转化方式。最常见的形式是企业通过与高校院所等订立合同，获得实施科技成果知识产权的权利，在不转移科技成果的所有权的前提下，高校院所收取许可使用费。双方交易的标的是科技成果知识产权的实施权，所体现的是科技成果所有人对其实施权的处分。

特点：科技成果许可方式知识产权不转移，所有权不变，仅仅对科技成果实施权交易。被许可人的目的是实施科技成果的知识产权，所以更重视成果转化的实际效果，而且支付给科技成果所有人的使用费与该成果实施的效果正相关。采用许可方式，其前提条件是该成果具有自主知识产权，在适用时一般要考虑以下因素：

1）科技成果的技术成熟度、市场成熟度均比较高，可以直接用于开发产品、工艺等，不需要进行二次开发。

2）该科技成果的知识产权对企业的经营不会产生不良的影响。被许可人只需获得该成果的实施权，不需要转移知识产权。

3）被许可人实施该成果时，不必依赖该成果的完成人，可以直接使用，或者在科技成果完成人的指导下就可以使用。

许可使用的科技成果主要有以下情形：一是生产产品的工艺技术；二是解决某一特定问题的技术；三是用于解决工程技术难题的技术；四是科技成果仍不成熟，需要该成果所有人进行进一步的研究开发。对于前三种情形，可以采取普通许可方式。如果是用于开发产品或者为客户提供服务的科技成果，或者上述第四种情形，则应采取独占实施许可方式，或者在某一地域范围内的独占实施许可方式。

优点：一是程序简便，交易成本比较低；二是被许可人支付的交易对价低，被许可人不需要一次性支付费用，易交易；三是风险较小，当科技成果中的专利权、软件著作权等知识产权被宣告无效、被新的技术替代等情形出现时，被许可人受到的损失也较小。

不足：在被许可人完全掌握科技成果实施技巧后，科技成果所有人存在后期的许可费不易收回情况。

隐藏风险：对于被许可人来说，通过成果许可，只获得了该成果的使用权，科技成果所有人可以对该成果进行后续研究开发。被许可人在实施科技成果过程中若需应用后续研究成果，需再次付费。

主要适用对象：有核心知识产权，且作为企业主营业务、比较成熟、有前景的科技成果。

实操难点：

1）许可收费的模式，后期的许可费收回有难度；

2）如何管控核心技术在手，比如通过生产许可证、提供核心器件等方式。

4.1.4 合作实施

释义：合作实施是科研院所、院校或企业等市场主体将其研发的科技成果作为合作条件，与他人共同实施转化的一种科技成果转化方式。双方订立合作转化协议，发挥各自的优势，共同转化科技成果，并就收益共享、风险共担的办法达成共识。

特点：科技成果合作转化，知识产权不转移，合作各方发挥各自的优势，开展互补性合作的过程，收益共享，风险共担。在合作协议中需要明确在科技成果转化的各个环节双方享有的权利和承担的义务，特别是风险分摊和利益分成的方法。

优点：知识产权不转移，程序简单，优势互补，合作企业不必支付成果使用费或转让费。

不足：成本与收益分成核算难。

主要适用对象：技术或市场不太成熟的科技成果，合作实施的双方优势互补，可快速推进项目研发、试验、生产及市场推广。

实操难点：

1）寻找项目实施优势互补、紧密的合作方较难；

2）核心技术管控及风险分摊难，利益分成的办法不易平衡；

3）合作实施奖励工资总额较难，审批复杂。

4.1.5　作价投资

释义：科技成果作价投资是指科技成果所有人（科研院所、院校或企业等市场主体）将其研发的科技成果作价投资，折算股份或者出资比例的一种科技成果转化方式。通过科技成果作价投资，取得该企业的股权（份），并参与该企业的经营管理，分享经营收益，分担经营风险。

特点：科技成果作价投资以后，由被投资企业取得科技成果所有权，知识产权转移，科技成果所有权变化，并被纳入其无形资产进行经营管理。这种方式对科技成果所有人、被投资企业，以及投资人都具有吸引力。对科技成果所有人而言，可继续对该成果进行研究开发，并分享其转化收益，而且不受知识产权的保护期限的限制。对于被投资企业的其他投资人而言，无需支付现金就可获得对科技成果所有权的控制及其转化收益，是一种成本低、风险小的交易方式。对于被投资企业而言，将科技成果所有人的利益与企业的经营业绩绑定在一起，科技成果所有人会全力支持该成果的转化及后续研发，因而更有利于该成果的转化。作价投资方式的突出特点是各投资方结成紧密的合作关系，尽其所能地投入资金、技术、市场渠道、人才、资源等，并结成利益共享、风险共担的经营实体。

作价投资科技成果所有人和被投资企业收益共享，风险共担，实施时一般要考虑以下因素：

1）科技成果的原创性强，甚至属于颠覆性技术，且核心技术知识产权，一旦取得成功，可能带来革命性影响，改变目前的产业模式。

2）技术成熟度较高。经过实验、试制、现场测试、试用等验证，具有实用性，取得了较显著的效果，技术上填补了相关领域的空白。

3）市场不成熟，可能处于“初期”阶段，甚至是“萌芽”阶段。仍存在顾客不确定、产品和工艺不确定等问题，还需要进行产品开发、工艺开发等，科技成果所有人和被投资企业愿意为未来市场收益共享，风险共担。

4）科技成果所有人与被投资企业之间技术距离可能较大，但被投资企业愿意冒较大的风险。

优点：无需用现金购买科技成果，利益与经营业绩绑定，适用于合作关系紧密的经营实体。

不足：科技成果所有权变化，涉及国有资产交易，资产评估、公示周期长，设立新公司投资审批时间长。

主要适用对象：核心技术可独立发展、有前景的科技成果。

实操难点：

1）国有资产交易，资产评估难、公示周期长；

2）设立新公司投资审批时间长；

3）后续公司监管难。

4.1.6 五种转化方式对比

4.1.6.1 转化方式优缺点对比

五种转化方式优缺点对比见表 4-2。

表 4-2 五种转化方式优缺点对比

方式	优点	不足
自行实施	消除了中间环节，降低交易成本	产业链过长，没有充分整合社会优势资源

续表

方式	优点	不足
成果转让	交易界面清晰，受让人取得成果所有权，比较容易融资	资产评估、公示周期长，国有资产需要在技术市场交易，交易时间较长、过程复杂，转让费用较高，中小企业很难承担得起
成果许可	交易成本低，交易对价低，被许可人不需要一次性支付费用	后期的许可费很难收回
合作实施	程序简单，优势互补，合作企业不必支付成果使用费或转让费	转化效果取决于双方信任度，双方合作关系不紧密，收益分成核算难
作价入股	无需现金交易，利益与经营业绩绑定，适合合作关系紧密的经营实体	资产评估、公示周期长，设立新公司投资审批长

4.1.6.2　转化方式权属变化

转化方式权属变化，见表 4-3。

表 4-3　五种转化方式权属变化对比

方式	权属变化
自行实施	知识产权不转移，风险收益全归成果所有人
成果转让	知识产权转移，科技成果所有权变化，涉及国有资产交易，风险收益转至成果受让人
成果许可	知识产权不转移，科技成果实施权交易
合作实施	知识产权不转移，收益共享，风险共担
作价入股	知识产权转移，科技成果所有权变化，涉及国有资产交易，收益共享，风险共担

4.1.6.3　转化方式奖励对比

《中华人民共和国促进科技成果转化法》第四十五条规定国有企业、事业单位对完成、转化职务科技成果做出重要贡献的人员给予建立和报酬的支出不受当年本单位工资总额限制、不纳入本单位工资总额基数。财税〔2018〕58 号《关于科技人员取得职务科技成果转化现金奖励有关个人所得税政策的通知》规定，依法批准设立的非营利性研究开发机构和高等学校，根据《促进科技成果转化法》规定，从职务科技成果转化收入中给予科技人员的现金奖励，可按 50% 计入科技人员当月“工资、薪金所得”，依法缴纳个人所得税。表 4-4 为五种转化方式奖励比例对比。

表 4-4　五种转化方式奖励比例对比

方式	奖励比例	工资总额	非营利性科研机构和高校，个税减半
自行实施	在实施转化成功投产后连续三至五年，每年从实施该项科技成果的营业利润中提取不低于百分之五的比例	不受限	不享受
成果转让	从该项科技成果转让净收入中提取不低于百分之五十的比例	不受限	享受
成果许可	从该项科技成果许可净收入中提取不低于百分之五十的比例	不受限	享受
合作实施	在实施转化成功投产后连续三至五年，每年从实施该项科技成果的营业利润中提取不低于百分之五的比例	不受限	不享受
作价入股	从该项科技成果形成的股份或者出资比例中提取不低于百分之五十的比例	不受限	不享受

4.1.7　其他方式：三技合同

除了上面五种成果转化方式，“三技（技术开发、技术咨询和技术服务）合同”也是科技成果转化的重要方式。《国务院关于印发实施〈中华人民共和国促进科技成果转化法〉若干规定的通知》（国发〔2016〕16号，以下简称《转化法实施规定》）规定，对科技人员在科技成果转化工作中开展技术开发、技术咨询、技术服务等活动给予的奖励，可按照促进科技成果转化法和本规定执行。中共中央办公厅、国务院办公厅印发的《关于实行以增加知识价值为导向分配政策的若干意见》进一步规定，技术开发、技术咨询、技术服务等活动的奖酬金提取，按照《中华人民共和国促进科技成果转化法》及《实施〈中华人民共和国促进科技成果转化法〉若干规定》执行。这两个文件表明，技术开发、技术咨询和技术服务都属于科技成果转化形式。

4.1.7.1　技术开发

技术开发，即签订技术开发合同。技术开发是指研究开发新技术、新产品、新工艺或者新材料及其系统。

例如，上海某技术学院冯教授与江苏一家企业就狗粮诱食剂（即使狗粮对宠物狗更有吸引力）的研发签订技术开发合同。在签订合同前由冯教授提交技术解决方案，该方案得到企业的认可以后，由该企业向冯教授团队支付 50 万元研发费用，用于研发狗粮诱食剂配方、生产工艺、生产线设备选型和安装调试等。企业之所以选冯教授，是因为冯教授曾与河北一家企业合作研发狗粮诱食剂，已有一定的技术积累。很显然，冯教授为江苏企业开发的技术就是科技成果转化。

4.1.7.2 技术咨询

技术咨询，即签订技术咨询合同。技术咨询合同是指委托方与受托方就特定技术项目提供可行性论证、技术预测、专题技术调查、分析评价报告所签订的技术合同，即受托方利用科学技术知识，包括科技成果，为委托方提供咨询服务。这属于科技成果的应用、推广范畴。

4.1.7.3 技术服务

技术服务，即签订技术服务合同。技术服务合同是指委托方与受托方以技术知识解决特定技术问题而签订的技术合同。这里的“技术知识”包括科技成果。这也属于科技成果的应用、推广活动。例如，某污水处理专家为造纸企业提供技术服务，帮助造纸企业解决污水处理难题。这就是将污水处理技术成果以技术服务方式实施转化。

任务 4.2　科技转化方式制约因素分析

在选择科技成果转化方式时，需要考虑多方面因素，包括研发人员奖励与报酬机制、知识产权、专利的有效性、知识特性、科技成果所有人与转化人（或转化方）之间的技术距离等。

4.2.1　技术距离

技术距离是指实施科技成果转化应有的技术水平与其实际技术水平之间的差距。科技成果所有人和转化人之间的技术距离较大的，一般不会选择科技成果转让、合作转化，而倾向于选择科技成果作价投资。这是因为，对于前两种方式，转化人不具备转化科技成果的能力，不能对科技成果进行消化吸收，而对于作价投资方式，转化人可借助科技成果所有人的技术力量转化科技成果。一般情况下，技术距离越小，科技成果转化方对科技成果的吸收能力越强，成功转化科技成果的可能性就会加大。

4.2.2　知识产权

知识产权是科技成果转让、许可、作价投资过程中的重要客体，企业在科技成果转化过程中，除提升技术能力外，获得知识产权还有不少其他的用途。比如，企业在申请高新技术企业认定和科技型中小企业评价，以及享受软件企业税收优惠政策时应当拥有知识产权；企业需要融资可以将知识产权作为无形资产进行抵押或出售；高校院所在向主管部门报送科技成果转化年度报告时需要报告知识产权拥有情况，教育部门在对高校进行评价时，知识产权拥有量是一个重要指标等。因此在科技成果转化需考虑是否拥有知识产权，科技成果所有人是否愿意转移知识产权，科技成果转化方式是否涉及知识产权权属转移，科技成果转化方是否需要知识产权等。

4.2.3　投资能力

科技成果转化需要一笔不小的经费支出，包括获取科技成果的费用（转让费、许可使用费）、科技成果交易费用，以及转化科技成果所需的经费投入。其中，获取科技成果的费用，与转化方式有关；转化科技成果所需的经费投入，不仅取决于科技成果本身的技术成熟度和市场成熟度，也取决于市场容量及期望达到的商业化、产业化程度。

4.2.4　预期收益与风险分担

作为新科技、新技术的产物，科技成果转化预期收益一般相对较高，但又带有强烈的不确定性。预期收益与技术成熟度、市场成熟度及其市场容量大小，转化人的转化能力及其市场竞争力等因素有关。转化人转化科技成果的能力越强，市场竞争力越强，预期收益越高，就越有动力加大经费投入，经费投入的意愿和能力也会增强。同时科技成果转化的风险大小与该成果的技术成熟度和市场成熟度有关，成熟度低则不确定性大，潜在的风险大。一般来说，风险与收益是正相关的，预期收益越高，则潜在的风险越大。按照风险与收益对等原则，成果转化双方中承担风险较大的一方，则获得的预期收益所占份额也应当较高。

4.2.5　科研人员参与度

科技成果转化是对科技成果进行后续研发、应用、推广，因而在科技成果转化过程中，科研人员的参与度与科技成果的技术成熟度是密切相关的。如果需要科研人员参与科技成果的转化，则在选择科技成果转化方式时，需要选择科研人员的参与方式，并建立相应的激励与约束机制，以确保在需要时科研人员能够并积极地参与其中。是否需要科研人员参与，也取决于科技成果转化人的消化吸收能力，即双方的技术距离。如果科技成果转化方有较强的消化吸收能力和实施能力，则对科技成果所有人的依赖性会减小。

任务 4.3　高校院所等科技成果供给端转化方式选择

高校、科研院所的职能定位是科学研究、技术开发，包括获得科技新知识和创造性运用科技新知识。薄弱之处是产品开发、工艺开发能力较弱，缺乏生产条件，离客户较远，对市场需求不敏感，因而所开发的科技成果，虽然具有较高的技术水平和较强的原创性，但离应用往往还有一定距离，还不能直接转化为新的产品、工艺，还需要企业进行后续研发。

1）如果科技成果还不够成熟，需要到企业进行试验、试制，取得生产批件，或者取得用户认可等，可以与相关企业合作转化，此时应选择合作转化方式。

2）如果科技成果比较成熟，但市场发育还不成熟，需要进行市场培育，但新市场潜力巨大，甚至颠覆现有市场，则可以选择作价投资的方式，与相关企业共同转化科技成果。

3）如果科技成果比较成熟，而且市场也成熟，无需再对该成果进行后续研发，可以选择科技成果转让的方式，将该科技成果转让给相关企业。如需进行后续研发，可选择许可方式，将该成果许可给相关企业。

4）如果科技成果比较成熟，可直接应用于工程项目、生产工艺，则可采取许可的方式进行转化；或者，市场成熟度高，可应用于服务项目或产品生产，则可选择在某一区域范围内或行业领域内许可使用该成果；或者，该产品未来市场前景广阔，但目前成果还不成熟，仍需要进行进一步的研究开发，也可选择独占许可或作价投资方式。

高校院所应当优先采用科技成果转让方式，科技成果转让可一次性完成，转让协议履行完毕就可获得转让收益。其次是许可方式，国家鼓励高校院所以许可方式向企业转移科技成果，因为这种方式有助于鼓励和促进市场竞争，防止垄断。对于作价投资的方式，高校院所一般需设立较为成熟的退出变现机制或者入股公司的产业领域符合高校院所本身的战略部署，能够促进自身核心能力提升。合作实施一般是科技成果转化过程中的中间过程，用于成果技术成熟度的提升，经常与其他转化方式联合使用，提高科技成果转化的成功率。

案例 4-2：T 研究所一项成果的三个合作方案及其分析①

（1）案例情况

国际海事组织 IMO 于 1997 年制定的国际防污公约 MARPOL73/78 附则 VI—“防止船舶大气污染规则”要求，自 2012 年起全球的船用燃油的硫含量不允许超过 3.5%，2020 年后硫含量不得超过 0.5%。欧美发达国家为了进一步降低船舶尾气对沿海城市空气质量的影响，设置执行更严格标准的排放控制区（Emission Control Area，ECA），自 2015 年起要求进入 ECA 的船舶使用硫含量不超过 0.1%的柴油或者采取其他等同效果的措施。为此，采用嗅探法（Sniffing method）对多种船用油硫份含量进行遥测，并将测定的结果作为执法的依据。嗅探法的原理是，燃油中的 C 含量稳定在 85%~87%，燃油中的 C 元素和 S 元素经过燃烧氧化后生成了尾气中的 CO_2（二氧化碳）和 SO_2（二氧化硫），通过监测尾气中 SO_2 和 CO_2 的比例反推燃油中的硫含量。2015 年 12 月，交通运输部发布《珠三角、长三角、环渤海（京津冀）水域船舶排放控制区实施方案》，分阶段逐步实现三个国内 ECA 的在航船舶使用燃油硫含量不超 0.5%的目标，以减少 SO_2 排放。

①成果构成及其实施

为监测船舶尾气排放，T 研究所自筹经费立项，开展监管技术与装备的研发，已就船用燃油硫含量嗅探估算法、狭长航道的船舶尾气监测站选址方法和船舶尾气移动监测方法申请了 3 项发明专利，并就船舶尾气嗅探仪申请了 1 项实用新型专利，并对船舶尾气监测系统的后台管理

① 本案例选自吴寿仁著《科技成果转移转化案例解析》，上海科学普及出版社 2020 年出版。第 112-116 页。

软件申请了软件著作权登记。

该成果的实施，或者说对船舶尾气进行遥测，包括以下四个部分：

1）因地制宜选择最佳的设备布局方案（一港一策）。以尾气为媒介估测燃油硫含量，受制于风速风向和距离。如何以较少的成本投入达到最优的监管效果，要根据每一个沿海港口的具体情况设计最佳的设备布局方案。设备安装平台主要有桥下、岸基、船载、机载四种。岸基和桥下是固定平台，适合有建站条件的狭长航道；船载和机载是移动平台，适合没有建站条件的开阔水域。

2）船舶尾气遥测仪，以探测燃油硫含量。

3）因船舶尾气遥测仪属于精密仪器，需要定期维护与校准。

4）数据处理，原始数据需要经过人工处理后才能得到“嫌疑船舶清单”数据产品，并向海事执法人员发送“嫌疑船舶名称、估测硫含量结果、目前停靠码头等信息”的短信通知。

尽管每个港口的应用平台和用户有所不同，但是硬件组成、数据处理和分发过程完全相同。因此，最佳的服务模式是布局多个监测站，建设一个数据中心，为多个海事局用户提供标准化的“嫌疑船舶清单”服务。

②三个合作方案比较

T研究所是一家公益二类科研机构，S公司是一家T研究所与某地一机构合作设立的企业，可以承担船舶尾气监测仪的加工及定期维护与校准服务。对于监测船舶尾气排放是否超标，既需要T研究所因地制宜设计最佳的设备布局方案，也要用到S公司利用T研究所的发明专利和实用新型专利生产加工船舶尾气嗅探仪，以判断船舶尾气排放是否超标。对于船舶尾气监测业务，T研究所和S公司各有各的渠道，但每承接一项监测业务，谁都离不开谁，两者形成较强的互补关系。

S公司希望与T研究所形成紧密型的绑定关系，依次提出了以下3个合作方案：

方案1：S公司提出购买T研究所该成果的一项发明专利权49%的权益，T研究所保留该专利权51%的权益。为此，T研究所相关人员咨询了有关专家，该专家认为，购买49%的专利权是可以的，也是可以操作的。但当专家经进一步询问购买目的时，认为这种做法没有必要，这是将简单的事情复杂化了。

方案2：S公司又提出与T研究所共同成立一家企业，共同开展船舶尾气监测业务。但T研究所是事业单位，认为设立企业的程序较复杂且周期较长，同时，科技人员对股权奖励的兴趣不大，认为短期内难以取得经济收益。

方案3：S公司再提出，由T研究所以排他许可方式将一项发明专利权和实用新型专利权许可S公司使用5年，由S公司一次性支付T研究所许可使用费200万元。然后，双方共同开发该项业务，且每次承揽该业务时，签订三方合同：甲方为业务委托方；乙方为T研究所，由乙方负责设备布局方案设计；丙方为S公司，由丙方利用被许可的专利权加工探测仪，并提供数据加工、维护和校准服务。

（2）案例分析

①转化方案分析

本案例是关于成果转化方式选择的问题，对于一项成果的转化，须根据该成果的具体情况和业务特点选择合适的转化方式。

1）S公司购买T研究所尾气监测技术成果专利权49%的权益，只是为了绑定T研究所，限制T研究所与其他机构合作，或将该专利权转让给其他机构。但为何S公司不百分百地受让该专利呢？那是因为S公司无法独立地开展船舶尾气监测业务，还需T研究所提供尾气监测的设备布局方案。基于这样的目的，是没有必要这样做的。

2）S公司与T研究所共同成立一家新的企业，T研究所以船舶尾气监测成果作价出资，S公司以船舶尾气加工能力、资金等出资，科研人员可根据《促进科技成果转化法》的规定获得股权奖励，成为新公司的股东，并在新公司里兼职，根据船舶尾气监测业务的具体情况设计船舶尾气监测设备布局方案。这样一来，S公司、T研究所和科研人员三者之间建立了紧密型的绑定关系，三方利益共享、风险共担。可能是因为S公司与T研究所分属两地，且相隔较远，科研人员觉得在S公司兼职很不方便，也可能因为科研人员认为拿股权不如拿现金实在，不愿意采取成立新公司的方式，导致作价投资方式不能实施。现实中，许多以科技成果作价投资设立的公司没有盈利，即科技人员没有实现现金收益。

3）S公司以排他许可方式，向T研究所支付200万元的专利实施许可费，获得了有关专利的实施许可权。其好处一是科研人员可以获得现金奖励，积极性较高；二是限制了T研究所与其他机构合作，达到了相互绑定的目的。

其实，S公司和T研究所都可以利用该成果开拓船舶尾气监测市场，如对各自的市场空间不作限定的话，有可能彼此间形成竞争关系，导致资源浪费，也有可能都不愿意投入资源开发船舶尾气监测市场，导致彼此耽误。

②投资设立新公司的利弊分析

从本项成果的特点及彼此依存关系来看，比较好的方式是S公司与T研究所共同成立一家新的企业，由这家新企业专门负责船舶尾气监测技术成果的转化，承接船舶尾气监测业务，努力培育并拓展这一市场。这样做有以下好处：

一是双方利益关系可根据该成果作价投资的金额及该公司股权的比例，以及新公司的股权结构设计来调整，其中科研人员的利益是可以得到充分保障的；

二是双方有较强的互补性，可通过公司治理结构的设计，充分发挥各自的优势；

三是双方可以形成合力，集中资源开发这块市场，共同把这块市场蛋糕做大，实现双赢；

四是可以树立公司及产品（服务）品牌，利用国家有关扶持政策，将公司做大做强，并获得更大的收益；

五是可以随着新公司的不断发展和市场的进一步拓展，不断开发其他领域的尾气监测市场，或者将尾气监测技术用于其他领域，将该成果向不同行业领域、不同国家和地区渗透，并实现有关技术的升级换代等。

当然，成立新公司存在以下不足：一是科技人员只享有股权收益，不如现金收益来得直接；二是需要抽调科技人员组建专门的经营团队，需要有一些科技人员从 T 研究所办理离岗手续，可能暂时会影响 T 研究所的科研工作；三是需要投入资金，需要办理投资手续，并承担投资风险。

③合作转化方式的利弊分析

对于船舶尾气监测，S 公司和 T 研究所分工很明确，形成了较强的互补关系，彼此间不存在竞争。这一特殊的关系，决定了双方采取“部分许可+合作转化”方式，即 T 研究所先将两项专利许可 S 公司使用 5 年，然后双方根据实际情况分工，建立紧密型的合作关系。如由 S 公司承接业务的，则由 T 研究所给出监测设备布局方案的报价。如由 T 研究所承接业务的，则由 S 公司提供船舶尾气遥测仪和维护与校准服务。无论谁承接业务，都可向客户推荐另一方作为合同的第三方，或者在业务合同中约定另一方为供应方。由于 T 研究所是事业单位，在承接船舶尾气监测业务时，必须推荐客户直接向 S 公司购买监测设备，并由 S 公司提供售后服务，否则 T 研究所必须走招标程序，要货比三家，不仅程序很复杂，浪费了时间，耽误了进度，还会增加一些税费支出。

合作转化的优点是简单易行，可以充分发挥各自的优势，也有其缺点，即双方力量分散，零敲碎打，难以形成一个核心、紧握成一个有力量的拳头，不能形成共同拓展船舶尾气监测市场的强有力的力量，双方只能赚点小钱，赚不到大钱，既不能提高有关技术水平，也不能开发出一个成规模的市场。从本项目的情况看，选择“许可+合作”方式更合适。

（3）转化方式的选择

一项成果的转化方式选择，一要看成果本身的技术成熟度和市场成熟度；二要看成果供需双方的偏好，以及科研人员的偏好，特别是企业和科研人员的偏好，三方必须达成共识；三要看外部环境和条件，存在哪些机遇与挑战。

从本案例情况看，首先，船舶尾气监测技术的技术成熟度和市场成熟度均比较高，原则上对于这样的成果，各种转化方式均可选择；其次，科研人员不愿意以创业的方式在企业持有股权，因而可选择合作转化；再次，国家对环保高度重视，对于船舶尾气监测市场而言是机遇，这块市场应该会不断发展，所以说机遇大于挑战。

如果说合作转化只可做到“1+1=2”，而以科技成果作价投资方式则可以达到“1+1远远大于2”的效果。合作转化可以让科研人员赚一笔小钱，但投资转化则有机会让科研人员大赚一笔，真正实现名利双收，投资方式也要关注国有单位的投资行为要符合国资决策要求。

本案例中，单纯的成果转让方式，或单纯的许可方式，都不太适合该项成果的转化，T研究所最终决定采用S公司提出的第三种方案，即“部分许可+合作”的组合转化方式，并与客户签订了三方协议，实现了该科技成果的转化。

任务 4.4　企业等科技成果需求端转化方式选择

企业应主要从研发能力、技术水平比自己高的高校院所或其他企业获取科技成果，而且企业自身也应具备一定的技术能力来消化吸收科技成果，进而提升自身的技术创新能力和市场竞争力。企业在选择科技成果时应考虑的因素有：

1）该科技成果与现有技术相比确实具有一定的先进性，能够用于开发产品或工艺，而且所开发的产品能满足市场需求，所开发的工艺能提高产品质量、提高生产效率、降低成本等。

2）企业本身具备一定的转化科技成果能力，包括技术基础、人才、设备、市场、投资等。技术距离较大的，可以选择作价投资的方式，以获得较强的技术能力；技术距离较短的，可以选择科技成果转让、许可、合作的方式。第一种方式，科技成果完成人收益与企业发展经营情况直接相关，会积极参加科技成果转化及其后续研发；对于后三种方式，企业应具备实施科技成果转化的能力。

作价投资方式有两种做法：一是向科技成果所有人出让部分股权获得其科技成果，或以科技成果作价增资扩股；二是与科技成果所有人共同投资成立新的公司。如果拟转化的科技成果属于公司的主营业务范围，且市场是成熟的，建议采用前者，否则采用后者。

3）企业的投资能力。投资能力不够强的，可选择许可或合作转化方式。投资能力强的，可选择自行投资实施转化，或者转让，或作价投资。采用前两种方式的，企业获取科技成果的费用、需要支付的交易费用都不高，但其获益也很有限。尽管企业采用作价投资方式无需付费就可获得科技成果的控制权，但这种方式一般要进行评估作价，且交易费用比较高，交易过程比较复杂，而且需要的投资比较大。

4）企业风险承担能力。科技领域项目一般都有高风险、高收益的特点，成果转化也不例外。作价投资的风险主要源于科技成果技术不成熟和市场不成熟引发的潜在风险，而且这个风险比较大。合作转化也存在类似的情况。相对来说，科技成果比较成熟，科技成果转让、许可的风险相对来说就较小些。但从科技成果转移的风险来看，作价投资和合作转化相对较低，因科技成果所有人全程参与成果转化，不太可能隐瞒技术细节。对于科技成果许可，被许可人按科技成果的实施效果支付费用，达不到预期的实施效果，一般不会支付较高的费用，因而承担的风险也比较低。风险最大的是科技成果转让方式，转让一旦结束，所有的风险都转移到作为受让方的企业。即在科技成果转让前，科技成果的不确定性由高校院所承担；转让后，后续的技术开发、产品生产和销售由企业承担，相应的风险也由企业承担。

总体来说，企业在选择科技成果转化方式时，要根据科技成果的技术成熟度和市场成熟度，并结合自身的技术基础、投资能力、预期要达到的目标或需要解决的问题等综合考虑。

水无常形，市场竞争格局是瞬息万变的。目前拥有的竞争优势很有可能因颠覆者的出现而化为乌有，目前处于竞争的劣势地位，很可能因实施科技成果转化而得到根本性的扭转。制造业的技术竞争就是产品技术的竞争，即产品质量提升，成本降低，交货期缩短，摆脱关键物料和设备卡脖子的瓶颈，使产品实现规模化量产。

案例 4-3：光进铜退战略下某企业 PLC 分路器调试系统成果转化案例①

2007 年国家积极推进光进铜退战略，之后加强光纤到户及“三网”融合的建设。作为光通信中重要的基础性器件——平面光波导分路器（即 PLC 分路器）在我国迅猛地发展起来，100 多个厂家争先购买设备组建生产线生产 PLC 分路器，市场竞争非常激烈。其中大量上市大公司、跨国大企业参与其中，但一家上海民营小企业却在这次竞争中脱颖而出，它是怎么做到的呢？

---

① 本案例选自吴寿仁著《科技成果转化疑解》（上海科学普及出版社 2018 年版）第 133-135 页。

据了解，生产 PLC 分路器的核心工序是耦合对光，也称 PLC 调试，即将平面波导芯片的通光孔径与光纤阵列的通光孔径进行精密对接。当时国外有两种生产技术，一种是全自动，一种是手动。

从日韩进口的自动调试系统操作容易、成品率高、投产速度快，但价格昂贵、维护成本高，对物料的要求也高，必须使用进口物料。许多厂家看到了进口系统的这些优点而购买了进口设备。但是，在后来的生产中发现，设备维护成本高，在使用国产物料或者自制物料的时候，设备识别纠正物料偏差的时间较长，出现生产效率低下的问题，从而造成生产成本高，导致市场竞争力不强。

仿制日韩原理的手动调试系统，优点是价格较低，维修服务方便，对物料的要求较低，但存在操作难度较大，工人培训上岗时间较长，且成品良率易受物料的影响，从而导致人工成本高，产品质量不稳定，由此引发的风险较大（曾有一家企业因质量问题出现大范围的退货事件），也缺乏市场竞争力。

能不能自主开发成本低廉、运行稳定、生产效率高、物料兼容性好、产品质量有可靠保障的 PLC 调试系统呢？一家民营小企业给出了很好的答案。该企业成立于 2002 年，从国家光进铜退战略中嗅到了商机，意识到光纤市场即将迎来巨大的发展空间，于是招兵买马，大力引进人才，其中就有一名在日资光通信企业工作的科技人员 H 加盟。H 1999 年毕业于南昌航空大学光电子信息专业，之后在台资、美资和日资的光通信企业工作了 8 年，积累了丰富的相关产品知识。2007 年加入到该企业以后，着手进行 PLC 分路器及调试系统的研发与生产。由于企业规模较小，自有资金较少，无力购买进口的 PLC 调试系统（如果进口，一台设备就要 100 多万元），决定联合光纤领域科研能力比较强的高校和科研机构合作研发，并与物料供应商合作，于 2012 年研制成功了多通道 PLC 在线调试系统，即在传统光分路器调试系统的基础上，将两台单通道光功率计改为自主开发的 32 通道光功率计，增加了一套调试检测软件，在调试过程中通过电脑屏幕显示的图形及数据调整六维调整架的姿态，检测所有通道的参数。当所有指标均合格之后，再进行点胶固化。该系统兼具传统 PLC 调试手动系统和自动系统的优点，又解决了其对物料严苛、生产效率低等问题，同时，产品良率提高到98%以上。

这一成功，使那家小企业得到了快速的发展，到2016年，该企业实现营收6亿多元，注册资本扩大到1亿元，拥有员工1 000多人，近3年销售额连年翻番，利润翻倍，纳税年均增长140%。同时，日本的设备无人问津，光纤阵列彻底退出了中国市场，平面波导芯片从30元一颗降至3元一颗。

这家小企业之所做到了科技成果成功转化，笔者认为：

首先，企业家有眼光，牢牢抓住了国家推进光纤到户建设的千载难逢的机会，大力引进人才，决策上马PLC平面波导型光分路器项目。2007年该企业仍处于生存期，要发展壮大必须另辟蹊径，即走科技创新内涵式发展的新路。

其次，敢于碰硬。生产PLC分路器，必须有生产设备，即PLC调试系统。当时，上马全自动调试系统投资巨大。据说，全套引进国外全自动调试系统，需要近亿元的投资，而且测试技术为日本禁止出口技术，物料也要依赖国外厂商。正如前面介绍的，全自动、手动调试系统都存在缺陷，市场竞争力均不强。很显然，无论上马自动系统还是手动系统，都不适合当时的这家企业。在这种情况下，该企业没有被困难吓倒，而是果断决策，决定自主研制PLC分路器调试系统。

第三，走产学研结合的路子。一家小企业受制于人才缺乏、设备落后、技术基础薄弱和经费投入捉襟见肘等限制，在自主研发的过程中，靠一企之力是难以胜任的，于是就联合在这个领域里研发能力较强的高校、科研机构进行合作研发，而相关高校、科研院所也大力支持，携起手来攻克了一道道难关，实现了PLC调试系统的国产化。在产学研合作中，H与有关高校院所进行过合作，有良好的合作基础，而且该企业能够提出具体的技术需求，且合作的目标明确，所研制出的产品适应市场，即企业在合作中处于主导地位。这是产学研合作成功的关键所在。

第四，与物料供应商紧密合作，对物料进行改进，也取得了成功，实现物料的国内供应，物料成本也大大降低。同时，与产业链上的其他相关单位，包括同行，形成良性互动，赢得了良好的外部发展环境，打破了国外技术的垄断。

第五，建立了比较完善的激励机制。该企业制定了激励技术人员成果转化应用的奖励机制，企业与科技人员共同成长，大大激发了科技人员开展科技成果转化应用的积极性和主动性。例如，H 在 PLC 分路器产品中获得了分红。正因为如此，公司上下有耐心地渡过了前期资金严重短缺的艰难困境。

这一案例说明，一家企业是否有市场竞争力，取决于它能否提供质优价廉的产品，质优价廉产品的背后就是有先进技术作支撑，所以市场的竞争归根到底就是技术的竞争。企业对市场非常敏感，对技术有强烈的需求，但先进技术是怎么来的？往往是通过产学研结合的方式引进或自主开发得来的，最终也从这些先进技术的实施中获益。因此，企业是研究开发的决策者，研究开发的投入者，研究开发的组织者，研究开发的收益者，从研究开发的决策到投入，到组织，再到实现收益，形成了一条完整的链条。

这一案例还说明，企业的研究开发并不是从无到有的全新研发，而是对当时 PLC 自动调试系统和手动调试系统进行系统性的分析，通过扬长避短式地实质改进取得的，所采用的技术原理是一样的，只是实现的技术路线不同而已。这属于《财政部、国家税务总局、科技部关于完善研究开发费用税前加计扣除政策的通知》（财税〔2015〕119 号）对企业研发活动定义中实质性改进技术、产品（服务）、工艺这一类型。这种情形也属于科技成果转化活动。

根据《中华人民共和国促进科技成果转化法》的规定，该企业研制 PLC 分路器调试系统是对现有科技成果进行后续试验、开发、应用、推广，与相关高校、科研院所进行合作研发，这都属于科技成果转化活动。也可以说，企业是科技成果转化的决策者、科技成果转化所需经费的投入者、科技成果转化活动的组织者，也是科技成果价值的实现者和收益的获得者。总之一句话，企业是科技成果转化的主体。

从这一案例中还可以得到三点启示：

一是企业能否发挥科技成果转化主体的作用，决定了该企业能否做强做大做优。企业每成功地实施一项科技成果的转化，就获得一次转型发展。企业的发展由慢转快，由小变大，由弱变强，由大变优，都得实施科技成果转化。

二是不能把科技成果机械地理解为通过科研项目立项、经科学研究和技术开发所产生的成果。这虽是科技成果最直接的来源渠道，但只是对科技成果含义的一种狭义理解。实际上，现有的受知识产权法律保护的专利技术、计算机软件技术、植物新品种技术等，已过保护期或失效而进入公共领域的专利技术、计算机软件技术、植物品种技术等，以及其他公知技术，也都属于科技成果。本案例中，光通信原理及光分路原理，以及用到的相关成熟技术，都是成熟的知识，仍然属于科技成果。

三是科技成果转化并不只是对通过科研项目立项经科学研究和技术开发所产生的科技成果进行后续试验、开发、应用、推广。对现有受知识产权法律保护的科技成果，以及不受知识产权法律保护的科技成果，包括其他公知技术，进行后续试验、开发、应用、推广，仍然是科技成果转化。从这个意义上讲，企业的研究开发活动，基本上属于科技成果转化活动。

闯关锦囊

锦囊 9：技术经理人的岗位职能与特征

《国家技术转移体系建设方案》（国发〔2017〕44 号）提出：“创新高校、科研院所技术转移管理和运营机制，建立职务发明披露制度，实行技术经理人聘用制，……”“加强技术转移管理人员、技术经纪人、技术经理人等人才队伍建设”。其中的技术经理人是指负责技术转移转化管理的专业人员，既包括外部技术转移机构的专业人员，也包括国资单位内设技术转移机构的成果转化专业人才。

（1）岗位职能

从技术转移机构的职能来看，技术经理人应当承担着与技术转移、科技成果转化相关的职能。同样是技术转移机构，作为科技成果供给端的高校院所，与作为以技术需求端为主的企业，技术经理人的职能差异比较大。

①作为技术输出方的技术经理人职能是负责技术输出

输出方技术经理人职责可以包括：

1）参与科研项目管理，把好科技成果的质量关；

2）负责做好知识产权管理与保护工作；

3）负责拟订科技成果转化方案；

4）负责开展技术营销；

5）负责商务谈判；

6）负责技术合同的签订与履行，办理技术合同认定登记等；

7）负责核定并兑现科技人员的奖励与报酬；

8）与技术转移相关的其他工作，包括组织有关科技政策的申请、执行，组织制定各种技术标准和技术规范并推进实施，参与本单位技术方向的研究和总体规划的制订，设计、审核各种技术方案和文档等。

②作为技术输入方的技术经理人职能是负责技术引进

输入方技术经理人的职责具体包括：

1）负责汇总、鉴别本单位的技术需求信息；

2）负责制订技术引进方案，广泛搜寻技术信息，选择合适的技术引进方式，引进本单位所需要的技术；

3）负责分析或调查拟引进技术的构成、所涉及知识产权的权利状况及其归属、知识产权的保护范围、可能存在的法律风险，以及拟引进技术对本单位技术需求的满足程度等；

4）负责商务谈判，包括技术转移方式、定价方式、价格及其构成、价款的支付方式、技术的交付、后续改进科技成果的归属、违约责任等；

5）负责技术合同的签订与履行；

6）负责与技术转移相关的其他工作。

（2）优秀技术经理人的特征

从技术经理人的职能来看，无论是技术输出还是技术引进，技术经理所从事的不是一般的行政管理工作，而是专业技术工作。技术经理人这个角色，具有以下 5 个特征。

①技术经理人是复合型人才

具体体现在：

1）较强的技术背景；

2）熟悉法务；

3）懂商务；

4）懂管理；

5）懂产品。

②技术经理人承担多重角色

具体为：

1）技术经理人是管理者；

2）技术经理人是经营者；

3）技术经理人是科研人员的顾问；

4）技术经理人是技术转移、科技成果转化的推进者；

5）技术经理人是组织者。

③技术经理人应实行专业化管理

技术经理人对技术转移职能的履行是基于其专业能力，包括对技术发展趋势的判断力，技术科技成果价值的鉴别力，良好的沟通协调能力，丰富的专业知识和从业经验，以及扎实的法律、商务、管理等方面的知识，而非单位赋予的行政管理权力。所谓行政管理，是指依靠单位赋予的权力而实施的管理。高校院所和企业的科研管理，包括科研项目立项、验收、评估、检查等，都是依靠单位赋予的行政权力而实施的行政管理。显然，这两者之间是有显著差别的。如果以行政管理的方式来管理、考核技术经理人，技术经理人的专业能力将会受到抑制，其积极性会受到打击，技术转移会退化到科研管理。

④技术经理人的主观能动性强

由于技术经理人是基于专业能力而非行政权力，必须对技术经理人实施较强的激励，以激发其主观能动性，包括实行业绩考核，并根据其业绩来决定其薪酬。对于高校院所来说，应将技术经理人纳入“职务科技成果转化做出重要贡献的人员”的范畴，可以享受《促进科技成果转化法》第四十四条、四十五条规定的奖励和报酬。加大对技术经理人的业务培训，促进其专业能力的增强。

⑤技术经理人的职业化倾向明显

成就一名优秀的技术经理人需要较长时间的历练，包括较强的专业背景，丰富的研发、商务、法务、管理等方面的知识积累，多个单位、多岗位的工作经历，都需要花较长的时间。由于其从业的门槛较高，一旦转入技术经理人这个行当，一般不会轻易转行做其他行业，否则机会成本太高。而且，技术经理人这个行当不是吃“青春饭”，而吃“经验饭”，阅历越丰富，人际关系越丰富，越会得心应手。

上述特征决定了技术经理人是高层次人才，一名优秀的技术经理人可以搞活一个单位的技术转移工作，通过激励一批优秀的技术经理人，可以搞活一个地方的技术转移工作。技术经理人是技术市场的催化剂，需要大力培育和发展。

拓展阅读

(1) 推荐专家

汪斌，中国技术创业协会副理事长、北京高精尖科技开发院院长，博士，研究员，27 年来一直从事科技成果转化及科技企业培育工作，总结出《科技成果转化“三段论”》《科技风险投资的“鱼肚理论”》《科技企业成长“十步法”》及《科技孵化将迎来“加速器”时代》《深挖首都高精尖服务业“金矿”，打造“全球独角兽之都”》《中科加速器“十赢”模式》等经典文章。

《科技成果转化“三段论”》，也可以看作高新技术企业成长的三个阶段：

第一阶段：从 0 到 1，即高校院所研究出的科技成果，试制出样品，成立公司进行孵化，创业者筹资或吸引天使投资，进行小批量生产后开始走向市场。经过几年摸爬滚打，拿下国家高新技术企业资格，并且年利润达到 30 万~50 万元，即达到“1”。

第二阶段：从 1 到 10，上述高新技术企业，进入经验丰富、资源广阔和资金雄厚的“科技企业加速器”快速发展，争取在三到五年内达到“10”，即达到年利润在 1 000 万~2 000 万元。这个阶段成功概率要远高于“0 到 1”阶段。

第三阶段：从 10 到 100，公司年利润达 1 000 万~2 000 万元时，融资相对容易，被上市公司并购的可能性非常大，或在资本的推动下做大做强直接上市。一个好的科技成果最后变成上市公司或上市公司的一部分，笔者认为转化是非常成功的，即达到了“100”。

从数量模型上看，三个阶段，企业数量是逐步递减的，能达到“100”的几乎是凤毛麟角，处于金字塔的顶尖。

在此基础上，又衍生出了《科技风险投资的“鱼肚理论”》。如图 4-1 所示，从投资收益的角度分析，在“0 到 1”阶段，投资成功后，收益倍数会很高，但成功概率非常低，因此投资收益总体不会很高，就像“鱼尾”。投资“10 到 100”阶段，成功的可能性大，但投资者之间竞争很激烈，需要的资金量也多，资金收益倍数要小很多，总体收益就像“鱼头”。恰恰投资“1 到 10”阶段，既有比“0 到 1”阶段大得多的成功率，又不需要“10 到 100”阶段的资金量，总体上投资收益的性价比最高。这样既能促进科技成果转化顺利发展，还能实现高额利润，“吃到”肥美的“鱼肚”。

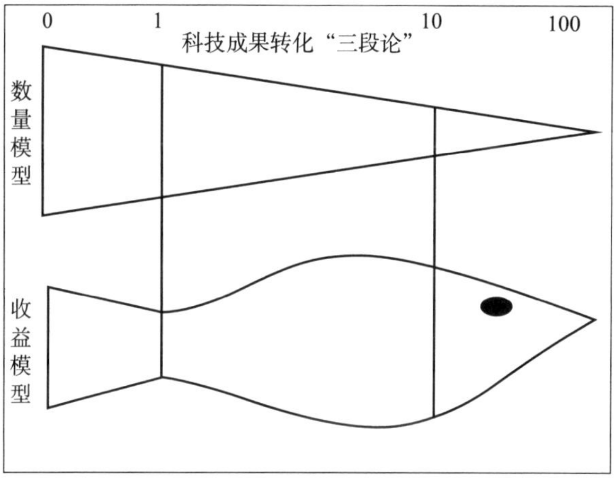

图 4-1　科技风险投资“鱼肚理论”

（2）推荐书籍资料

1）吴寿仁：《科技成果转化疑解》，上海科学普及出版社，2018 年。

2）吴寿仁：《科技成果转化政策导读》，上海交通大学出版社，2019 年。

3）吴寿仁：《科技成果转移转化案例解析》，上海科学普及出版社，2020 年。

第 4 关更多资料请扫码回复：04

第 5 关

科创公司融资与 CVC 企业风险投资指南

本关擂主：黄振雷

欢迎来到科技成果转化第 5 关。

闯关主角

科技创业者、产业投资人

本关挑战

如何找到资金资源?

解决方案

任务 5.1　成立科技型创业公司

　　案例 5-1　三位博士的创业故事：科创公司的股权应该怎么分?

任务 5.2　科创公司的股权融资

　　案例 5-2　H 公司股权融资之路——如何保持创始团队对股权的控制?

任务 5.3　科创公司的债权融资

　　案例 5-3　S 企业的私募可转债融资之路

任务 5.4　CVC 企业风险投资策略

闯关锦囊

锦囊 10　如何写好商业计划书

锦囊 11　科创公司的股权比例线

拓展阅读

科创属性评价指引（试行）节选

推荐专家和书籍资料

成立科技型创业公司（以下简称科创公司）也是一种重要的科技成果转化方式，科研人员不再仅限于转让科技成果，而是希望发挥企业家精神，把科技成果作价入股公司，将科技与市场相匹配，以创业者的身份打造产品。在这个过程中，公司作为一个有边界、有法人身份的主体，承载着科技创业者的梦想。

科创公司主要依托高技术研发人才，是高成长性与高风险性并存的创新开拓型企业。

据全国企业信用信息公示系统的数据，截止 2020 年 2 月 1 日，全国存续的科创公司 340 万家，其中，最近三年新成立 175 万家，主要分布在广东省、北京市、江苏省、上海市和杭州市等省市，被资本市场关注并看好的接近 15 万家（图 5-1）。

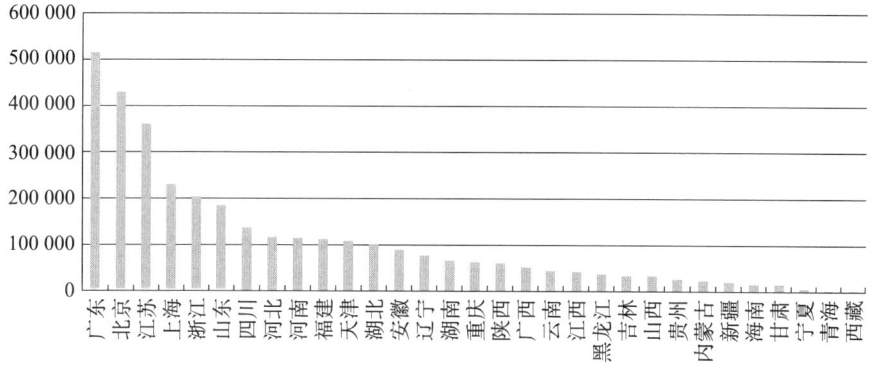

图 5-1　全国存续的科创公司（家）①

从 36Kr 公布的融资数据来看，2019 年国内共计产生 4 284 笔投融资业务，总计投融资金额达到 7 743 亿元人民币。

全国一半科创公司成立于最近三年，存活率低。即使融资拿到钱，死亡的几率也是超高。据 IT 桔子统计，最近 6 年，被投融资市场关注但最后关门的科创公司达到 5 867 家。科创公司关门，主要原因有产品伪需求、内部团队冲突、现金流断裂、政策监管等。

① 数据来源：全国企业信用信息公示系统，苏宁金融研究院整理

任务 5.1 成立科技型创业公司

5.1.1 为什么要成立科创公司

成立科创公司有四个作用：定初心、育资源、降成本、新基因。

（1）凝聚人心，确定初心

科创公司不仅仅是拥有一个公章一群人的组织，而且是具有共同意识的共同体。成立公司可以在员工和企业家心中设定一个目标，激发有认同感的人共同完成这个目标。科技创业者不只是为了金钱，他们的征途是星辰大海，希望用科技改变世界。

（2）培育专有的资源能力

要想把科技成果转化为现实产品，需要一整套有价值的、稀缺的、难以模仿的、难以替代的资源。公司不仅可以将科技成果与市场、用户需求匹配，打造、积累这些资源，更重要的是还可以根据资源的特点、市场的变化，对这些资源再开发再组合再利用，培育公司根据需要不断更新产品的能力。

（3）降低沟通和交易成本

倘若仍由几个松散组织的小组，实现科技成果到产品的转化，效率会极其低。将松散的小组变成组织严密的结构组织——公司，可以极大地减少沟通和交易成本，使科技成果真正能够转化成功，面向市场。

（4）与母体文化基因适当隔离

对于脱胎于央企国企、高校院所以及其他大公司的科技创业者，在希望使用母体单位资源，形成产业链资源协同的同时，还希望能够和母体单位保持适当隔离。适当隔离可以帮助科创公司形成自身的文化，意味着敏捷的反应速度、较少的决策流程，能够更好地跟上市场发展的步伐，满足客户的需求。

5.1.2　什么科技成果可作价入股

公司像人一样，也需要“吃饭喝水”才有产出。公司的饭和水，就是资金投入和资产投入。除了投钱和固定资产之外，科技成果作价入股到科创公司，也非常重要。

2013 年的《公司法》不再要求注册资本必须一次性实缴，还取消了对公司注册资本的最低限制、科技成果出资的最高限制。科技创业者即使只有知识产权等无形资产，也可以成立公司。知识产权包括商标权、专利权、著作权、专有技术、商号（字号）、商誉、商业秘密等。但《公司法》要求，出资的无形资产必须满足三个条件，即必须进行评估作价、必须可以依法转让、应当依法办理财产权的转移手续。

1）评估作价要求对科技成果等知识产权，必须由有资质的评估机构进行评估，并出具资产评估报告。其他股东与科技成果所有方基于评估报告，再对价格进行协商。这就使得一大批科技成果，譬如非专利的技术、商业秘密等难以评估价格的科技成果无法进行出资。

2）可依法转让其实明确了权利的归属。无法确定权利归属的科技成果，就更谈不上转让了。

3）办理转让手续，承诺转让不是真的转让，所有权发生转移才是转让。专利权可以到知识产权局等办理登记转让手续，非专利技术、商誉、商业秘密等，难以办理登记转让手续就无法出资。因此，作为公司出资的科技成果，一般是指商标权、专利权、著作权、专有技术等既能评估价格，又能依法转让的知识产权。

很多科创公司注册时，为了扩大注册资本，聘请一些不够专业、职业素养缺乏的资产评估机构对科技成果进行评估，评估结果动辄数千万。殊不知，在挂牌上市、被投资机构投资时，乃至破产清算时，都会给股东带来巨大的风险。在进入资本市场和被股权投资时，评估不合理的，该股东会被要求以现金方式补足注册资本；破产清算时，其他股东认为该股东没有履行评估或者评估价值不合理的，法院会再请一家合格评估机构评估，如果有显著差异，法院会认为股东没有依法全面履行出资义务，该股东依然要对债权人进行补偿。创业过程中，行稳方能致远。以科技成果出资成立公司时，第一步就要走好，否则后患无穷。

案例 5-1：三位博士的创业故事：科创公司的股权应该怎么分？

2017 年时，发生过某科创公司股东被要求补足注册资本的情况。刘博士从知名高校毕业，在某知名企业工作了 3 年。工作中，他积累了丰富的实践知识，业内声誉也不错。2014 年，刘博士的朋友，马同学拉着他和张同学一起创业。三人本是博士同学，毕业后有人去了企业，有人在高校任教。虽然职业不同，但创业的热情把他们又聚在了一起。这次，创业的方向是三个博士研究的通讯专业。

张同学在高校任教，觉得高校稳定，不愿意离开，但愿意以权属在自己名下的某项专利入资，后续还将作为创业公司的技术指导，为公司提供智力支持。于是，三人协商好了股权比例，分别为马同学 51%，刘博士 30%，张同学 19%。为了让公司看起来更有实力，三人初步拟定公司注册资本 1 000 万元。马同学认缴出资 510 万元，2 年内缴清，刘博士认缴出资 300 万元，亦是 2 年内缴清。张同学囊中羞涩，花了 5 000 元，请了一家评估机构，将手头的专利不多不少评估了 190 万元。马同学和刘博士虽然觉得此专利不值 190 万元，但考虑到将来张同学的研发指导和高校资源支持，也就默许了评估价值。于是，A 公司正式成立。

经过近 3 年的发展，A 公司业务蓬勃发展，虽然还未盈利，但在业内已经名声鹊起，多家投资机构有意向投资。最终，三人决定接受知名投资机构石头资本、创发基金和某央企旗下产业投资作为本轮投资人，按照投后 3 亿元人民币估值进入。在启动尽调后，三家机构的律师都同时对张同学专利 190 万元估值提出了异议。律师认为，190 万元的评估显失公允。该专利是上一代技术，市场价值几乎没有，在权属转让给 A 公司后，也未对公司业务产生实际作用。即使现在不做处理，将来也会影响到企业上市。届时重新评估、补足注册资本难度更大。律师均建议，若需要完成投资，建议对专利价值重新评估，不足 190 万元的部分，由张同学以现金补足。虽然张同学补齐资金的意愿不足，但这一轮股权融资无疑可以为 A 公司提供充足的发展资金和产业资源。马刘二人都强烈要求张同学不要因为一两百万的资金耽误公司千万级的融资。无奈之下，张同学东拼西凑，补足了注册资本。

我们谈及此事时，刘博士颇为无奈。倘若当时能在入资的时候解决问题，大家可以考虑降低注册资本，只要确定股权比例就够了。事后找张同学补钱，虽然是投资机构的要求，目的也是为了公司更好的发展，但这件事确实已经伤害了他们三个联合创始人的感情。

划重点

1）要成立一家有初心、有愿景的科创公司；

2）要以合理的知识产权评估价格为基础，将相关资产注入到公司；

3）除投入知识产权外，还要有资金投入，便于公司启动运营。

任务 5.2 科创公司的股权融资

5.2.1 公司的资金从哪里来

科创公司要发展需要支付研发材料以及人员工资、房租、水电等成本费用。如果创业公司自身造血能力不足，无法满足不断投入资金的要求，就需要外部输血（股权融资或债权融资）。

一般而言，股比债贵。由于国家支持中小微企业，银行利息成本只有借款金额的4%~7%，政府还能再给予企业一些贴息，债的利息还可以税前抵扣，进一步降低了成本。但在企业未成规模时，资金是稀缺资源，银行贷款难以完全满足企业需求，昂贵的股权融资是企业不得不做的选择。具体对比见表5-1。

表5-1 债权融资与股权融资对比

	债权融资	股权融资
定义	是指公司通过向投资人借款获得的资金，在一定期限内需要偿还投资人	是指公司现有股东出让部分股权，引入新的股东的行为。新的股东向公司投入资金，获得公司股权
对公司的影响	债权投资人不干预公司经营	新股东一般会委派董事监督或指导公司运营，对公司的重大事项表决
融资规模	初创企业融资规模一般较小，根据公司收入利润情况、提供的担保抵押情况确定	对于初创企业，可以获得远高于债权资金的融资规模，取决于投资人对公司未来价值的判断以及公司出让的股权多少
主要形式	银行贷款、发行债券、小贷公司等	个人、机构、上下游企业等投资人向公司投入资金获得股权；挂牌上市公司是在证券交易所内向符合交易所要求的投资者发行股票，投资人进行购买
是否需要偿还和支付利息	公司一般需要偿还本金和支付利息	公司不需要偿还本金和利息
期限	银行贷款一般以1年的流动贷款为主，到期需要还本付息；债券期限大都在1年以上	股权投资一般没有期限，但股权投资基金存续期大都是6~7年，投资基金到期后需要退出

续表

	债权融资	股权融资
投资人获得报酬的方式	投资人以获得利息收入为主	投资人通过公司上市、被并购、大股东回购、破产清算等方式卖出股权获得收益
其他	公司实际控制人一般需承担借款本金和利息偿还的连带责任	除个别对赌回购外，实际控制人不承担连带责任，但需要就未来的业绩做出承诺

需要注意的是，股权质押融资属于债权融资，是指将股权作为一种担保增信方式，质押给借款人，并不是直接出让股权。股权转让（俗称转老股）也不是公司股权融资，股权转让指的是老股东把股权转让给了新股东，新股东购买股权的资金全部进了老股东的口袋，公司并未获得资金。

5.2.2　融资的轮次

为了减少股权的稀释，科创公司会逐批分轮次去融资。业务数据到某个里程碑之后，科创公司的估值会更好，下一轮的股权融资估值会更高，可以稀释更少的股权，融更多的钱。

融资时，科创公司可能才刚起步，也可能产品刚刚推出或正在市场推广。每个阶段，股权投资面临的风险也不同。科创公司越早期死亡率越高，对科创公司的投资估值越低，投资机构希望得到的回报也更高。随着科创公司的成长，科创公司的收入利润、用户数量等也会增加，风险会降低，相应的估值也会增加，投资机构的回报也会相应降低。一般而言，融资轮次可分为种子轮、天使轮、A 轮、B 轮、C 轮等，融资较为频繁的，还存在 Pre-A 轮或 A+轮的概念，不一而足。

（1）种子轮融资

所谓种子轮，是指创业还处于想法或蓝图时期，产品或者服务仍在 DEMO 阶段。在种子轮，不管是高净值的个人投资者，还是非常早期的投资机构，看重的是创业者和团队。如果创业者及其团队在业内或学界有知名度，有较高的学历背景，有产业龙头的工作经验，或者是连续的成功创业者，那么融资会更容易。有一种调侃的说法：种子轮融资主要靠 3F（Family 家人、Friend 朋友和 Fool 傻瓜），可见种子轮融资之艰辛。

（2）天使轮融资

天使轮项目一般都拥有稳定的核心团队，较为可信的商业模式，产品或服务雏形已基本可见，甚至已经通过业务或产品测试，形成了核心的早期用户群体。对创业者而言，找到一家不扯皮、打款快、愿意多和创始人聊天沟通的天使投资机构，是一件好事。

（3）A 轮融资

到 A 轮时，科创公司的产品已经历经打磨，逐步完善上线。在核心客户的心中。公司的产品和服务已被验证是有效的，客户忠诚度已经开始形成，公司有着清晰的盈利模式或商业规划，未来可期。A 轮投资机构关注的因素更为综合，产业、技术、产品服务、团队、商业规划均被放到了同等重要的位置。经历过 A 轮的科创公司，如果储备足够的资金，存活率会提高很多。

（4）B 轮融资

B 轮融资的科创公司更为成熟，科创公司的收入也开始快速增长，盈亏平衡开始实现，但现金流为负往往是这一阶段科创公司的一个特点，其原因在于科创公司需要投入大量资金研发新技术，需要继续开拓市场。与之前阶段不同，B 轮融资的方式也更为多样化，银行贷款、股权融资、债券融资都在公司的融资规划当中。

（5）B 轮之后

自 B 轮之后，还有所谓的 C 轮、D 轮、E 轮，这些轮次中，科创公司更加成熟，在细分行业的地位逐步确立，市场占有率逐步提高，收入和利润也逐步增加，更有甚者已经开始收购行业内其他科创公司，整合行业资源。大多数有估值、有收入利润、运营较为规范的科创公司，一般会选择在沪深交易所的主板、中小板、创业板、科创板上市，或者在北交所和新三板挂牌上市；不符合国内上市要求的科创公司，一般会选择在港交所、纳斯达克或纽交所上市。

划重点

在各个轮次之间，还会出现“Pre”或“+”的概念，譬如 Pre-A 轮融资，A+轮融资。这种轮次之间的融资，一般是因为两个原因。一是科创公司觉得自己尚未抵达下一轮融资的里程碑，但确实有需要资金来支持科创公司发展；二是科创公司希望通过多轮融资、“小步快跑”的方式，实现提升估值、获取资金等多方面的目的。

5.2.3　科创公司股权投资的流程

股权投资流程如图 5-2 所示。

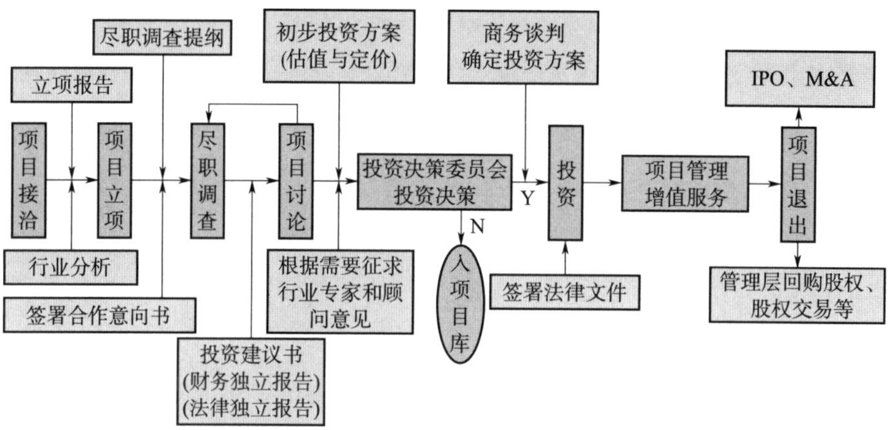

图 5-2　股权投资流程

（1）项目接洽

投资机构大都有各种渠道来获得项目的商业计划书。一些投资机构会通过行业研究跟踪和研究国内外新技术的发展趋势、产业链情况以及资本市场的动态，找到行业内的优质企业；一些投资机构会通过中介机构、同行、被投企业家、创业大赛、政府园区等推荐获得企业信息；还有些高校院所和企事业单位内创业的项目，也有推荐筛选的机制。

股权投资机构在接洽项目后，根据其投资偏好对项目进行筛选，对于有意向的项目，他们将进一步接触。

（2）项目投资立项

立项指的是项目正式确立，拟被投资的项目正式进入投资机构的决策流程。投资总监和投资经理会共同前往标的公司，就关心的问题再次问询。

划重点

> 股权投资机构的 Title 会很多，分析师和投资经理属于初级职级，副总裁 VP 和投资总监属于中级职级，董事总经理和合伙人属于高级职级，创始合伙人则在顶层，会负责一些基金募资的工作。这些人都在投资基金的管理公司中工作（投资基金一般为在基金业协会备案的有限合伙企业，普通合伙人 GP 是执行事务合伙人和基金管理人，有限合伙人 LP 是基金的出资人）。前期，大多数科创公司接触的是投资经理或投资总监。如果这次见面后，双方的兴趣仍旧很大，投资机构一般会和项目签订保密协议，再获得一些详细的业务、财务等信息。

在获得信息的同时，投资机构开始撰写立项报告。核心是通过了解公司资产负债情况、经营财务情况、业务发展情况和可能风险，对拟投资项目进行初步价值判断。立项报告会用于投资机构立项会。一般立项会上，会有一个投委会成员或者投资合伙人参与。通过立项会可以排除大部分不靠谱的项目，从而节约基金管理成本，保证将精力集中于好项目。

（3）签署投资意向书，启动尽职调查

立项会通过后，开始正式尽职调查之前，投资机构通常会与项目方签订投资意向协议。投资意向协议也叫投资框架协议或投资条款清单（Term Sheet of Equity Investment，俗称 Term Sheet 或 TS）。TS 通常由投资方提出，内容一般包括投资达成的条件、投资方建议的主要投资条款、保密条款以及排他性条款。一般而言，除保密条款和排他性条款之外，投资意向协议的内容对双方并无法律上的约束力。但是，TS 实际上是投融双方协商的基础，除非企业有较大问题，核心条款改动幅度很小。

签署投资意向协议后，投资机构将启动正式的尽职调查。投资机构一般会聘请专业中介机构进行财务和法律调查。投资机构自身也会走访上下游，调查企业客户和供应商等。尽职调查报告形成后，投资机构项目组会针对尽职调查情况开展讨论，有疑问的部分会继续求证，也有可能会再次征求行业专家和专业顾问的意见，最大程度控制投资风险。经过反复尽职调查验证，项目组认为优质的项目，进入下一步流程。

（4）投委会决策

投委会是股权投资基金的最高决策机构，一般由具备丰富投资管理经验与能力、有足够时间与精力履行相应职责的投资管理专业人士担任，通常由股权投资基金管理人的高级管理团队（合伙人等）担任，有时也会聘请外部专家。投委会最终决定是否投资以及投资方案。

通过投委会决策的项目将进行商务谈判和签订投资协议，确定估值、投资金额、关键条款等重要内容。对于未通过投资决策的项目，股权投资基金一般也会将该项目放在后备库，定期保持跟踪。

（5）签订投资协议

投资协议通过一系列具体条款对股权投资的具体方案进行确认，对目标公司的控制权分配和利益分配等事项进行约定。股权投资基金主要以增资方式投资于目标公司，较少以老股转让的方式进入公司。当然，也存在增资和老股转让搭配的情况。

投资协议正式生效后，进入投资交割程序。在某些投资中，融资企业还需满足一定条件方可获得打款，如完成某项业务规范。满足相应承诺后，投资机构方会全额打款或支付剩余投资款。

（6）投后管理和退出

较大的基金都会为被投资企业提供投后管理服务。有些投后管理直接由投资经理负责，有些则是专门成立了投后管理部门负责投后服务。投后管理主要是掌握被投企业发展状态，为被投项目解决招聘、再融资、政策和资源对接等各类增值辅导性的服务。

股权投资基金的投资希望未来能够实现超额溢价退出。退出的方式多种多样，最为理想的是通过 IPO 上市退出、并购退出。当然，大约仅有 20%左右的被投企业是通过上市或并购退出。其他则一般通过大股东回购、老股转让、清算等方式退出。

5.2.4　投资协议的主要条款

投资协议有的非常简单，仅 2 到 3 页纸，有的则比较复杂，加上附件长达数十页。大多数的投资协议包括对一些基本概念的释义、对本次投资前后股权结构和出资情况的描述（包括估值等因素在此部分体现）、投资的先决条件、投资后的业绩目标承诺和回购要求、关于增资转让清算等的约定、公司的治理结构以及一些保密条款。

在投资协议最终签字前，企业创始人、企业方律师或财务顾问机构，以及投资机构的负责人和律师，会对协议提出各种细节的意见，双方对协议细节的敲定需要数个回合。

（1）估值相关条款

估值条款是投资协议的核心条款。一般来说，这部分条款主要包括被投资公司当前股权结构情况，以及本次投资前估值和本次投资的金额。投资后估值等于投资前估值加上投资额。投资条款中一般会将投资前后估值、投资数额都标识清楚，还会将投资后各股东的股权比例列明，以对比投资前后股权结构的变化。估值条款前后，一般会约定投资款项的用途，以及投资的先决条件。值得注意的是，很多投资协议要求公司在收到投资款之后必须尽快办理工商事项，并取得新的股东名册。

划重点

由于商事改革，股份有限公司的股东名册市场监督管理部门（原工商部门）不再提供，会导致最终投资机构和企业陷入两难的境地。在实操中，有限责任公司仍旧可以到工商登记机构办理变更；股份有限公司可以在投资协议中注明完成工商变更即可，如确实需要股东名册的，可以到各地股权登记管理机构或区域性股权市场登记托管股份并出具股东名册。

在企业与投资人洽谈时，要关注双方所讨论的估值是投前还是投后，比如投前估值 1 个亿，本轮融资 2000 万，投后估值就是 1.2 个亿。

同时，还要关注预留的期权池的影响。期权池一般是为将来员工股权激励所用，大概是在总股权比例的 10%~20%，期权池放在投前分割或投后分割，对公司的价值影响较大。企业家应准备好一份齐全的预算，列出到下一轮融资日期前，计划聘用的员工以及给他们的激励额度。

（2）回购、清算优先权等条款

回购条款常见于 A 轮融资之后。投资机构一般会列出一些情形，明确约定在发生相应情形后，投资机构可以要求公司以及实际控制人按照一定的价格（一般是增资价款加上固定利息，固定利息的比例从 8% 到 15%不等，单利计算，刨除分红）回购投资机构的股权。相关的情形一般包括发生了与协议约定相悖或者不符的情况、实际控制人地位发生变化、实际控制人违反承诺、公司未能完成约定业绩或者上市约定等情形。在历史上，曾经出现过由于企业未完成上市承诺投资机构要求回购的情形，判例显示，法院一般支持实际控制人执行回购，不支持公司执行回购。所以，签订协议时，投资机构和公司都应关注此条款未来出现争议的可能解决方式。当然，没有回购条款对科创公司实际控制人的压力最小。

清算优先权是指投资人优先于其他股东获得清算（指解散、破产、停业等情形，也有可能包括并购）等资金的权利。发生清算时，会由公司股东召开会议进行清算，并决定清算顺序。公司员工工资、债务等排序靠前，优先股也在普通股股东之前。这里的清算优先权一般指的是普通股股东之间的顺序。投资机构会要求他们的清算优先权在其他股东之前，至少不能比其他股东的排序低。同时，投资机构也有可能约定清算时其清算收益不能低于某金额。

（3）继续参与条款、防稀释条款以及最优惠条款

继续参与条款通常与降价融资相关，挣扎着希望获得下一轮融资的创业者需要关注此条。这一条款是指在下一轮融资中，无论融资价格低于或高于任何其他系列融资，投资人有权等比例购买股权。这个条款在投资市场火爆时并不经常发生，但是随着资本市场不景气、经济下行压力增加，特别是经历了 2019 年的资本寒冬后，很多企业不得不折价融资。

防稀释条款中，除股权激励等例外的股权发行之外，如果公司发行新的权益证券，投资机构可直接以该融资价格投资，或采用加权平均的方法计算价格来进行防稀释调整。这一条款的主要目的是在公司以低于以前融资价的价格发行股份时，保护上轮投资者利益。

这两个条款本质目的一样。如果未经本轮的投资机构同意，其他投资方增资导致本轮投资机构的股权被稀释，投资机构会大为光火，一般要求实际控制人补偿现金或补全；如果市场确实不好，企业还需要活下去，不得不折价融资，导致本轮投资机构受损，实际控制人也可能要做出股权或现金补偿。同时，本轮投资机构还有优先认购权认购低价融资的股权。

最优惠条款作为兜底条款，要求在未来融资中，如果出现比本轮投资机构获取的投资条款更优惠的条款，那么本轮投资机构将自动享有这些条款，双方可以签订补充协议予以确认。

（4）公司治理条款

董事会条款在公司治理条款中非常重要。投资机构根据自己占据的股权比例，一般会要求占据一定董事会席位（一般是 1 个席位），参与公司重大决策，为公司提供指导。董事会相关条款中，会参照《公司法》等要求，对开会的方式、参会的人数、提前通知时间、决议的方式等作出要求。股权比例较小的投资人，可不要席位或要求一个观察席位，也可对相关事项提出建议，但不对重大事项投票表决。

重大事项否决权也是公司治理条款中非常重要的内容。投资协议列明的重大事项，一般都与投资机构的切身利益息息相关。根据重大事项的不同，表决要求同意的比例也不同。有些投资协议要求相关条款必须全体董事一致同意，如修改公司章程、增减注册资本、合并分立终止解散、变更业务方向、股改上市等。对于基于科技成果创业的企业，投资机构还有可能要求公司在处置专利时也要全体董事一致同意。还有些重大事项，要求大多数董事同意（譬如五分之四、三分之二或二分之一），如公司发行债券等负债行为、一定金额的收购兼并、利润分配方案、担保方案、大额关联交易、利润分配等。一致同意还是大多数同意，取决于投资机构的偏好，以及投资机构和企业博弈的结果。过多的一致同意条款会给企业正常经营带来障碍。对创业企业而言，应尽量保证各家股权投资机构有基本一致的否决权条款。同时，当吸引新投资者时，一定要小心投资比例小的投资者不当地使用自己的否决权。

（5）其他可能的条款

根据投资机构的不同，投资协议一般还有其他条款，比如有些投资机构会要求实际控制人、核心高级管理人员、核心技术人员的稳定，以及相关人员的竞业禁止。保密条款、违约条款、不可抗力条款等在协议中一般不可缺少。还有一些投资机构会把实际控制人的承诺函、公司的核心专利内容等在附件中明示，以防止将来发生歧义。

案例 5-2：H 公司股权融资之路——如何保持创始团队对股权的控制？

H 公司的技术来源于大学。马博士的博士课题就是关于纳米材料领域的内容，他的导师也正处在上升期，发表论文无数。博士寒窗苦读 5 年时间，马博士的实验数据越来越好，离完成一篇博士论文已经不远了。但毕业后就业成了难题，高校越来越难进，马博士一筹莫展。

某次会议上，马博士听一个创业企业介绍公司的产品，是基于纳米材料做的一个应用创新。看着创业者在台上激情讲演，马博士心动了，萌发了自己是不是也可以创业，把研究成果变成产品的想法。创业的想法在马博士心里生根发芽，越来越强烈。深思熟虑下，马博士找到了我们，说了说自己的创业想法。我们促膝长谈到半夜两点，一步步分析他研发的纳米材料可能应用的方向、产业化领域的头部企业、创业需要的启动资金、马博士自身的强项和弱点，以及创业后公司持续的研发问题。后续的 2 周里，我们和马博士陆续走访了行业里投资新材料的早期投资机构、孵化器以及企业，大家都觉得这个领域有得做，有需求，但对技术的成熟度和产业化还有些担心。我们和马博士又整理了一份详细的商业计划书，系统梳理了创业所需要的资源、能力和下一步需要做的事，对市场的需求、未来的方向做了分析，并简化成了 10 页左右的一个材料。在明确思路之后，我们和马博士分头操作，他来说服导师参与进来，再找一两个和他能力互补的人员；我们来细化商业计划书和融资后的里程碑，找天使投资人和其他启动资金。

按照该学校成果转化的要求，在充分考虑马博士导师诉求和支持的基础上，我们设置了合理的股权结构和股权持有方式，马博士和一个全职的朋友，两个兼职的师弟，把团队建起来了。早期团队以研发人员为主，适当地加了1个涉及市场的人员。我们也找了一个天使投资人和一个科技成果转化基金，大家约定了各自出资的比例，对科技成果的价值进行了评估，公司正式注册成立。

此后大半年的时间里，在导师的大力支持下，马博士和他的研发团队呕心沥血，研发成果更上一个台阶，部分材料也在下游实验室进行了试用，效果还不错，H公司逐步具备了市场声誉。我们和马博士算了个账，预计资金、课题费、政府补贴等，还能再用上4个月，时间已经很紧迫了，于是启动了第二轮融资。

第二轮融资有8家机构表达了对H公司的强烈兴趣。我们对8家机构的背景情况、投资企业情况进行了较为详细的了解，在保持创始团队绝对控股的前提下，引入了1家市场头部机构，1家知名产业投资人，并要求资金一步实缴到位。头部机构和产业投资人不仅引入了资金，也有利于H公司下一轮融资。相比而言，这两家机构的钱更值钱。

到2020年底，H公司已经成长为新材料领域的一个小龙头，D轮融资已经完成，估值近15亿人民币，正在向科创板发起冲击。

划重点

1）科创公司要充分利用各种融资工具，早期企业要特别重视股权融资；

2）科技创业者了解自己的公司在什么阶段，能计算出来公司需要多少资金；

3）要了解股权融资核心条款，小心投融资条款中的陷阱。

任务 5.3　科创公司的债权融资

目前，科创公司的债权融资仍旧以银行贷款为主，在发放信贷时，都离不开对企业经营情况、信用记录、增信措施（抵押担保等）的评估，经营情况良好、信用记录良好、增信措施充足的贷款更容易，成本更低；反之则难贷款，成本也更高。在本书里，重点介绍信贷中具有创新性的知识产权融资，以及与银行信贷完全不同的中小企业债券融资。

5.3.1　知识产权质押融资

随着国家知识产权战略行动计划的逐步落实，银保监会、知识产权局等不断推动知识产权质押融资发展。基于此，很多银行和其他贷款机构开发了知识产权质押贷款产品，支持企业通过将其拥有的专利权、商标权和著作权等知识产权作为质押物，从银行、小贷公司等信贷机构获得资金支持。为了推进知识产权质押融资，北京还专门成立了全国首家专业的知识产权运营公司，来落实政策、提供增信、对接银行，推进企业融资。随着政策支持力度的加大，混合式的抵质押融资中知识产权的比例不断提高，还出现了纯知识产权的质押融资。

（1）知识产权质押融资的主要方式

这里的主要方式，指的是知识产权在融资中起到的作用，常见的有纯知识产权质押融资和混合抵质押融资。

纯知识产权质押，意味着在企业融资的过程中，不需要再提供房地产、设备等抵质押担保，不需要企业提供股权质押，亦不需要找一家担保公司来担保，仅仅对知识产权进行质押，银行等贷款机构就可以完成审批和放贷。纯知识产权一般为一年期的流动贷款，贷款到期之后，银行等机构需要重新评估知识产权的价值，并决定是否需要继续贷款（续贷）。这种知识产权融资方式是政府最鼓励、企业最欢迎的方式。

知识产权混合融资形式多种多样。例如，对于生产型企业而言，“知识产权+机器设备+房地产”（或有）的方式较为常见，这是因为生产型企业知识产权价值的体现，主要在于产品上的应用，知识产权价值的体现和专有机器设备是无法分割的。对于拥有优质专利的轻资产企业而言，“知识产权+股权”的混合质押方式更适合，这种企业知识产权的价值大都在企业的股权价值上有所体现。当然，专利作为辅助增信措施的方式也很常见，在有传统抵质押物增信或担保公司担保的情况下，加入知识产权作为附属增信措施，可以丰富银行的增信方案，弥补传统担保方式的不足。

（2）知识产权质押融资的注意事项

银行等机构一般对质押的知识产权有一定要求，主要以发明专利、实用新型专利、商标权和著作权的一项或多项为主。质押物的主体必须合法、有效、产权清晰，可以办理质押登记，不能存在纠纷，相关机构也会对该知识产权的盈利能力和发展前景进行判断。质押物剩余的保护期限（一般要求发明专利剩余期限 8 年左右、实用新型不少于 4 年）、是否已经开始实施也是被考虑的要点。对于外观专利各大机构一般不认可，对于知识产权未被授权或被终止的，仅被授权但还未实施或没有盈利能力的，以及存在纠纷的，机构也大都不认可。

质押登记是知识产权质押中非常重要的一步。专利质押一般是到国家知识产权局专利局大厅或其他开展质押登记业务的地方办理质押登记，商标是到国家知识产权局商标局大厅办理质押登记，著作权则是前往国家版权局中国版权保护中心办理质押登记。根据每个单位要求的不同，办理时间约为 3~10 个工作日不等。

（3）知识产权价值评估

知识产权的价值评估和知识产权的流动是知识产权融资中非常重要的环节。流动性一般由技术交易所、产交所、知识产权交易机构等单位提供。价值评估作为质押融资的前置环节，值得重点关注。当然，价值评估不仅需要在质押融资中用到，许可、转让、重组、入资、司法诉讼都需要对知识产权进行评估。

（4）知识产权质押融资的政策支持

知识产权质押融资的火爆离不开政策的大力支持。政府贴息支持尤为重要。为大力支持知识产权质押融资，很多地方政府给予了知识产权质押融资更大的贴息支持力度或中介机构补贴力度，贴息支持的幅度从贷款利息的 20%到 80%不等，还有的是对评估费或中介机构的补贴。贴息可以直接降低企业的成本，增加企业利用知识产权融资的积极性。

5.3.2　中小企业公司债券融资

债券市场是不同于银行贷款等间接融资的一种直接债权融资渠道，二者在产品结构、投资人（提供资金方）、接待场所、审批流程等方面都有较大的不同。在美国，过去 25 年里债券市场的规模是股市的 1.8 倍。信贷的发放一般是由各大银行审批，支行、分行、总行的权限各有不同。债券的流程则完全不同，借款的企业被称为发行人，由承销机构负责尽职调查、撰写募集资金的材料，递交审核机构如沪深交易所、中国银行间市场交易商协会（企业债还需发改委批准）等备案审核，备案成功后，承销机构再负责向符合条件的投资人销售。

（1）中小企业债券融资的种类

为支持中小企业债券直接融资，沪深交易所专门开辟了创新创业公司债、创新创业私募公司债、创新创业私募可转债等各类产品。与沪深交易所债券相比，各省、区、直辖市和单列市区域性股权市场（俗称四板市场）的私募可转债更是适合科创公司的一个重要产品。私募可转债的全称叫作可转换为股票的公司债券，投资人可以选择转股。由于在区域性股权市场这一私募证券市场发行转让，私募可转债具有较强的区域性、中小企业指向性和灵活性等特点。

（2）区域性股权市场债券的特点

私募可转债产品设计更为灵活，可以充分拓展企业债权融资渠道，是企业在银行信贷之外的有益长期资金补充。私募可转债对于债券发行并没有明确的财务指标要求，也不强制要求抵押担保等增信措施，发行人可与投资人协商，根据实际情况提供增信或通过设定合理的转股条款，出让部分股权以满足投资人对于风险收益的需求。

由于自身的商业发展模式特点，科创公司一般不能提供充足的抵质押物，担保机构也不能完全满足其风险敞口需求，因此其很难获得银行等金融机构大额信贷资金支持，造成了科创公司债权融资难、融资贵的局面。通过私募可转债的产品设计，增加转股条款和风险补偿基金等增信措施，可以给予投资人更大的收益想象空间，帮助科创公司拓展债权融资渠道。一般而言，可转债发行人还可获得政府的财政补贴，降低综合融资成本。

私募可转债可以减少股权稀释，为科创公司后续融资保留空间。对于具有较高成长潜力的科创公司，股比债更贵，发展初期不适当的过多股权融资将降低创始人对企业的控制力，减少核心团队的未来财务收益。股权融资搭配债权融资，通过债权融资解决企业发展的部分资金需求，按照未来预计的企业估值设定转股条款，在获得更多融资的同时最大可能地减少对现有股权的稀释，以较低的综合成本和代价实现企业的快速发展。

债券发行流程如图 5-3 所示。

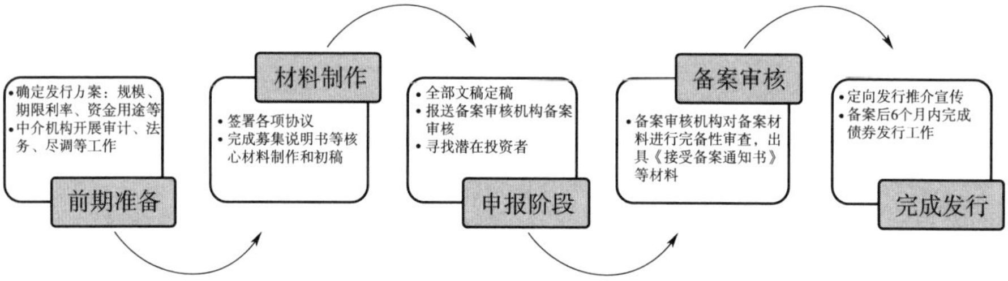

图 5-3　债券发行流程

案例 5-3：S 企业的私募可转债融资之路

S 公司是一家生物农药企业。所谓的生物农药，指的是用菌而不是化学合成物的方式，来治疗农作物的病虫害。生物农药对环境更友好，研发门槛更高，也是未来农药的发展方向。

经过 5 年的发展，S 公司已经初具规模，收入有 1 个多亿，利润也有 2 千多万，3 家机构投资者是 S 公司的股东。为了进一步扩充产能，加大研发力度，S 公司决定启动新一轮股权融资。S 公司的创始人张总持有不到 50%的股权，这轮融资预计投前估值 3 亿左右，想融资 5 000 万。但以这种方式融资，张总的股权比例会被大量稀释，不利于对未来的高管进行股权激励，再次股权融资的腾挪空间也很少了。5 000 万的资金需求摆在眼前，张总去找了银行，但银行看了看张总公司的资产负债表和增信措施，批了 200 万的贷款额度，杯水车薪。

我和张总之前就是老熟人，这次了解了企业再融资的情况，于是给张总设计了“1 000+4 000”的模式。第一个 1 000 万是股权融资，不少机构已经对此虎视眈眈了，我们挑了一家细分行业的知名机构投资了 1 000 万。另外 4 000 万，我们为 S 企业设计了一个 2 年半的可转换为股票的债券，票面利息不到 6%，邀请其他资金方来认购，同时明确在债券到期的最后 1 年内，资金方可以以下一轮融资价格的 9 折来转换为股权。

获得了 5 000 万资金的 1 年半后，S 企业获得了快速发展，年利润达到了 5 000 万，收入近 3 亿，公司估值近 10 亿。再融资时，不少机构纷纷抢购 S 企业的股权份额，而买可转债的机构则优先获得了转换为股权的机会。目前，公司已经在申报创业板上市的过程中了。

通过私募可转债的方式融资，S 公司、张总以及各个投资机构实现了共赢。

划重点

1）债权融资有助于帮助科创公司减少股权稀释；

2）多利用政策性、中长期和创新性债权融资产品。

任务 5.4　CVC 企业风险投资策略

5.4.1　CVC 企业风险投资概述

创新分为两大类：颠覆式和渐进式创新，对于科创公司来说，主攻颠覆式创新，会比渐进式创新的生存几率更大。屠龙的少年，终究有一天会长成巨龙，当科创公司发展到了一定规模之后，或者体制内的单位到了发展的关键期，企业需要转型时、组织管理开始僵化时、企业急需人才时，都需要通过投资并购获取外部创新。

企业风险投资（Corporate Venture Capital，CVC）是获取外部创新的一种重要形式，是非金融类企业设立的风险投资，是一种崭新的创投组织安排，对应的是独立风险投资（Independent Venture Capital，IVC）。IVC 的资金端来自于它的 LP（有限合伙人），所以需要去募资；而 CVC 的资金端来自于背后母公司提供给的资金，不需要外界的融资。

CVC 与传统的 IVC 最大不同是优先考虑战略目标，而非财务回报。与此同时，CVC 与 IVC 相比在资金来源、期限设计方面都完全不同且相对更具优势，投资企业的长期创新更优，成功退出概率更高，市场估值更高。

针对近年来全球 CVC 行业发展总体态势①，在过去 5 年中，全球 CVC 交易的规模、单数和新增活跃度都处于稳步增长阶段。其中，交易的规模和单数在 2017 年、2018 年还出现了陡然增长的趋势。2018 年，全球 CVC 投资规模总计达 530 亿元，共计完成 2 740 笔投资，平均单笔交易规模约为 2 600 万美元。与 2017 年同期相比，投资规模上升 47%，交易单数上升 32%，整体势头较为强劲。从行业分布上看，CVC 的业务变化趋势逐步与 VC 保持一致，偏向于投资最前沿、最先进的技

① 来源：清华大学五道口金融学院、清华大学国家金融研究院和创业邦共同编制的《2019 中国 CVC 行业发展报告》报告

术，如互联网产业、健康医疗、移动支付、移动手机等。其中，CVC 的活动领域通常具有三个特点：一是处于激烈技术变革、高度竞争、弱独立性的行业；二是处于创业企业作为重要创新来源的行业；三是企业如果占有更强的技术及市场资源，在 CVC 领域更活跃。

与欧美国家相比，我国 CVC 虽然起步较晚，但发展后劲十足。近年来，中国 CVC 不论是投资规模，还是市场表现、影响力，丝毫不亚于传统风险投资。2018 年，中国企业风险投资（CVC）快速发展，投资规模为 203 亿元，占整个风险投资金额约 17%。可以说，作为一种新型的创投组织形式，CVC 已经成为我国创投资本市场中一股不可忽视的中坚力量。

从投资阶段来看，和 IVC 相比，中国 CVC 投资的阶段比较靠前，主要投向种子期、初创期的企业。近年来本土 CVC 还积极参与和推动了产业创新的进程，在 5G、生物医药、大健康领域的投资活跃度也在不断增强。此外，在制度创新领域，也能看到本土 CVC 活跃的身影，比如首钢基金通过 CVC 模式进行国企混改的探索，已取得一定成效。

总体来看，中国 CVC 对创新的应用广泛，涵延到不同的发展阶段、市值水平、技术相关性强弱的不同企业，乃至产业链创新及供应链金融构建的各种组织生态。这种创新驱动与当下中国经济方向契合，可以有效推动解决中小科创公司融资问题和传统企业的转型升级问题，促进产业链结构调整，推动构建底层创新战略。

CVC 最大的意义在于对创新的激励。CVC 本质上是将传统企业的创新研发制度和传统风投机构寻找创新企业的投资制度进行有效结合。根据最新的学术研究发现，与传统风投相比，CVC 投资的企业创新的数量和质量都显著增加，而企业 IPO（首次公开募股）的概率、退出时的估值都明显更高。

5.4.2　国资 CVC 科创投资

国资 CVC 科创投资是指高校、科研院所、央企等国资母体单位主导的 CVC 投资，关注具有自主科技成果的核心技术和关键产品，通过精细化运作、聚焦于某一个垂直产业，与科创公司合作，整合渠道订单、政府支撑、品牌平台、人才、资金、场地等资源，基于细分领域产业理解、产业资源以及长周期资金的把控，重新有效组合产业资源的投资模式，重点是打造创造新的产业机会的能力。

按照创新的来源（母体单位的内部/外部）和业务的成熟度（新兴/成熟）两个维度，CVC 科创投资可以划分为四个象限的策略，如图 5-4 所示。

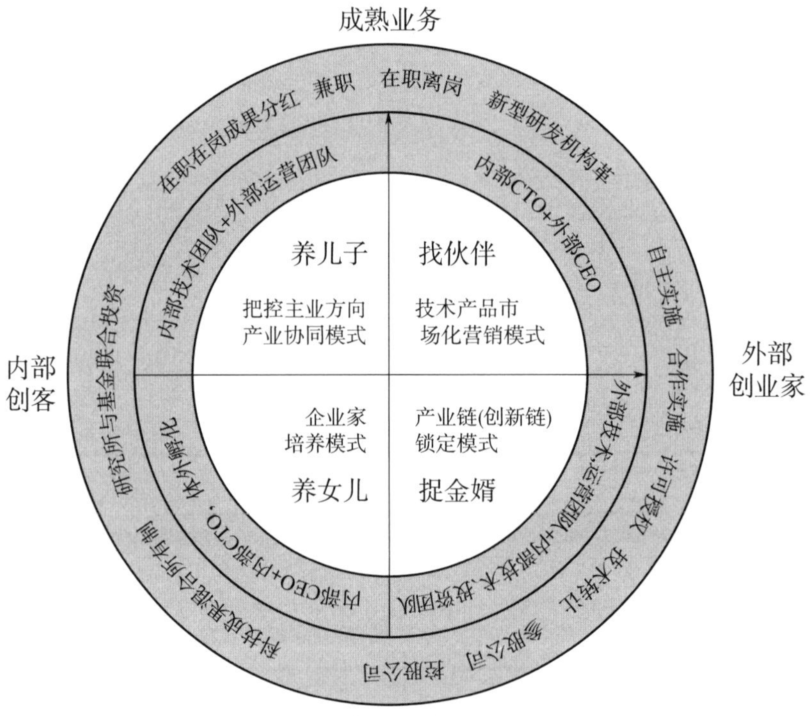

图 5-4　CVC 科创投资四象限模式（见彩插）

（1）“养女儿”策略

在“养女儿”策略中，内部创业者针对新兴业务成立初创公司，创业者按照“在职离岗”等“双创”人事政策，全职到公司创业。“养女儿”策略一般是创客控股，单位参股，单位通常只委派 1~2 名董事参与公司治理。在这种模式中，由于创业者控股，灵活性要优于国资母体单位控股的情况，对市场的响应速度更快。国资母体单位参股代表着科创公司第一轮战略性的融资已经完成，这是非常好的信号，有利于其他投资者评估企业的成长性、稳定性和价值。但是当外部融资时，纯财务投资机构要求的各种优先权，可能会触及国资母体单位的利益，导致单位反对。“养女儿”策略下的企业，要在成立科创公司之初，多个股东拟定发起协议时，就把可能影响下一步融资的条款找出并解决好。要让国资母体单位的战略性入股成为公司发展和融资的助力，不能让其成为阻碍。

（2）“养儿子”策略

对于针对成熟业务或基于国资母体单位主业的拓展业务而言，国资母体单位控股成立公司是一个更好的选择，可以把资源、技术、资金等更好导入到新公司当中。在这种“养儿子”的模式下，创客按照“在职离岗”等“双创”人事政策，全职参与公司创业。国资母体单位控股、创客参股，相关的科技成果作价入股到新设公司。由于国资母体单位控股，可以并表新设公司财务数据，对国资母体单位财务情况有所增益。

“养儿子”策略下的科创公司股权融资比较特殊。由于这种形式下大都涉及国有股权，任何一次增资扩股都需要走备案审批流程，非同一控制下股东的进入，还需要进场交易，导致企业通过外源性财务投资机构流程复杂。但是“养儿子”策略的科创公司也大都很少需要外源性股权融资，一是因为此类科创公司的业务成熟，需要持续投入的研发较少，注册资本金可能就足够科创公司使用到现金流为正了，二是即使需要用款，股东借款、股东增资、银行贷款都是非常便捷和低成本的方式。

（3）“找伙伴”策略

“找伙伴”策略针对的是成熟业务和外部创业者。这种模式下将先不成立公司，而是按照内部的技术和外部的运营管理相结合的方式来模拟公司运营。创客按照“在职在岗”等人事政策从事技术产品研发等工作，国资母体单位的科技成果以许可、转让等方式授权外部公司进行成果熟化开发及生产销售。国资母体单位获得成果转化收入，创客获得现金奖励。由于这种模式并未成立公司，所以并不涉及股债融资问题。生产销售的资金问题由外部公司解决，技术研发和升级的费用由国资母体单位解决。具备条件后可以将该科技成果作价入股，双方成立合资公司运营。

（4）“捉金婿”策略

“捉金婿”策略则针对的是新业务和外部创业家，其创新源头在外部公司。国资母体单位通过收购拥有此业务的外部公司，实现外延式发展。这种收购难度较大，因为实现产业链锁定、找到有创新精神和业务能力且愿意被收购的企业家非常困难。在收购后，投后管理更加重要，需要实现收购方和被收购方时间的协同融合。这也需要收购方在放权和管控之间做好平衡，需要被收购方适应体制内的要求和流程，最终实现 1+1>2 的协同效应。

划重点

“养女儿”策略、“养儿子”策略，属于国资母体单位新设公司；

“找伙伴”策略，属于先恋爱再结婚，既可以单纯业务合作也可以成立合资公司；

“捉金婿”策略主要是收并购；

国资母体单位需要结合本单位、创新团队和科技成果的特点，灵活做出选择。

锦 闯关锦囊

锦囊 10　如何写好商业计划书？

商业计划书俗称 BP（Business Plan），是公司为了融资，按照一定格式和内容要求，整理的一份向投资人展示公司目前情况、发展潜力的书面材料，是公司优势、价值和商业思路的全盘思考，是创始人意识的浓缩。

（1）应该写多长的商业计划书

对于中早期企业而言，PPT 版本的商业计划书最为常见和实用。那些简短、有效、能快速提炼体现公司亮点的商业计划书更有可能吸引投资人关注。

企业可以设计出多个版本的 PPT 商业计划书。通用的商业计划书大概是 15~30 页 PPT，也可以精简地做成 10 页左右 PPT。企业存续的时间越长，可以讲述的内容越多，越会强调公司产品、商业模式和财务情况，PPT 的内容也越饱满；越早期的企业，越强调解决问题的刚需性、团队的靠谱性，PPT 内容相对简洁。

（2）商业计划书的十大要素

这里仅列出了商业计划书中十个必须的因素。每家公司可根据自己的特点来确定内容，根据与投资机构不断地对接反馈调整内容。

1）Objective——公司目标。在投资界有一个“风投 5 秒钟”原则，创始人必须讲最重要的事，向投资经理们提供最好的记忆点，否则会很快失去投资机构的关注。一句话描述公司目标，就是将公司的愿景、目标和当前要聚焦的业务问题合一，形成记忆点和最重要的事。基于市场需求和技术储备，策划两到三年的目标，对初创公司更切实际。

2）Problem——问题和需求。面对大活人、解决真问题。这一页

PPT 一般来描述市场上用户当前面临的或潜在面临的问题，可以通过案例的形式来描述问题，也可以通过数据、事实来描述问题。

3）Solution——解决方案。为什么是你这家创业企业来解决呢？你是采用什么样的方式解决的？别人是如何解决的？你和他们解决问题的方式有何不同？这是一家科创公司之所以存在的原因。在创始人向投资人阐述解决方案时，尽量用纪实、谨慎的语言来说，类似“史无前例”“世界唯一”等语言，除非有铁证，否则尽量不要使用。

4）Timing——时机。指的就是当创业公司希望利用某项技术解决用户某个问题时，配套的技术、市场的认同是否与之匹配。时机不对，公司很可能成了先烈，而不是先行者。

5）Market——市场。市场容量大小，是创业者必须认认真真调研、计算的一个数据。第一个原则是重点介绍公司可服务的市场。如果技术是平台型的，有多个潜在市场，那创业者要把当前重点关注的市场、开展业务的模式介绍清楚，切忌大而全、不聚焦。第二个原则是要用事实说话。市场规模大小要基于国家相关部门、研究机构、行业协会、知名投行或咨询公司的数据来判断。缺乏相关数据支持的，可以基于市场调研的情况来判断。

6）Competition——竞争。知己知彼，百战不殆，世界上不存在没有竞争的市场，会有不同技术解决同一用户相同需求的情形。比如储能行业，存在化学储能、物理储能等各种替代储能方式；新能源汽车行业，能源提供领域也有着锂电池新能源、氢能新能源，即使是锂电池新能源细分行业，也存在磷酸铁锂电池和三元锂电池之争。创业者要知道竞争对手是谁、在做什么、特点是什么，自己相对于竞争对手的优势是什么。

7）Product/Service——产品或服务。不仅限于产品和服务的描述，而是要描述面对何种用户，基于技术开发何种产品和服务，通过什么渠道方式抵达用户。创业者需要把痛点需求、竞争优势、产品服务和用户串联起来。

8）Team——团队。常见的形式是将公司创始团队和核心人员的基本信息列在 PPT 上，至少要包括以下内容：一是核心团队人员学历信息；二是核心团队人员的工作经历，曾在相关知名企业任职，具备丰富的行业从业经验非常重要；三是要注意公司团队搭配的均衡性，管理、研发、生产运营、销售等，最好不要有太大的短板。

9）Money——资金和财务。公司目前的财务情况如何，当前的资金足够支持公司正常运营多长时间，何时启动下一轮融资。一般而言，公司需要为下一轮融资预留出 6~8 月左右的时间。在这页 PPT 中，要体现公司这一轮股权融资拟融资多少钱，拟出让多少比例的股权，融到的钱主要花在哪几个方面。创始人要重点关注：估值要合理，高的估值要有合理的支撑。

10）Others——股权结构等其他信息。股权结构是公司稳定的基础，过于平均、过于集中的股权结构都算不上优质的股权结构。在第一次股权融资前，创始人 100%持股并不是问题。随着每一轮股权融资的进行，在公司进入成熟期之前，保证创始团队的相对控制权即可。这页 PPT 要体现当前的股权结构信息，如已有投资机构进入或团队激励持股的，亦要列明。

一些企业习惯在正文的第一页 PPT，加入一张公司特色和优势的总结，方便第一时间吸引投资人。还有的中后期企业列出了上市的计划，给予了投资人合理的退出预期。排版方面，应该做到简洁大方、不罗列文字、没有错别字、文件大小合理。在发送商业计划书时，可以考虑将 PPT 转换为 PDF 格式，方便投资人用手机阅读。

个别科创公司可能担心公司机密会通过商业计划书泄露。对于科技型早期企业而言，这种可能性较低，有门槛壁垒的技术一般也难以偷走。确实有私密信息的，可以先给投资机构发送简版商业计划书，待签订保密协议后，再发送更为详细的信息。

锦囊 11 科创公司的股权比例线

每一轮次稀释的股权，实际上并没有固定的比例，表 5-2 的比例仅供参考。

表 5-2 企业各个轮次融资释放股权比例建议

轮次	释放股权比例建议	
种子轮	10%～20%	种子轮和天使轮建议总计稀释股权不超过 20%
天使轮		
A 轮	10%～20%	
B 轮	10%～15%	
其他轮次	其他轮次，根据创始人股权比例情况释放股权，每一轮次稀释一般为 5%～10%之间	

总体而言，在科创公司发展还未走上正轨的时候（一般是 B 轮融资之前），保证创始团队的控制权或大股东地位非常关键。控制权要求关注两个比例。

绝对控制权要求 67%以上，也就是持有公司股权比例的三分之二以上，这可以使创始团队对重大事项具有控制力；

控股权一般是在 51%以上，创始团队可以决定大部分公司事务，特别是和公司业务发展相关的事，从而主导公司的发展。

但创始团队切不可紧贴着这个比例来稀释股权，在实操中，由于涉及要预留期权池（早期一般代持），引进高管的情况，太过于靠近这个线来稀释股权可能会给未来带来隐患。需要特别关注的是在种子轮和天使轮，初创科创公司负责人不了解融资的事，初出茅庐易被忽悠，一下子把股权稀释多了，价格还便宜，将来会后悔不迭。

曾经有一个创业者觉得自己上市大概需要 1 000 万，于是业绩刚见起色，就稀释了 60%的股权，融资了 1 000 万，丢掉了控制权。随着企业不断地融资和股权稀释，创业者最终变成了打工者，到 2018 年初，我们再联系时，这个创业者已经被找了理由踢出公司，剩余不到 10%的股权也被公司想方设法强制回购了。分批融资不是个麻烦事，而是为了最大化企业价值、最大化融资数额乃至寻求战略性合作者的一个有效方式。

此外，在引入投资机构时，也不必纠结于估值。给科创公司估值高的投资机构，不一定是最合适的投资机构。科创公司要综合考虑打款进度、投资条款、投资机构与科创公司的协同、投资机构知名度等各方面因素，选择综合评分较高的投资机构。在 2015 年资本市场最火的时候，投资机构哄抢项目，好几家公司的项目被投资机构以高估值忽悠，签了分期打款协议。到了该打款的时候，投资机构迟迟不打款，最后硬生生地把科创公司拖到了濒临破产的境地。在投融资的过程中，科创公司和投资机构是互相锁定关系。科创公司一定要睁大眼睛，仔细挑选，仔细看投资条款，增强抗忽悠能力。

拓展阅读

（1）科创属性评价指引（试行）节选①

为落实科创板定位，支持和鼓励硬科技企业在科创板上市，根据《关于在上海证券交易所设立科创板并试点注册制的实施意见》和《科创板首次公开发行股票注册管理办法（试行）》，制定本指引。

一、支持和鼓励科创板定位规定的相关行业领域中，同时符合下列4项指标的企业申报科创板上市：

1）最近三年研发投入占营业收入比例5%以上，或最近三年研发投入金额累计在6 000万元以上；

2）研发人员占当年员工总数的比例不低于10%；

3）形成主营业务收入的发明专利5项以上；

4）最近三年营业收入复合增长率达到20%，或最近一年营业收入金额达到3亿元。

采用《上海证券交易所科创板股票发行上市审核规则》第二十二条第（五）款规定的上市标准申报科创板的企业可不适用上述第4）项指标中关于“营业收入”的规定；软件行业不适用上述第3）项指标的要求，研发投入占比应在10%以上。

二、支持和鼓励科创板定位规定的相关行业领域中，虽未达到前述指标，但符合下列情形之一的企业申报科创板上市：

1）发行人拥有的核心技术经国家主管部门认定具有国际领先、引领作用或者对于国家战略具有重大意义；

2）发行人作为主要参与单位或者发行人的核心技术人员作为主要参与人员，获得国家科技进步奖、国家自然科学奖、国家技术发明奖，并将相关技术运用于公司主营业务；

3）发行人独立或者牵头承担与主营业务和核心技术相关的国家重

① 根据2021年4月16日中国证券监督管理委员会《关于修改<科创属性评价指引（试行）>的决定》修正

大科技专项项目；

4）发行人依靠核心技术形成的主要产品（服务），属于国家鼓励、支持和推动的关键设备、关键产品、关键零部件、关键材料等，并实现了进口替代；

5）形成核心技术和主营业务收入的发明专利（含国防专利）合计50 项以上。

三、限制金融科技、模式创新企业在科创板上市。禁止房地产和主要从事金融、投资类业务的企业在科创板上市。

（2）北京证券交易所

2021 年 9 月 2 日，为继续支持中小企业创新发展，深化新三板改革，设立北京证券交易所，打造服务创新型中小企业主阵地。这不仅为深化新三板改革指明了方向，标志着聚焦服务中小企业创新发展的新三板站上改革的新起点，更是对资本市场更好服务构建新发展格局、推动高质量发展的新的重大战略部署。

设立北京证券交易所是新三板改革的深化延续，以现有的新三板精选层为基础组建北京证券交易所，明确了北京证券交易所将是新三板的组成部分，将和创新层、基础层共同构成新三板的市场层次。精选层从新三板这一交易场所的一个层次升级为交易所，提升了法律地位，体现了资本市场对中小企业服务的升级。可以预期，以精选层为基础组建北京证券交易所，将产生一个服务中小企业更加高效、更加专业化的平台。这将有利于打造“创投基金和股权投资基金—区域股权市场—新三板—交易所市场”的全链条支持体系，为中小企业科技创新畅通直接融资路径。

（3）推荐专家

黄振雷，毕业于北京大学光华管理学院，管理学博士，现任北京股权投资发展管理有限公司副总经理，长期从事企业资本市场挂牌上市、创新金融产品设计、股权和债权投融资以及股权管理工作。曾服务百余家企业进入新三板、创业板、科创板等资本市场挂牌上市，累计服务数十家企业获得私募股权投资、私募债券投资，为十余家知名央企、国企和大型民营企业提供管理咨询服务。曾主持北京市青年骨干个人项目，在经济学季刊、Scientometrics、新金融、经济与管理研究等国内外知名学术期刊和会议发表二十余篇论文。

（4）推荐书籍资料

1）张磊：《价值：我对投资的思考》，浙江教育出版社，2020 年。

2）邱国鹭：《投资中最简单的事》，中国人民大学出版社，2014 年。

3）布赖恩·芬奇：《如何撰写商业计划书》，中信出版集团，2017 年。

4）李利威：《一本书看透股权架构》，机械工业出版社，2019 年。

5）亚历山大·奥斯特瓦德，伊夫·皮尼厄：《商业模式新生代》机械工业出版社。

6）［美］阿斯沃斯·达摩达兰：《故事与估值：商业故事的价值》，中信出版集团，2018 年。

7）［美］霍华德·马克斯：《投资最重要的事》，中信出版集团，2019 年。

8）张巍：《资本的规则Ⅱ》，中国法制出版社，2019 年。

9）布拉德·菲尔德，杰森·卡斯特罗：《风险投资交易：创业融资及条款清单大揭秘》，机械工业出版社，2020 年。

10）田轩：《创新的资本逻辑》，北京大学出版社，2018 年。

第 6 关

技术交易与合同认定登记指南

本关擂主：孙　芸

欢迎来到科技成果转化第 6 关。

闯关主角

单位内设科技成果转化机构工作人员、技术经理人

本关挑战

如何合规进行技术交易？技术合同认定登记有哪些好处？

解决方案

任务 6.1　国有企事业单位科技成果资产管理要求

任务 6.2　技术市场及挂牌交易流程

任务 6.3　技术合同认定登记

闯关锦囊

锦囊 12　科技成果协议定价公示确值服务

锦囊 13　大院大所能力挂牌服务

拓展阅读

推荐专家及书籍资料

任务 6.1　国有企事业单位科技成果资产管理要求

针对科研事业单位和国有企业两类主体，分别梳理国有企事业单位科技成果相关资产管理要求。

6.1.1　科研事业单位科技成果资产管理要求

6.1.1.1　四阶段划分

科技成果作为一项无形资产，统一纳入我国高校和科研机构国有资产管理的制度框架体系。从相关管理制度的变迁来看，大致经历了四个阶段，如图 6-1 所示。

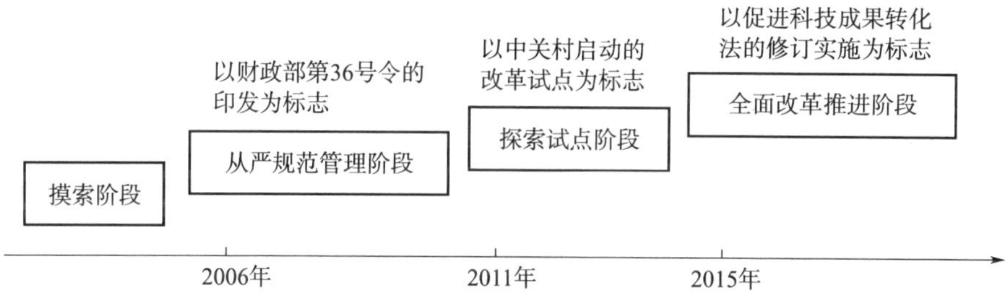

图 6-1　科研事业单位科技成果管理的四个阶段

以 2015 年修订的《促进科技成果转化法》的正式实施为标志，科研事业单位科技成果类无形资产管理思路调整为以“放”为主，“放管服”相结合。特别值得注意的是，2019 年 4 月，财政部发布了第 100 号令《关于修改事业单位国有资产管理暂行办法的决定》，新的《事业单位国有资产管理暂行办法》实现了事业单位国有资产管理制度与 2015 年新修订的《促进科技成果转化法》的充分衔接，特别是在科技成果转化自主决策和定价机制方面，进一步明确了成果转化由各单位自主决定和科技成果市场化定价原则，有效解决了之前一直存在的《促进科技成果转化法》和事业单位国有资产管理制度，在科技成果类资产管理方面的不协调、不一致问题，有利于进一步打消高校、科研机构在自主推动成果转化，探索市场化定价机制方面的顾虑，具有重要实践意义。2019 年 9 月，财政部在 100 号令基础上，专门针对中央级科研机构、高校科技成果转化有关国有资产管理，印发了《关于进一步加大授权力度促进科技成果转化的通知》（财资〔2019〕57 号），明确在科技成果转化行为管理、评估管理、收入管理，以及成果作价投资形成国有股权管理等方面，进一步加大授权力度，简化管理程序。

6.1.1.2 现行制度体系

从资产管理角度，我们主要从科技成果的处置、使用和收益管理三个方面，对现行科研事业单位国有科技成果管理制度进行梳理。

（1）科技成果的处置和使用管理

按照财政部关于事业单位国有资产管理规定，科技成果处置是指科研事业单位对其拥有的科技成果进行产权转让或注销产权的行为，包括无偿划转、对外捐赠、出售、转让等。科技成果使用包括事业单位对其拥有的科技成果进行实施许可、对外投资等行为。从资产管理角度，科技成果的处置和使用管理可分为行为管理和定价管理两个方面。

关于行为管理，现行政策是"充分授权"，即由事业单位自行决定科技成果的处置和使用，这一点无论在法律、部门规章、地方性法规和规范性文件等不同层次的政策法规之间，还是在财政部、教育部、工业和信息化部、中国科学院等不同体系的政策法规之间，已实现统一。

关于定价管理，在 2019 年财政部第 100 号令发布之前，《促进科技成果转化法》与事业单位国有资产管理系列文件的规定并不一致，分歧的核心是评估作为一种定价方法，是事业单位的必选项还是可选项。随着 2019 年财政部第 100 号令和财资〔2019〕57 号文件相继印发实施，上述分歧终于迎来"和解"。财政部第 100 号令提出，高校、科研机构将其持有的科技成果转让、许可或者作价投资给国有全资企业的，可不进行资产评估；转化至非国有全资企业的，由单位自主决定是否进行资产评估。上述规定根据成果受让对象的不同，明确了资产评估的不同适用情形和要求，最大的变化是不再将"资产评估"作为成果定价的必选项。财资〔2019〕57 号文件进一步明确"中央级研究开发机构、高等院校将科技成果转让、许可或者作价投资，由单位自主决定是否进行资产评估”。由此，在成果转化定价问题上，《促进科技成果转化法》和事业单位国有资产管理制度体系之间，终于在基本思路和处理原则上消除了不一致和矛盾。

（2）科技成果的收益管理

科技成果的收益管理是指科研事业单位对科技成果转化（包括处置、使用）所获得的货币或权益类收入的处置和分配。近年来科技成果转化有关收益分配制度发生了较大变化：一是从扣除人员奖励后全额上缴财政，到收入全部留归单位；二是不断加大对科技人员的现金和股权激励力度；三是明确将从事科技成果转化人员列入奖励对象，并针对担任领导职务的科技人员（或称“双肩挑”人员）的激励，建立了分类管理和公开公示制度。表 6-1 为科研事业单位科技成果收益管理相关制度。

表 6-1　科研事业单位科技成果收益管理相关制度

政策法规	具体规定
促进科技成果转化法（2015 年修订）	第四十三条　国家设立的研究开发机构、高等院校转化科技成果所获得的收入全部留归本单位，在对完成、转化职务科技成果做出重要贡献的人员给予奖励和报酬后，主要用于科学技术研究开发与成果转化等相关工作 第四十四条　科技成果完成单位可以规定或者与科技人员约定奖励和报酬的方式、数额和时限。单位制定相关规定，应当充分听取本单位科技人员的意见，并在本单位公开相关规定 第四十五条　科技成果完成单位未规定、也未与科技人员约定奖励和报酬的方式和数额的，按照下列标准对完成、转化职务科技成果做出重要贡献的人员给予奖励和报酬： （一）将该项职务科技成果转让、许可给他人实施的，从该项科技成果转让净收入或者许可净收入中提取不低于 50%的比例 （二）利用该项职务科技成果作价投资的，从该项科技成果形成的股份或者出资比例中提取不低于 50%的比例 （三）将该项职务科技成果自行实施或者与他人合作实施的，应当在实施转化成功投产后连续 3 至 5 年，每年从实施该项科技成果的营业利润中提取不低于 5%的比例 国家设立的研究开发机构、高等院校规定或者与科技人员约定奖励和报酬的方式和数额应当符合前款第一项至第三项规定的标准。 国有企业、事业单位依照本法规定对完成、转化职务科技成果做出重要贡献的人员给予奖励和报酬的支出计入当年本单位工资总额，但不受当年本单位工资总额限制、不纳入本单位工资总额基数

续表

政策法规	具体规定
《国务院关于印发实施促进科技成果转化法若干规定的通知》（国发〔2016〕16号）	国家设立的研究开发机构、高等院校制定转化科技成果收益分配制度时，要按照规定充分听取本单位科技人员的意见，并在本单位公开相关制度。依法对职务科技成果完成人和为成果转化作出重要贡献的其他人员给予奖励时，按照以下规定执行： 1）以技术转让或者许可方式转化职务科技成果的，应当从技术转让或者许可所取得的净收入中提取不低于50%的比例用于奖励。 2）以科技成果作价投资实施转化的，应当从作价投资取得的股份或者出资比例中提取不低于50%的比例用于奖励。 3）在研究开发和科技成果转化中作出主要贡献的人员，获得奖励的份额不低于奖励总额的50%。 4）对科技人员在科技成果转化工作中开展技术开发、技术咨询、技术服务等活动给予的奖励，可按照促进科技成果转化法和本规定执行
《中共中央办公厅、国务院办公厅关于实行以增加知识价值为导向分配政策的若干意见》（厅字〔2016〕35号）	五、加强科技成果产权对科研人员的长期激励 （一）强化科研机构、高校履行科技成果转化长期激励的法人责任。坚持长期产权激励与现金奖励并举，探索对科研人员实施股权、期权和分红激励，加大在专利权、著作权、植物新品种权、集成电路布图设计专有权等知识产权及科技成果转化形成的股权、岗位分红权等方面的激励力度。科研机构、高校应建立健全科技成果转化内部管理与奖励制度，自主决定科技成果转化收益分配和奖励方案，单位负责人和相关责任人按照《中华人民共和国促进科技成果转化法》及《实施〈中华人民共和国促进科技成果转化法〉若干规定》予以免责，构建对科技人员的股权激励等中长期激励机制。以科技成果作价入股作为对科技人员的奖励涉及股权注册登记及变更的，无需报科研机构、高校的主管部门审批
《事业单位国有资产管理暂行办法》（财政部令2019年第100号）	第五十六条　国家设立的研究开发机构、高等院校转化科技成果所获得的收入全部留归本单位
《财政部关于进一步加大授权力度促进科技成果转化的通知》（财资〔2019〕57号）	二、优化评估管理，明确收益归属 （五）中央级研究开发机构、高等院校转化科技成果所获得的收入全部留归本单位，纳入单位预算，不上缴国库，主要用于对完成和转化职务科技成果做出重要贡献人员的奖励和报酬、科学技术研发与成果转化等相关工作

6.1.2　国有企业科技成果资产管理要求

国有企业科技成果资产管理主要包括交易行为管理、资产定价管理等，涉及的政策法规文件见表6-2。

表 6-2　国有企业科技成果管理相关政策文件

性质	名称	文号	发布机构
法律	《企业国有资产法》	主席令 2008 年第 5 号	全国人民代表大会常务委员会
	《资产评估法》	主席令 2016 年第 46 号	全国人民代表大会常务委员会
	《中华人民共和国促进科技成果转化法》	主席令 2016 年第 68 号（2015 年修订）	全国人民代表大会常务委员会
行政法规	《企业国有资产监督管理暂行条例》	国务院令 2003 年第 378 号	国务院
部门规章和规范性文件	《企业国有资产交易监督管理办法》	国务院国资委 财政部令 2016 年第 32 号	国务院国资委、财政部
	《企业国有资产评估管理暂行办法》	国务院国资委令 2005 年第 12 号	国务院国资委
	《资产评估基本准则》	财资〔2017〕43 号	财政部
	《企业国有资产评估项目备案工作指引》	国资发产权〔2013〕64 号	国务院国资委
	《中央企业负责人经营业绩考核办法》	国务院国资委令 2019 年第 40 号	国务院国资委
	《国有科技型企业股权和分红激励暂行办法》	财资〔2016〕4 号	财政部、科技部、国务院国资委
	《关于做好中央科技型企业股权和分红激励工作的通知》	国资发分配〔2016〕274 号	国务院国资委

6.1.2.1　资产交易行为管理

科技成果转化相关无形资产交易主要包括转让、实施许可、对外投资三种形式。国有企业资产交易行为的管理，主要依据《企业国有资产法》和《企业国有资产交易监督管理办法》（国务院国资委 财政部第 32 号令）有关规定执行。

（1）无形资产的转让和对外投资

无形资产转让和对外投资的内部行为决策，主要依据《企业国有资产法》相关规定。《企业国有资产法》第 30、32、33 条规定，对于转让重大财产、进行重大投资，国有独资企业由企业负责人集体讨论决定，国有独资公司由董事会决定，国有资本控股公司、国有资本参股公司由公司股东会、股东大会或者董事会决定，见表6-3。

表6-3　国家出资企业转让重大财产和进行重大投资行为决策

国家出资企业	行为决策
国有独资企业	由企业负责人集体讨论决定
国有独资公司	由董事会决定
国有资本控股公司、国有资本参股公司	由公司股东会、股东大会或者董事会决定

注：依据《企业国有资产法》相关规定。

《企业国有资产法》并未对“重大财产”“重大投资”进行界定，实践中，一般由企业在公司章程中规定由董事会、股东会或股东大会，就转让财产、对外投资进行决策的最低额度。

无形资产转让的处置程序，主要依据《企业国有资产法》和《企业国有资产交易监督管理办法》（国务院国资委 财政部2016年第32号令）相关规定。其中，32号令第48条规定，企业一定金额以上的知识产权等资产对外转让，应当在产权交易机构公开进行。涉及国家出资企业内部或特定行业的资产转让，确需在国有及国有控股、国有实际控制企业之间非公开转让的，由转让方逐级报国家出资企业审核批准。32号令提出“一定金额以上公开转让”的要求，并把“一定金额”的确定权限授予企业。

（2）实施许可

科技成果转化相关无形资产的实施许可属于资产出租、出借行为，并不涉及资产权属的转移，在现有企业国有资产管理相关法律法规中，并未对这类许可行为的审批和实施提出具体规定和要求。在实践中，国有企业一般将科技成果许可事项的决策和管理，授予集团所属各单位；而在各单位内部，部分企业采取了授权管理方式，即授予某个职能部门对知识产权实施许可事项进行决策和管理。

6.1.2.2　国有企业科技成果资产评估

与高校、科研机构等科研事业单位实施科技成果转让、对外投资，可以自主协议定价不同，目前资产评估是国有企业转让无形资产或以无形资产对外投资的主要定价方式。

（1）应当进行资产评估的情形

《资产评估法》规定的“资产评估”，是指评估机构及其评估专业人员根据委托对不动产、动产、无形资产、企业价值、资产损失或者其他经济权益进行评定、估算，并出具评估报告的专业服务行为。同时，《企业国有资产评估管理暂行办法》（国资委第 12 号令）提出了可以不对国有资产进行评估的两种行为，一是经各级人民政府或其国有资产监督管理机构批准，对企业整体或者部分资产实施无偿划转；二是国有独资企业与其下属独资企业（事业单位）之间或其下属独资企业（事业单位）之间的合并、资产（产权）置换和无偿划转。

表 6-4　企业国有资产评估和可不评估的相关情形

<table>
<tr><th colspan="2">应当进行资产评估的情形</th><th>可不进行评估的情形</th></tr>
<tr><td>《企业国有资产法》（主席令 2008 年第 5 号）</td><td>第四十七条　国有独资企业、国有独资公司和国有资本控股公司合并、分立、改制，转让重大财产，以非货币财产对外投资，清算或者有法律、行政法规以及企业章程规定应当进行资产评估的其他情形的，应当按照规定对有关资产进行评估</td><td rowspan="2">《企业国有资产评估管理暂行办法》
第七条　企业有下列行为之一的，可以不对相关国有资产进行评估：
（一）经各级人民政府或其国有资产监督管理机构批准，对企业整体或者部分资产实施无偿划转；
（二）国有独资企业与其下属独资企业（事业单位）之间或其下属独资企业（事业单位）之间的合并、资产（产权）置换和无偿划转</td></tr>
<tr><td>《企业国有资产评估管理暂行办法》（国务院国资委 2005 年第 12 号令）</td><td>第六条　企业有下列行为之一的，应当对相关资产进行评估：
（一）整体或者部分改建为有限责任公司或者股份有限公司；
（二）以非货币资产对外投资；
（三）合并、分立、破产、解散；
（四）非上市公司国有股东股权比例变动；
（五）产权转让；
（六）资产转让、置换；
（七）整体资产或者部分资产租赁给非国有单位；
（八）以非货币资产偿还债务；
（九）资产涉讼；
（十）收购非国有单位的资产；
（十一）接受非国有单位以非货币资产出资；
（十二）接受非国有单位以非货币资产抵债；
（十三）法律、行政法规规定的其他需要进行资产评估的事项</td></tr>
</table>

目前国有企业科技成果转化行为，有相当部分发生在集团内部，从

实践看，这些交易行为一般并不是评估定价，而采取协议定价方式。

（2）资产评估项目的备案与核准

确定无形资产的交易价格或者交易底价，只完成资产评估流程是不完备的，还需按要求进行备案或核准。国资委第12号令第4条规定，企业国有资产评估项目实行核准制和备案制，具体见表6-5。

表6-5 评估核准、备案的对象和实施主体

行为	实施主体	实施对象
核准	各级国有资产监督管理机构	经各级人民政府批准经济行为的事项涉及的资产评估项目
备案	国务院国有资产监督管理机构	经国务院国有资产监督管理机构批准经济行为的事项涉及的资产评估项目
	中央企业	经中央企业及其各级子企业批准经济行为的事项涉及的资产评估项目
	地方国有资产监督管理机构及其所出资企业	由地方国有资产监督管理机构根据各地实际情况自行规定

注：依据《企业国有资产评估管理暂行办法》相关规定。

任务 6.2　技术市场及挂牌交易流程

技术市场是重要的生产要素市场，是我国现代市场体系和国家创新体系的重要组成，是各类技术交易场所、服务机构和技术商品生产、交换、流通关系的总和。改革开放以来，我国技术市场从无到有，形成了由科技行政部门主导、各部门协作构成的技术市场管理体系，以及由广大社会力量参与、以促进技术转移和成果转化为核心的技术市场服务体系。

6.2.1　技术市场概述

（1）交易规模逐步增大

科技部火炬中心发布的历年全国技术市场统计数据显示（图 6-2），2011 年到 2020 年，我国技术合同成交项及成交额均呈现稳步递增趋势，技术合同成交额由 2011 年的 4 763.56 亿元，增加至 2020 年的 28 251.51 亿元，十年增长了近 6 倍。

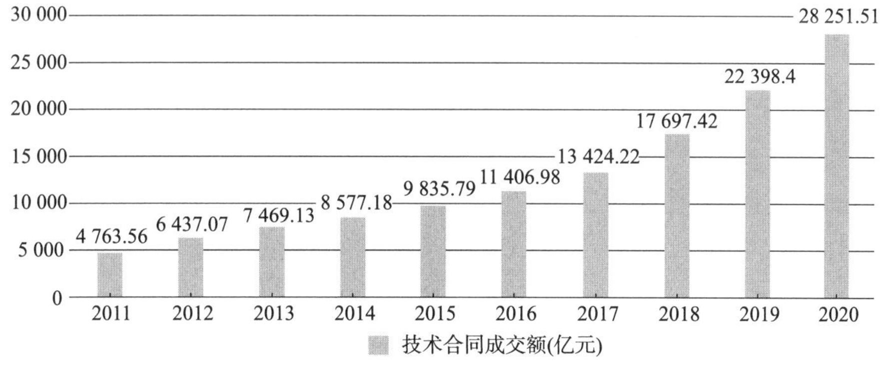

图 6-2　2011—2020 年全国技术合同成交额（单位：亿元）

（2）交易质量稳步提升

从交易标的类型看，涉及知识产权的技术合同成交额约占全国技术合同成交总额的四成，2019 年全国涉及知识产权的技术合同成交额达 9 286.9 亿元，同比增长 137.7%，占全国技术合同成交总额的 41.46%。

（3）技术交易集中度高

2020 年技术合同成交额排名前 10 位的省（市）依次为北京、广东、江苏、山东、上海、陕西、湖北、浙江、四川和天津，前 10 位省（市）技术合同成交额占全国的 82.02%。其中，北京技术合同成交额持续排在首位，2020 年北京技术合同成交额 6 316.16 亿元，同比增长 10.9%，占全国总量的 22.36%。

6.2.2 技术市场挂牌交易的基本流程

《促进科技成果转化法》第十八条规定，“国家设立的研究开发机构、高等院校对其持有的科技成果，可以自主决定转让、许可或者作价投资，但应当通过协议定价、在技术交易市场挂牌交易、拍卖等方式确定价格。通过协议定价的，应当在本单位公示科技成果名称和拟交易价格。”

科技成果市场化定价主要有三种方式：协议定价、在技术交易市场挂牌交易、拍卖。“进场挂牌”这种交易方式对于进一步发掘科技成果的市场价值，特别对国有科技成果转化相关管理制度改革，提供了一种重要的市场化定价方式和实施路径。

技术交易机构科技成果挂牌交易的基本流程如图 6-3 所示。

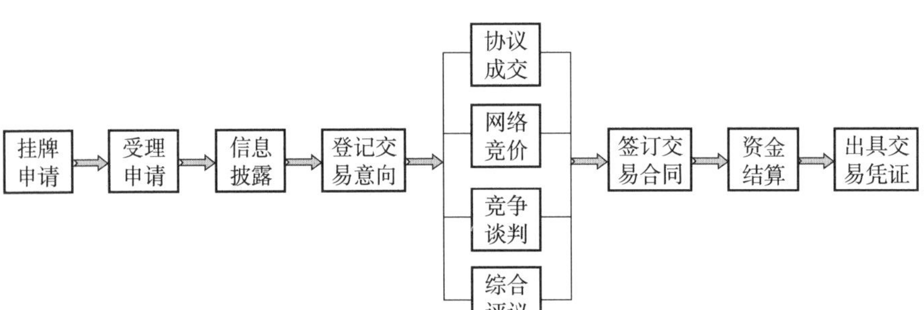

图 6-3 科技成果挂牌交易基本流程

（1）提出挂牌申请

成果持有方进行技术交易，应当具有交易该标的主体资格，保证该标的可以合法交易，并应当依照国家法律法规和相关政策的规定履行决策程序。交易标的按照有关规定应当进行资产评估的，成果持有方须进行评估并履行相应的核准或备案手续。

成果持有方应向技术交易机构提交挂牌申请材料、交易行为决策文件和交易委托合同等，并对披露内容和所提交材料的真实性、合法性、完整性、准确性负责。

同时，成果持有方可依照法律法规、批准文件等，在申请书中设置意向受让方的资格条件。

（2）受理申请

技术交易机构对成果持有方提交的挂牌申请材料进行审核，重点审核材料的齐全性与合规性、发布内容的完整性与准确性、交易条件设置的公平性与合理性。

符合信息披露要求的，技术交易机构予以受理，并依据申请材料的主要内容，对外发布交易信息公告。

（3）信息披露

技术交易机构依据申请材料，在交易机构的技术交易互联网服务平台（如中国技术交易所的技 E 网 www. ctex. cn）发布披露公告。成果持有方应当明确交易信息发布的期限。技术交易机构会明确公告的披露时间，一般不少于 5 个工作日。政府部门对信息披露期限有规定的，从其规定。

技术交易机构披露的交易信息一般包括：交易项目基本情况、交易条件、受让方或被许可方资格条件、对交易有重大影响的相关信息、竞价方式的选择、交易保证金事项等，并注明征集意向受让方或意向被许可方的起止时间。成果持有方应对所披露内容进行盖章（签字）确认，并对所披露信息的真实性、合法性和完整性负责。

在信息披露有效期内未征集到符合条件的意向受让方或意向被许可方，且不变更信息披露内容的，成果持有方一般可书面向技术交易机构申请延长信息披露期限；成果持有方未明确以书面方式申请延长信息披露期限的，信息公告到期自行终止。

（4）登记交易意向

披露公告期限内，技术交易机构将对意向受让方进行登记，并在公告期满后一定时间内，将意向受让方的登记情况及其资格确认意见，书面告知申请挂牌的成果持有方。持有方在收到技术交易机构相关确认文件后，应及时书面回复，即对意向受让方是否具备摘牌资格予以确认。

（5）撮合与签约

技术交易机构根据成果持有方确认的意向方，组织交易撮合。具体撮合方式则根据意向受让方的数量和挂牌申请书中选择的交易条件确定，包括协议成交、网络竞价、竞争性谈判和综合评议。

具体来看，如挂牌期间仅征集到一家意向受让方，可采用协议定价方式；如征集到两家及以上意向受让方，可采用网络竞价、竞争性谈判或综合评议方式。其中，网络竞价是指通过专门的网络竞价系统，组织意向受让方竞争受让交易标的的行为；竞争性谈判是指成果持有方根据挂牌项目的具体情况，组成谈判小组，分别与各意向受让方进行谈判，择优选定受让方；综合评议是指成果持有方根据挂牌项目具体情况，组成评议小组，对各意向受让方的响应文件进行综合评议，择优选定受让方。通过上述交易撮合，确认科技成果受让方后，交易双方签署交易合同。

（6）资金结算

交易资金结算是技术交易机构提供的一项专门服务，旨在有效避免交易资金流转中的信用风险，确保交易合同安全、规范履行，最大程度保障交易双方的利益。

技术交易机构一般设置了专门的由监管机构指定的交易结算账户。在交易合同签订后，受让方须按要求向技术交易机构交易结算账户支付交易价款，技术交易机构出具收款凭证；符合交易价款划出条件的，技术交易机构将向成果持有方划出交易价款，持有方收到价款后，向技术交易机构出具收款凭证。上述通过第三方完成的资金结算方式，应在交易合同中予以明确，且成果持有方在收到交易价款后，按受让方抬头开具发票。

(7) 出具交易凭证

交易双方签订技术交易合同并支付服务费用。技术交易机构在收到服务费用后出具技术交易凭证，其上载明的内容一般包括：交易标的名称、项目编号、转让方或许可方名称、受让方或被许可方名称、交易价格等内容。

技术交易凭证仅作为转让方和受让方、许可方和被许可方进场交易的证明。交易标的权属转移需进行变更登记的（如专利权人的变更等），交易各方凭技术交易凭证等相关材料，按照国家有关规定及时到相关部门办理变更登记手续。

需要说明的是，科技成果转让、许可、作价入股等交易方式，都可以进行挂牌。考虑到交易实践中可能存在底价无法明确的情况，挂牌可以采取有底价或无底价挂牌。

任务 6.3　技术合同认定登记

技术合同认定登记是由技术合同登记机构对技术合同当事人申请认定的合同文本从技术上进行核查，确认其是否符合技术合同要求，对其属于何种技术合同做出结论，进行分类登记，并核定其技术性收入的专项管理工作。对参与技术交易的各类主体，技术合同认定登记是享受相关税收优惠、人才激励政策的重要依据，符合条件的技术合同建议应登尽登。未申请认定登记和未予登记的技术合同，不得享受国家对有关促进科技成果转化规定的税收、信贷和奖励等方面的优惠政策。

6.3.1　基本概念

（1）适用合同类型

目前认定的技术合同包括技术开发合同、技术转让合同、技术咨询合同和技术服务合同四种类型，简称“四技合同”，后续建议关注技术合同认定规则修订相关进展。适用于国内的技术合同，也适用于涉外的技术合同。

（2）主要政策依据

1）《中华人民共和国民法典》；

2）《技术合同认定登记管理办法》（国科发政字〔2000〕063 号）；

3）《技术合同认定规则》科技部（国科发政字〔2001〕253 号）。

（3）认定登记的原则

1）按地域、一次、卖方登记。国内技术合同认定登记由卖方操作，由卖方工商注册地所在的科技部门受理，一次性登记，采取网上登记（全国技术合同认定登记系统 http：//210.76.97.54/）和纸质资料审查相结合方式。例如北京地区的技术卖方向北京市科委下属的北京技术市场管理办公室相关登记处提交登记申请。

2）技术合同的认定登记，以合同文本和有关材料为依据，以国家有关法律、法规和政策为准绳，认定的标准和依据全国统一。

3）认定登记期限是在合同成立后的履行期内。

4）技术保密问题。申请认定登记的合同，涉及国家安全或者重大利益需要保密的，技术合同登记机构应当采取措施保守国家秘密。当事人在合同中约定了保密义务的，技术合同登记机构应当保守有关技术秘密，维护当事人的合法权益。

（4）认定登记申请主体

国内技术合同由技术交易卖方（乙方）提出登记申请。涉外引进合同由技术交易买方（甲方）提出登记申请。由申请主体在合同有效期内到所在辖区的技术合同认定登记机构进行认定登记。

（5）认定登记重点核查内容

1）确认其是否符合技术合同要求；

2）对其属于何种技术合同做出结论，进行分类登记；

3）核定其技术交易额、技术性收入、审批奖酬金。

6.3.2　相关优惠和支持政策

（1）技术交易卖方优惠和支持政策

1）增值税减免。纳税人提供技术转让、技术开发和与之相关的技术咨询、技术服务，符合一定条件可免征增值税（转让或开发方须开具增值税普通发票）。

2）所得税减免。符合条件的居民企业年度技术转让所得不超过500 万元的部分，免征企业所得税；超过 500 万元的部分，减半征收企业所得税；非营利性科研机构和高校向他人转让科技成果或者许可他人使用科技成果，从职务科技成果转化收入中给予科技人员的现金奖励，可减按 50%计入科技人员当月“工资、薪金所得”，缴纳个人所得税。

3）成果出让补助。主要是地方财政支持政策。以福建省福州市例，福州市支持高校院所出让成果并在福州落地转化，按其技术交易额给予补助，每家每年最高补助 100 万元。其中在榕高校院所的技术转让合同按其技术交易额 0.5%~1%给予补助；非在榕高校院所的技术转让合同不给予补助。

（2）技术交易买方优惠和支持政策

1）研发费用加计扣除。企业委托外部机构或个人进行研发活动所发生的费用，委托、合作研究开发项目的合同经认定登记后，按照费用实际发生额的80%由委托方加计扣除；

2）科技成果购买后补助。主要是地方财政支持政策。以福建省为例：福建省省内企业出资通过委托或合作开发、技术转让获得技术成果（含专利技术）的，根据技术交易费用，给予50~200万补助，用于支持企业开展成果转化后续研发活动。

（3）技术交易促成方优惠和支持政策

技术交易促成补助。主要是地方财政支持政策。以福建省为例，国家级技术转移示范机构和省级技术转移机构促成福建省科技成果转移转化，或科技成果在福建省落地转化的，按不超过技术交易（包括技术开发、技术转让、技术咨询和技术服务）成交金额的2%给予经费补助，每家机构每年奖励额最高50万元。

不同类型技术合同能够享受的直接或间接税收优惠政策见表6-6。

表6-6　技术合同能够享受的直接或间接税收优惠政策

合同类型	交易特点	直接税收优惠	间接税收优惠
技术开发	当事人之间就新技术、新产品、新工艺、新材料、新品种及其系统的研究开发所订立的合同	免征增值税	高新技术企业和技术先进型服务企业技术性收入认定，研发费用加计扣除
技术转让	当事人之间就专利权转让、专利申请权转让、专利实施许可、技术秘密转让所订立的合同	免征增值税，转让相关企业所得税减免	高新技术企业和技术先进型服务企业技术性收入认定，高校和科研机构成果转化现金奖励个人所得税优惠
技术咨询	一方当事人为另一方就特定技术项目提供可行性论证、技术预测、专题技术调查、分析评价所订立的合同	无	高新技术企业和技术先进型服务企业技术性收入认定
技术服务	一方当事人以技术知识为另一方解决特定技术问题所订立的合同	无	高新技术企业和技术先进型服务企业技术性收入认定

6.3.3　技术合同认定登记流程

技术合同认定登记主要包括如下环节：

（1）用户注册

卖方首次申请技术合同登记需持真实有效证件，包括营业执照、组织机构代码证书等材料复印件，到登记处进行身份注册，获取网上登记用户名。

（2）提交技术合同认定登记申请

登录火炬中心全国技术合同认定登记系统网站，填报技术合同登记信息。

（3）文本报送

卖方向登记处提交合同文本及相关材料，需中文且完整的合同文本一式两份以上，字迹清楚，签字盖章完整有效。技术合同为外文文本的，需提交与外文文本内容一致且具有同等法律效力的中文文本或翻译件。以数据电文形式订立的技术合同，当事人申请认定登记的，应当出具纸介形式的合同文本。

（4）审核登记

登记处对合同进行审查，并对符合条件的合同予以登记；不符合条件的不予登记；登记处以当事人提交的合同文本和有关材料为依据，以法律为准绳，对合同从法律上、技术上进行审查，必要时进行调研。

（5）核定技术性收入

卖方履行合同并实现技术性收入后，持财务部门开具的《技术性收入核定表》到原登记机构办理核定技术性收入。

其中，合同交易总额是指技术合同成交项目的总金额；技术交易额是指从合同交易总额中扣除购置设备、仪器、零部件、原材料等非技术性费用后的剩余金额，但合理数量标的物的直接成本不计入非技术性费用；本次实现技术交易额-成本=技术性收入（据实扣除）。登记处审核后在“技术性收入核定表”上盖章并做实现记录。

（6）税收减免

卖方依据经审核后的《技术性收入核定表》开具“免税”增值税

普通发票，免征增值税。

以北京市为例，技术合同认定登记流程可参照图 6-4①：

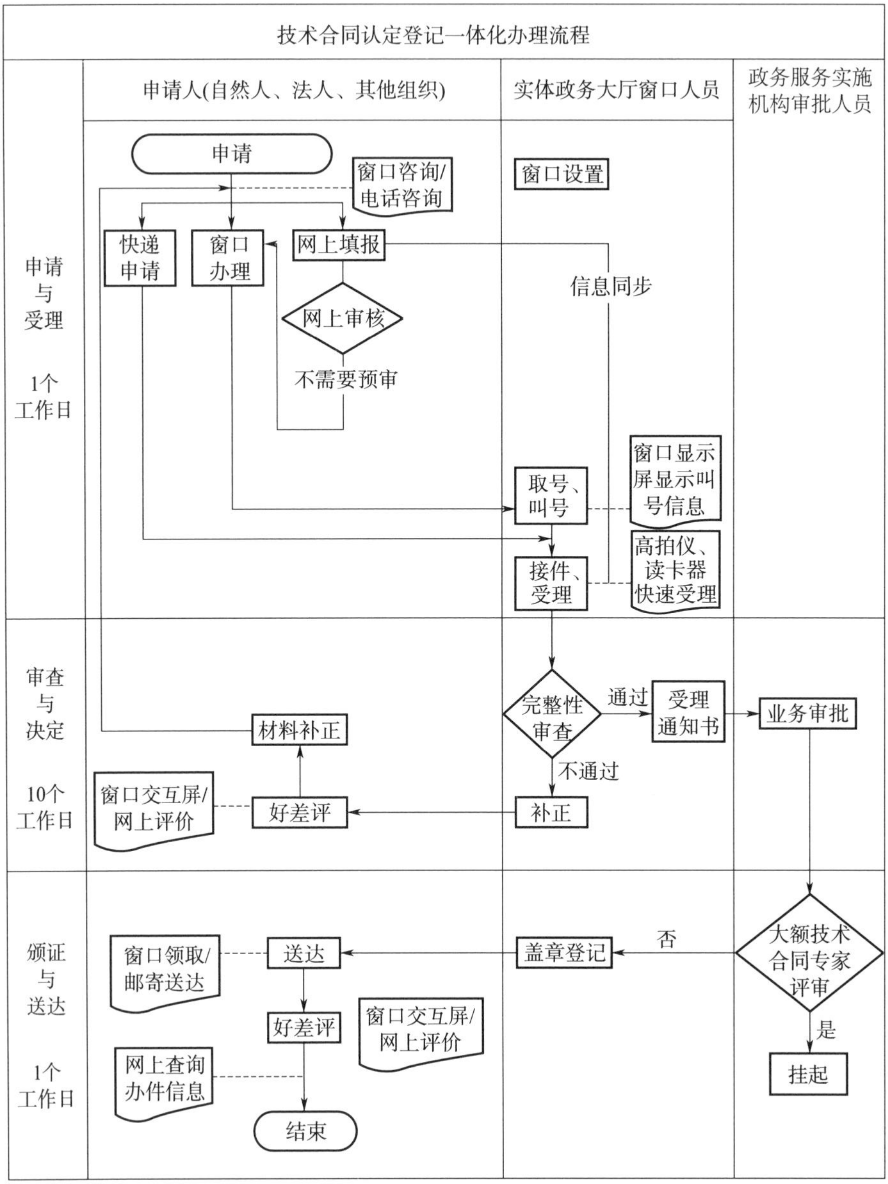

图 6-4　北京市技术合同认证登记流程

① 来源：北京市促进科技成果转化议事协调联席会办公室《科技成果转化工作操作指南》。

闯关锦囊

锦囊 12：科技成果协议定价公示确值服务[①]

技术交易机构可以为高校、科研机构、国有企业科技成果非公开交易的协议定价方式，提供价格公示和市场确值服务。

以中国技术交易所为例，服务流程如图 6-5 所示。

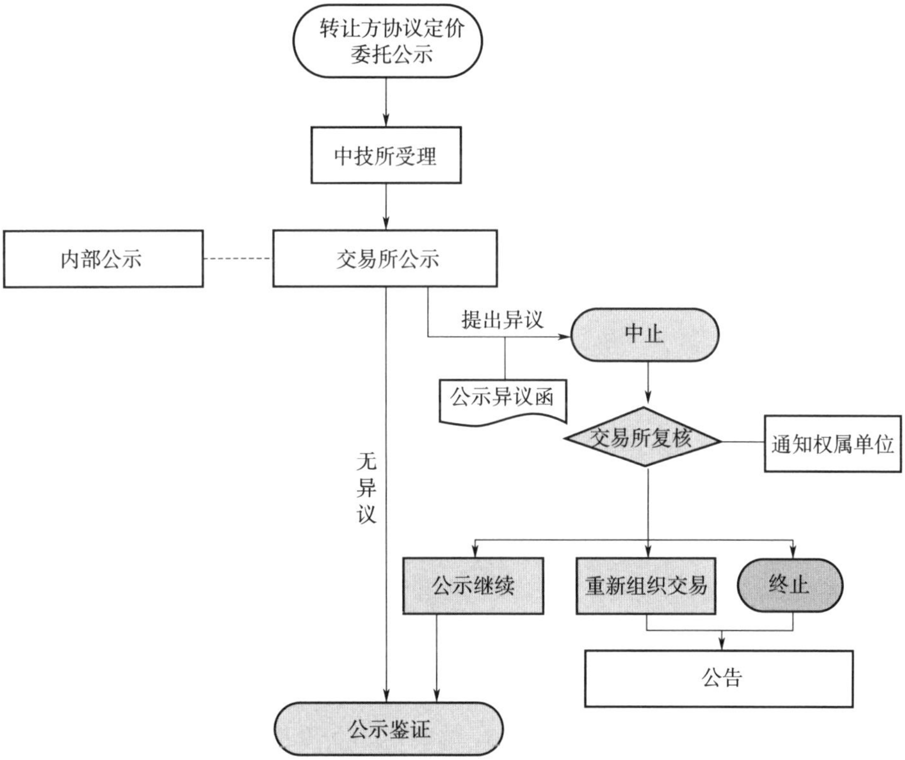

图 6-5　科技成果协议定价公示确值服务流程

① 中国技术交易所提供。

锦囊 13：大院大所能力挂牌服务[①]

近年来，国家陆续出台如《关于加强高等学校科技成果转移转化工作的若干意见》《关于印发<高等学校“十三五”科学和技术发展规划>的通知》等相关文件，鼓励高校院所结合自身研发能力和发展定位，紧贴市场需求，面向企业开展技术开发、技术服务、技术咨询和技术培训等横向合作，积极参与产业技术创新体系建设，满足产业需求提供研发服务。

为落实国家相关要求，上海技术交易所研发出将技术要素与高校院所的能力要素相结合的产品，即“大院大所”能力挂牌产品。“大院大所”能力挂牌产品为相关专业领域具备一定权威性的大型高等院校、科研院所将自身具备的研发能力在上海技术交易所进行公开挂牌。主体即经上技所认证、专业领域方面具备一定权威性的高等院校与科研院所，所涉及的交易标的为自身研发能力。认定标准为：

1）市属、省属以上高校和科研院所或其他经技术交易所认定的高等院校、科研院所；

2）具有实施技术交易的专业人员、部门或科技成果转化机构；

3）具有一级、二级学科的资源优势，创新能力强，拥有高质量的科技成果储备。

为此，技术交易所发挥市场加快科学技术渗透扩散、促进创新要素优化配置等功能。对企业来说拆除了阻碍研发能力产业化应用的“篱笆墙”，疏通应用基础研究和创新需求连接的快车道；对“大院大所”来说，充分发挥“大院大所”技术职能，通过挂牌交易将“大院大所”研发能力价值化、市场化，促进“大院大所”的创新链与企业的产业链精准对接。

大院大所能力挂牌整体的操作流程如图 6-6 所示。

① 上海技术交易所提供。

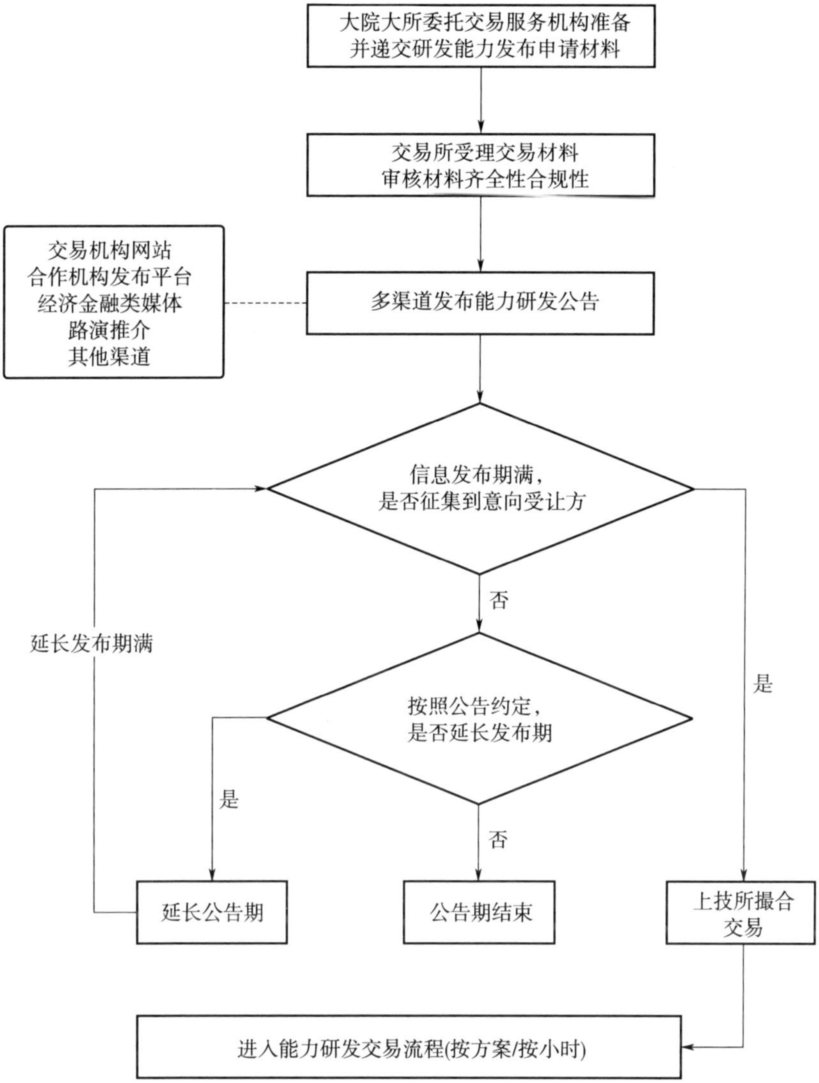

图 6-6　大院大所能力挂牌整体的操作流程

拓展阅读

（1）推荐专家

孙芸，中国技术交易所副总经理，高级工程师，长期跟踪研究科技成果转化、科技创新相关政策，直接参与了“京校十条”、股权和分红激励试点等政策的研究起草和修订工作，为近百家企业和高校院所提供了成果转化和激励制度设计咨询，承担了10多项国家和地方科技创新、科技政策课题研究工作，在科学学研究、科技成果管理与研究、中国科学报等发表论文十余篇。

（2）推荐书籍资料

1）刘玉平，李小荣：《国有资产管理》，中国人民大学出版社，2020年；

2）何玉长：《新中国国有企业改革思想研究（1949—2019）》，经济科学出版社，2019年。

第6关更多资料请扫码回复：06

第 7 关

职务科技成果转化奖励兑现指南

本关擂主：孙　磊　诸书章

欢迎来到科技成果转化第 7 关。

闯关主角

单位领导及科技成果转化管理人员

本关挑战

职务科技成果转化的收益分配，单位、团队和科研人员应该怎么分?

解决方案

任务 7.1　职务科技成果“三权”分离，转化现金奖励不受工资总额限制

　　案例 7-1　李教授兼职创办企业完成的成果归谁?

任务 7.2　单位与团队的首次分配，确人、确比例、确收益

　　案例 7-2　多种用工方式下的科研人员如何参与成果转化收益分配?

　　案例 7-3　研究所可以给哪些人员发放成果转让的奖酬金?

任务 7.3　团队内部二次分配，成果知本券量化确权、动态激励

　　案例 7-4　成果知本券实施流程及兑现测算示例

任务 7.4　科技成果转让、许可奖酬金测算方法

　　案例 7-5　A 研究所科技成果转让的奖酬金测算

闯关锦囊

锦囊 14　职务科技成果现金奖励个税减半征收实操（仅针对非营利性研究开发机构和高等学校）

锦囊 15　科技成果转化现金奖励公示模板

拓展阅读

推荐专家及书籍资料

任务 7.1　职务科技成果“三权”分离，转化现金奖励不受工资总额限制

《中共中央关于制定国民经济和社会发展第十四个五年规划和二〇三五年远景目标的建议》中提出，健全创新激励和保障机制，构建充分体现知识、技术等创新要素价值的收益分配机制，完善科研人员职务发明成果权益分享机制。近年来，在职务发明成果权益分享相关机制改革上，已采取了若干改革措施。一是“三权”下放，即将财政资金支持形成的科研成果使用权、处置权、收益权下放给项目承担单位；二是收益全留，成果转化所得全部留归单位，不上缴国库；三是提高分享比例，将职务发明转让收益用于奖励有重要贡献人员和团队的比例，一般都提高到不低于 50%，设立了对科研人员的股权奖励办法。

高校院所、国有企业等国资单位的科技成果属于职务科技成果，职务科技成果的完成既有单位的贡献，也有广大科研人员的贡献。科技成果得以成功转化需要具备两方面的前提条件：一是科研人员完成的科技成果本身具有实用价值，二是需要通过转化人员的努力，使得具有实用价值的科技成果转化为现实生产力。因此，科技成果转化取得收入，理应首先对这两部分人员给予奖励和报酬。符合规定的科技成果转化现金奖励，可不受单位工资总额限制。

7.1.1　科技成果所有权、处置权、使用权和收益权

（1）科技成果所有权

科技成果所有权是指科技成果中所包含的知识产权的财产权利。科技成果权中的人身权，包括署名权、获得奖励权等，是科技成果完成单位和完成人天然地享有的。科技成果必须先有知识产权，有了知识产权，才有所有权。如果科技成果没有取得知识产权，也就不会有所有权。

科技成果所有权可从狭义和广义两个层面来理解。从狭义讲，科技成果所有权是指由国家有关部门颁布权利证书的知识产权财产权的总和，即“有证技术成果所有权”总和。这也是国家财税政策文件所界定的范围。从广义讲，科技成果所有权应是科技成果中包含的所有知识产权的财产权利，既包括“有证技术成果所有权”，也包括以论文、论著形式出现的著作权财产权，还包括商业秘密权的财产权利。

（2）科技成果处置权

科技成果处置权是指科技成果持有人对科技成果财产权利进行处分的权利，包括放弃科技成果的权利，将科技成果的所有权转移给他人，或将它的使用权、占有权转移给他人，或者将科技成果质押给他人等。处置科技成果必须符合法律规定或科技成果所有人的意志，否则将承担侵权的法律责任。

《促进科技成果转化法》规定的下放科技成果处置权，实质上就是高校院所在处置科技成果财产权时，政府有关部门不再审批，包括各种形式的变相审批。要特别注意“持有”不等于“所有”，国家设立的高校院所持有的职务科技成果是国有无形资产，尽管因法律授权归其所有，由高校院所持有，科技成果处置权归属于该单位，但真正的所有权属于国家，高校院所必须依法处置。

科技成果的处置主要涉及两方主体：一是科技成果持有人，即拥有该科技成果的权利人，包括高校院所、企业、其他组织和自然人等；二是科技成果的承受人，如受让人、被许可人，主要指企业，也包括科技人员。与之相关的一方主体是科技成果完成人，它们享受署名、受表彰等精神权利和获得奖励和报酬的财产权利。

科技成果处置的对象是科技成果的财产权利，主要包括两大类：一类是专利权、软件著作权、集成电路布图设计权、植物新品种权、生物医药新品种等取得国家有关部门颁发的权利证明文件，统称为“有证技术成果”；另一类是指科技成果权利人自行采取措施予以保护的技术秘密（也被称为商业秘密），包括专有技术、传统技艺、管理方法等非专利技术成果，技术秘密权利人对技术秘密只拥有使用权和转让权，统称为“无证技术成果”。

（3）科技成果使用权

科技成果作价投资、科技成果许可，均属于资产使用，资产使用是指资产总量不改变，又使资产发挥作用、产生效益，包括单位自用和对外投资、出租、出借、担保等方式。

（4）科技成果收益权

科技成果收益权包括两个层次的内容：一是科技成果转化收益在国家和科研单位之间的分配，这一内容在《促进科技成果转化法》第四十三条作了规定，即明确了科技成果转化收入归科研单位所有；二是在科研单位内部，单位与科技人员之间的分配。从科研单位内部看，科技成果转化是一个系统工程，既要有科研单位的组织，又要有广大科技人员的创造性劳动。因此，科技成果转化收入在科研单位的内部分配同样需要平衡各方面的利益。明确科技成果转化收入在科研单位内部的分配机制，对调整各方的利益关系，调动广大科技人员包括科技成果完成人和转化人员的工作积极性，具有重要意义。

高校院所、国有企业的科研人员完成的职务科技成果，科技成果的所有权涉及国有资产管理，国资单位更愿意将科技成果“三权”（使用权、处置权和收益权）中的收益权与科研团队共享，通过在单位与科研团队之间（首次分配）以及科研团队内部（二次分配）进行再分配，实现了国有资产保值增值、成果转化现金奖励不受工资总额限制，符合条件的非营利性研究开发机构、高等院校转让许可的现金奖励，还可享受个税减半征收政策。

案例 7-1：李教授兼职创办企业完成的成果归谁？①

根据《人力资源社会保障部关于支持和鼓励事业单位专业技术人员创新创业的指导意见》（人社部规〔2017〕4 号）和《人力资源社会保障部关于进一步支持和鼓励事业单位科研人员创新创业的指导意见》（人社部发〔2019〕137 号），目前越来越多单位制定了单位科研人员兼

① 吴寿仁：《科技成果转移转化案例解析》，已获得作者许可。

职制度。那么，兼职创办企业的科技成果归属权应该规谁呢？

李教授为某大学在职教授，无行政职务。该大学按照国家规定制定了教师兼职制度。李教授按照学校规定办理了相关兼职手续，在职创办了A公司，并在学校有关部门进行了备案。随后，A公司开展了某科研项目研究，该项目与李教授在大学研究方向相同，且李教授作为该项目的核心研发人员，直接参与了项目研发全过程。随后项目团队对研发过程中积累的研究成果申请了专利等知识产权，那么该大学是否有权对这些知识产权主张权利呢？

评析：A公司作为组织该项目研制的单位，肯定有权对项目研究成果主张权利。如果该项目在研发过程中涉及的科研经费、科研设施等与大学有关，及大学对该项目投入了资金或提供了科研设备等条件，那么大学也应当对研究成果主张权利。如果项目中不涉及大学的资金和设施，但至少李教授作为大学老师参与该项目研究，相当于大学投入了人力资源，因此在一定程度上也可以主张权利，相当于双方合作开发。

那么如何让A公司可以独占科研成果的权利，避免因为多个单位共享科技成果权利致使产权不清晰，影响后续科技成果转化效率的情况发生呢？主要有两点：一是A公司在项目研发过程中避免使用学校资源，或者使用时按市场公允价支付给学校使用经费，这样学校的资源投入过程中已获得合理回报，无权进一步要求主张最终科技成果权利。二是李教授在办理兼职手续时根据大学兼职相关的规章制度，与大学事先明确后续所办企业科技成果的归属权，且在兼职期间必须严格遵循兼职制度，履行好本职工作，不能因为在外兼职，影响了在大学的教学科研工作。

划重点

> 科技人员兼职或离岗创业期间所取得的科技成果，是归科技人员所有，还是归所在单位所有，还是归兼职单位或离岗创业期间的任职单位所有，应当事先做出约定，避免事后产生纠纷。

7.1.2 职务科技成果的现金奖励，不受单位工资总额限制

工资总额：根据《关于工资总额组成的规定》（一九八九年九月三

十日国务院批准，一九九〇年一月一日国家统计局令第一号发布）规定“工资总额是指各单位在一定时期内直接支付给本单位全部职工的劳动报酬总额”，包括计时工资、计件工资、奖金、津贴和补贴、加班加点工资、特殊情况下支付的工资六部分。

由于我国科研事业单位实行工资总额管理，为避免出现激励支出突破单位工资总额而无法落地的情况，《促进科技成果转化法》对激励支出与工资总额管理之间的关系予以明确，为激励政策的落地提供了法律保障，第四十五条第三款规定，即“依照本法规定对完成、转化职务科技成果做出重要贡献的人员给予奖励和报酬的支出计入当年本单位工资总额，但不受当年本单位工资总额限制、不纳入本单位工资总额基数”。

《中华人民共和国促进科技成果转化法释义》提出，考虑到科技成果转化收入往往是一项不确定的收入，因此，在计算本单位工资总额基数时，不应当将其计入。这表明，单位用于科技人员的奖励和报酬，不计入科技人员的养老保险费的缴费基数，也不计入单位的缴费基数，或者说，不影响单位和个人的社会保险费的缴纳。

绩效工资：是指通过对职工的工作绩效进行考核，并根据考核结果核定其薪酬。对于事业单位，实行绩效工资总量控制，相当于给“粮票”，由人社部门、财政部门核定，财政部门按照核定的“绩效工资总量”拨付经费，当然不一定百分之百保障绩效工资总量。但事业单位不得突破核定的“绩效工资总量”发放绩效工资。

人社部发〔2021〕14 号文《关于事业单位科研人员职务科技成果转化现金奖励纳入绩效工资管理有关问题的通知》第一条提出“计入所在单位绩效工资总量，但不受核定的绩效工资总量限制，不作为人力资源社会保障、财政部门核定单位下一年度绩效工资总量的基数”。

这一规定说明了五个问题：

一是科技人员获得的奖励和报酬被定性为工资性收入，即根据《关于工资总额组成的规定》（国家统计局第 1 号令）第四条规定，要计入个人工资；

二是明确了奖励和报酬的发放渠道，即按照工资薪金发放；

三是个人获得的奖励和报酬应当根据《个人所得税法》的规定，按照工资薪金缴纳个税，适用30%~45%的累进税率；

四是对于实行工资总额或者工资总额基数的国有企业而言，科技人员获得的奖励和报酬不受限制，即在核定的工资总额或工资总额基数之外发放，不占用单位其他职工的额度；

五是对于实行绩效工资的事业单位来说，用于科技人员的奖励和报酬不计入绩效工资总额。

7.1.3　科研事业单位实施成果转化激励要点

（1）科研事业单位实施成果转化激励的主要政策依据

一是国家层面出台的法律法规和政策文件，包括：

1)《促进科技成果转化法》；

2)《国务院关于印发实施促进科技成果转化法若干规定的通知》(国发〔2016〕16号)；

3)《中共中央办公厅 国务院办公厅关于实行以增加知识价值为导向分配政策的若干意见》(厅字〔2016〕35号)。

二是事业单位隶属主管部门和所在地方政府出台的与科技人员激励相关的政策措施。

三是单位内部自行制定的激励制度，一般都是在国家有关法律法规基础上，在激励比例上做进一步明确和放宽。

（2）方案审批：自行决策+报告管理

自行决策：即《促进科技成果转化法》第44条提出“职务科技成果转化后，由科技成果完成单位对完成、转化该项科技成果做出重要贡献的人员给予奖励和报酬”，同时要求“单位制定相关规定，应当充分听取本单位科技人员的意见，并在本单位公开相关规定”。厅字〔2016〕35号文中专门提出“以科技成果作价入股作为对科技人员的奖励涉及股权注册登记及变更的，无需报科研机构、高校的主管部门审批”，即无论是现金奖励还是股权激励，都由各单位自行决策，无需报主管部门审批。

报告管理：即在每年向主管部门报送的本单位上一年度科技成果转

化情况的年度报告中，将“科技成果转化绩效和奖惩情况，包括科技成果转化取得收入及分配情况，对科技成果转化人员的奖励和报酬等”和其他要求报告的内容，一并报送给主管部门。

7.1.4　国有科技型企业实施成果转化激励要点

（1）国有科技型企业实施成果转化激励的主要政策依据

国有科技型企业成果转化激励政策已经过十多年的实践和探索（图 7-1），目前仍处于进一步深化改革之中。

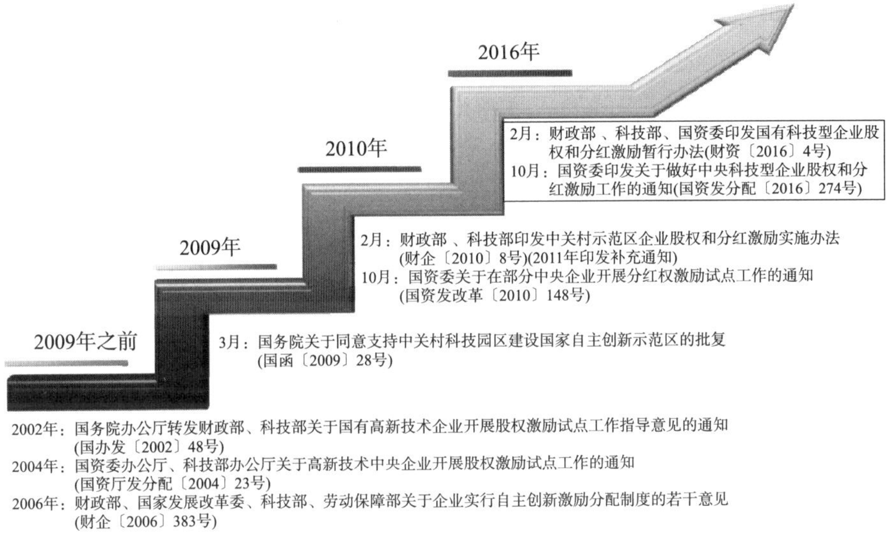

图 7-1　国有科技型企业股权和分红激励政策历程回顾

目前国有科技型企业开展相关人员股权和分红激励的主要依据有：

1）《财政部 科技部 国资委关于印发国有科技型企业股权和分红激励暂行办法的通知》（财资〔2016〕4 号）；

2）《财政部 科技部 国资委关于扩大国有科技型企业股权和分红激励暂行办法实施范围等有关事项的通知》（财资〔2018〕54 号）。

（2）实施范围：五类国有及国有控股未上市科技型企业

国有科技型企业，是指中国境内具有公司法人资格的国有及国有控股未上市科技企业（含全国中小企业股份转让系统挂牌的国有企业、国有控股上市公司所出资的各级未上市科技子企业），具体包括：

1）国家认定的高新技术企业。

2）转制院所企业及所投资的科技企业。

3）高等院校和科研院所投资的科技企业。

4）纳入科技部“全国科技型中小企业信息库”的企业。

5）国家和省级认定的科技服务机构。

（3）激励方式：3+2

即 3 种股权激励方式和 2 种分红激励方式。

① 3 种股权激励方式

股权激励是指国有科技型企业以本企业股权为标的，采取股权出售、股权奖励、股权期权等方式，对企业重要技术人员和经营管理人员（与本企业签订劳动合同的）实施激励的行为。3 种股权激励方式包括：

1）股权奖励，指企业无偿授予激励对象一定份额的股权或一定数量的股份。

2）股权出售，指企业按不低于股权评估价值的价格，以协议方式将企业股权（包括股份）有偿出售给激励对象。

3）股票期权，指企业授予激励对象在未来一定期限内以预先确定的行权价格购买本企业一定数量股份的权利。

划重点

> 一是股权激励标的必须是本企业股权，不能以上级或下级企业股权，或者相关联的其他企业股权作为激励标的；二是激励对象必须是本企业员工，即与本企业签订劳动合同的人员，对于本企业雇佣的劳务人员，或者在本企业兼职、挂职的人员不能列为激励对象。

② 2 种分红激励方式

分红激励是指国有科技型企业以科技成果转化收益为标的，采取项目收益分红方式；或者以企业经营收益为标的，采取岗位分红方式，对企业重要技术人员和经营管理人员实施激励的行为。2 种分红激励方式包括：

1）项目收益分红，指企业以职务科技成果（项目）实施产业化、对外转让、合作转化、作价入股形成的净收入为标的，依据《促进科技成果转化法》，采取项目收益分成方式对激励对象实施激励的行为。

2）岗位分红，指按照岗位在科技成果产业化中的重要性和贡献度，分别确定不同岗位的分红标准，即定岗不定人。

（4）三类条件：门槛条件+实施条件+业绩条件

正确掌握与政策落地相关的门槛条件、实施条件和业绩条件，是保障政策顺利实施的重要前提条件。

门槛条件：是指企业如实施股权和分红激励，除了在财资〔2016〕4 号文件规定的实施范围之内，还应满足若干基本的入门条件，具体包括：

1）建立了规范的内部财务管理制度和员工绩效考核评价制度。年度财务会计报告经过中介机构依法审计，且激励方案制定近 3 年没有因财务、税收等违法违规行为受到行政、刑事处罚。

2）对于转制院所企业及所投资的科技企业、高等院校和科研院所投资的科技企业、纳入科技部“全国科技型中小企业信息库”的企业，近 3 年研发费用占当年企业营业收入均在 3%以上，激励方案制定的上一年度企业研发人员占职工总数 10%以上。成立不满 3 年的企业，以实际经营年限计算。

3）对于国家和省级认定的科技服务机构，近 3 年科技服务性收入不低于当年企业营业收入的 60%。

需要注意的是，上述三项门槛条件之间并不是同时满足的关系，其中，仅第一项是针对全部五类企业提出的普遍要求，并且如果企业属于国家认定的高新技术企业，则仅需满足第一项门槛条件即可，如果企业属于转制院所企业及所投资的科技企业、高等院校和科研院所投资的科技企业纳入科技部“全国科技型中小企业信息库”的企业，需要同时满足第 1）、2）项门槛条件，如果企业不是研发型而是服务型，即属于国家和省级认定的科技服务机构，需要同时满足第 1）、3）项门槛条件。

企业符合门槛条件，是否就可以随意选择激励方式呢？答案当然是否定的，因为还要看企业是否符合相关激励方式的实施条件。激励方式包括 5 种，其中股权奖励、股权期权和岗位分红三种方式是有具体实施条件要求的，股权出售和项目收益分红则没有实施条件约束。具体见表7-1 。

表 7-1 国有科技型企业股权和分红激励实施条件

激励方式	实施条件
股权奖励	近 3 年税后利润累计形成的净资产增值额应当占近 3 年年初净资产总额的 20% 以上，实施激励当年年初未分配利润为正数
	用于股权奖励的激励额不超过近 3 年税后利润累计形成的净资产增值额的 15%，且获得的股权奖励按激励实施时的评估价值折算，累计不超过 300 万元
	单个获得股权奖励的激励对象，必须以不低于 1∶1 的比例购买企业股权
	股权奖励的激励对象，仅限于在本企业连续工作 3 年以上的重要技术人员
股权期权	仅小型、微型企业可采取股权期权的激励方式（企业的划型标准，按照国家统计局《关于印发统计上大中小微型企业划分办法的通知》（国统字〔2011〕75 号）有关规定执行）
岗位分红	近 3 年税后利润累计形成的净资产增值额应当占企业近 3 年年初净资产总额 10% 以上，且实施激励当年年初未分配利润为正数
	企业年度岗位分红激励总额不高于当年税后利润的 15%
	激励对象应当在该岗位上连续工作 1 年以上，且原则上每次激励人数不超过企业在岗职工总数的 30%
	激励对象获得的岗位分红所得不高于其薪酬总额的 2/3
股权出售和项目收益分红没有具体实施条件要求	

实施条件：一是不能“只奖不售”，股权奖励必须和股权出售搭配实施，但股权出售可以单独实施；二是注意测算企业近三年净资产增长情况，这是开展股权奖励和岗位分红激励的重要条件之一，但股权奖励和岗位分红对净资产增长指标的要求有所不同；三是期权仅适用于小微企业，大中型科技企业不适用期权激励。同时，财资〔2016〕4 号文件还规定了不同规模企业股权激励总额上限要求，即大型企业的股权激励总额不超过企业总股本的 5%，中型企业不超过 10%，小、微型企业不超过 30%。

业绩条件：财资〔2016〕4 号文件针对需要分期实施的期权激励和岗位分红，明确提出需要设定相应的业绩指标条件，即只有达到预先设定的业绩指标，才能兑现激励。其中，针对期权激励，业绩考核指标可以选取净资产收益率、主营业务收入增长率、现金营运指数等财务指标，但应当不低于企业近 3 年平均业绩水平及同行业平均业绩水平；针对岗位分红，激励方案有效期原则上不超过 3 年，原则上各年度净利润增长率应当高于企业实施岗位分红激励近 3 年平均增长水平。对于股权出售和股权奖励，财资〔2016〕4 号文件规定原则上应一次实施到位，所以不再将以后年度的业绩指标作为激励兑现的要求。

（5）实施流程：6 个环节+分类批准

国有科技型企业股权和分红激励方案的实施流程主要包括拟订方案、听取意见、审核批准、提请审议、材料报备、年度报告 6 个环节，具体如图 7-2 所示。

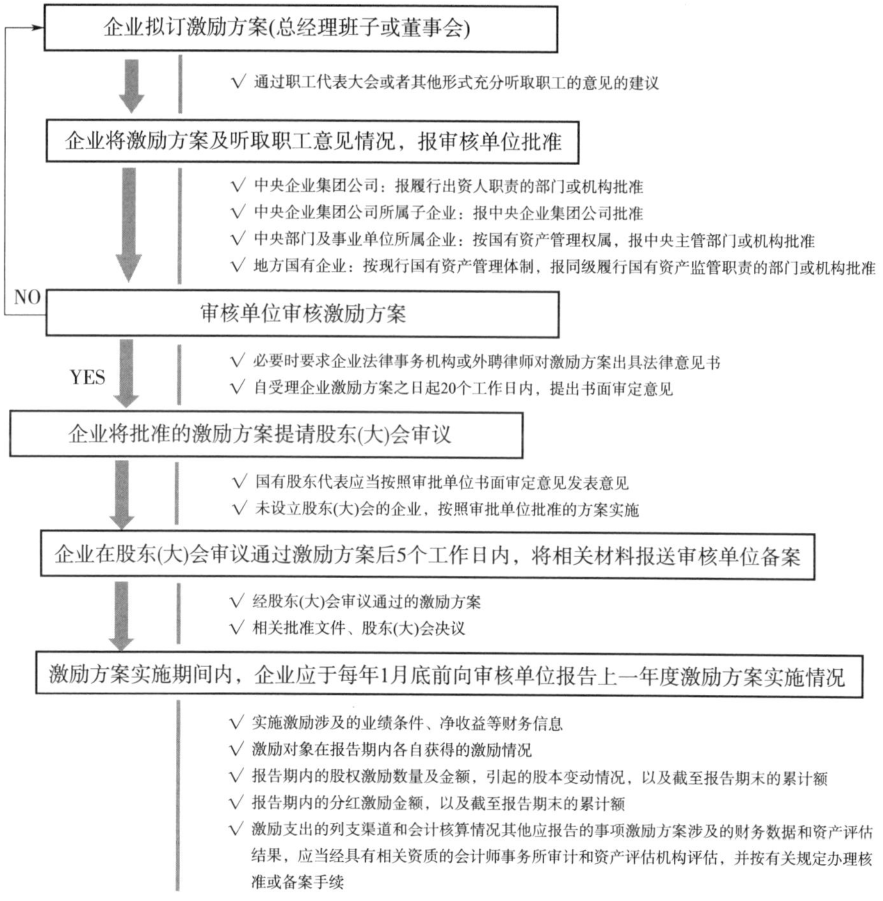

图 7-2　国有科技型企业股权和分红激励方案审批流程示意图

划重点

企业在将激励方案报审核单位批准时，需要注意不同企业所对应不同的批准部门，其中中央企业集团公司报履行出资人职责的部门或机构批准；中央企业集团公司所属子企业报中央企业集团公司批准；中央部门及事业单位所属企业按国有资产管理权属，报中央主管部门或机构批准；地方国有企业按现行国有资产管理体制，报同级履行国有资产监管职责的部门或机构批准。

任务 7.2　单位与团队的首次分配，确人、确比例、确收益

科技成果收益权在单位与科研团队之间的首次分配，是打通科技成果转化的最后“一米”，需要做好“三确”，即确认科技成果奖励的人员范围、确认给团队的奖励提取比例、确认发放的奖酬金总量。

7.2.1　确人：确认科技成果奖励的人员范围

哪些人能享受科技成果收益奖励?《促进科技成果转化法》第四十四条第一款规定，“职务科技成果转化后，由科技成果完成单位对完成、转化该项科技成果做出重要贡献的人员给予奖励和报酬。”做出重要贡献成果完成人可以为一人或多人，多人时可以包括科研团队和科技成果转化团队人员，但明确受奖励人员的贡献点。职务科技成果转化后，给予奖励和报酬的对象为“对完成、转化该项科技成果做出重要贡献的人员”。一是对“完成”该项科技成果做出重要贡献的人员，这一部分人员是指对科技成果的完成单独或者共同做出创造性贡献的人，实践中，一般是指某个科研项目团队。二是对“转化”职务科技成果做出重要贡献的人员，这一部分人员是指在科技成果完成后，在其转化过程中，即后续试验、开发、应用、推广活动中做出重要贡献的人员，既包括科研单位内部对科技成果转化做出重要贡献的技术人员，也包括专职从事科技成果转化服务的人员。

(1) 科技成果完成人员

科技成果完成人员是指在科研项目或课题的研究中做出了创造性贡献的人员，或者说，是解决了科学技术问题的人员。所谓创造性贡献，是指有新的科学发现或者取得了新的技术发明，与现有科技水平相比有显著的进步。在科学发现方面，是指获得了科学新知识。在新技术的发明方面，包括获得新技术，在研制产品、开发工艺中解决关键技术和疑

难问题，在新产品投产、新技术应用、推广，以及产业化过程中解决重要技术难题等。

任何一项科技创新，有可能不是一个人完成的，而是多人共同完成的；有可能不是一个人自始至终进行研发完成的，而是多名科技人员接续完成的。在一个科研项目中，有的人提出假设，或者设计总体方案，有的人通过实验对假设或方案进行验证；有的人设计产品，有的人开发工艺，有的人进行原材料开发，有的人进行设备或工具开发等。而有的科研项目涉及电子、材料、器件、软件等方方面面，科技人员依照专业分工从事其中一部分内容，并做出了创造性贡献。总之，为科技成果的完成做出创造性贡献的人，都是科技成果完成人，其中为科技成果的完成做出主要贡献的人就是科技成果主要完成人。

一般来说，科技成果完成人应是科研项目的参加人，在科研项目立项时，一般要根据所需解决的科学技术问题，配备相应的专业技术人员。在科研项目完成以后，由项目负责人根据项目人员的创造性贡献大小确定科技成果完成人并进行排序。比较规范的做法应是，每一项科技成果均有应创造的内容或方面，每一项创造的内容或方面都应有相应的完成人，每个人的创造性贡献的总和就是该科技成果的创造内容。

基于上述理由，下列人员因没有创造性贡献而不应列为科技成果完成人：

1）只负责组织工作的人；

2）为物质条件的利用提供方便的人；

3）三是从事其他辅助性工作的人。

划重点

> 如果是科技成果完成人，则应该在科研项目立项中列为研究开发人员，在专利证书中列为发明人或设计人，在计算机软件著作权登记证书上列为设计人等，在科技成果登记证书上列为科技成果完成人。这是确定科技人员是否是科技成果完成人的直接证据，也是享受科技成果转化奖励与报酬的直接依据。这也是对科技成果管理的基本要求。

案例 7-2：多种用工方式下的科研人员如何参与成果转化收益分配?①

①案例基本情况

A 研究所取得了一项科技成果 K，其完成团队由 4 名科研人员构成，每个人的用工方式都不同，B 是在编职工，C 是外聘人员，D 是劳务派遣人员，E 是劳务外包人员。A 研究所拟将该成果申请专利，有关负责人委托咨询以下一系列问题：

1）上述 4 人中，哪些能署名为专利发明人或设计人？哪些不能署名？对于劳务派遣和劳务外包人员，他们的劳动合同关系不是与 A 研究所签订的，署名为专利发明人或设计人后，是否会带来专利权属纠纷？

2）在上述成员中，如果有入职不满一年的，即从上一家单位离职不满一年的，能否署名为专利发明人或设计人？

3）在科技成果转化奖酬金分配中，可否给予劳务派遣和劳务外包人员发放？如果他们离职了，是否还要继续发放？C、D 和 E 获得的奖酬金可否享受科技成果转化个税优惠政策？

4）技术转移服务与履行技术转移管理职责有何区别？换句话说，A 研究所的科技处处长 F 负责科技成果转化的管理，该处里的职工 G 参与了科技成果 K 的推介，则 F 和 G 能否算作成果 K 的转化人员？

5）A 研究所可否将成果 K 的部分所有权赋予该成果的完成团队？如可，拟将成果 K 按以下比例进行赋权：A 研究所保留 50%，赋予 B 20%、C 10%、D 15%、E 5%。

上述问题不只是奖酬金发放问题，还涉及知识产权、税收优惠等问题。

②问题解答

上述问题看似奖酬金分配问题或职务科技成果赋权改革问题，其实因用工方式复杂，涉及面比较广。同时，因 C、D 和 E 均是科研人员，

---

① 吴寿仁，《科技成果转移转化案例案例解析（十八）》，载于《科技中国》2021 年第 7 期，已获得作者许可。

不仅涉及劳动法律关系，还涉及知识产权、成果转化收益分配、个税缴纳等法律关系，在适用政策时需要妥善处理。以下就上述问题的关键词或关键点解答如下。

1）聘用方式用工。C是外聘科研人员，即C与A研究所签订了聘用合同。C可能有工作单位（包括挂职、兼职、双聘等），或者是退休返聘人员，也可能是自谋职业者。根据《人力资源社会保障部关于支持和鼓励事业单位专业技术人员创新创业的指导意见》（人社部规〔2017〕4号）规定，C到A研究所兼职，如果有原单位的，应当得到其原单位的同意，且C工作的原单位与A研究所和C应签订三方协议，明确C在A研究所任职期间可享有的权利、应当履行的义务，以及知识产权归属、成果转化收益等权益分配内容。根据《劳动合同法》规定，C应当享有署名权和成果转化收益分配权等权益。

2）劳务派遣用工方式。劳务派遣是指劳动者与劳务公司签订劳动合同后，被派到用工单位工作，由用工单位负责管理，并遵守用工单位的规章制度。根据《劳务派遣暂行规定》（人力资源与社会保障部令第22号）第三条规定，用工单位只能在临时性（存续时间不超过6个月）、辅助性（为主营业务岗位提供服务的非主营业务）或者替代性（劳动者因脱产学习、休假等原因无法工作，由其他劳动者代替工作）的工作岗位上使用被派遣劳动者。D与劳务公司签订劳动合同，并由劳务公司根据其与A研究所签订的劳务派遣协议，被派到A研究所工作。D根据其与劳务公司签订的劳动合同和劳务公司与用工单位签订的劳务派遣协议享有权利履行义务。

D在A研究所从事科研活动，根据《劳动合同法》第六十三条规定的“被派遣劳动者享有与用工单位的劳动者同工同酬的权利”，D享有与B同等的在成果K申请专利的署名权和获得成果转化收益的分配权。

3）劳务外包用工方式。劳务外包是指劳务发包方与劳务承包方根据《中华人民共和国民法典》合同篇规定签订劳务合同，约定双方须承担的权利义务。在劳务外包中，发包方直接向承包方提出要求、下达指令，并由承包方直接管理劳动者，不直接向劳动者提要求、下指令，不得直接管理劳动者，对劳动者不承担责任。

在本案例中，E 是劳务外包人员，不是 A 研究所的职工，也与 A 研究所没有签订劳动合同或聘用合同。但 E 对成果 K 的完成有创造性贡献，可能属于个人行为，与聘用 E 的劳务承包单位无关，也可能是履职行为，根据 A 研究所与 E 所在的劳务承包方约定确定知识产权归属。如果双方没有约定，E 所在的劳务承包方有主张知识产权的权利。为尊重 E 所做出的创造性贡献，E 享有在成果 K 的有关证书上署名的权利和获得成果转化收益分配的权利。

4）职务成果的知识产权归属。对于科研人员在成果 K 的有关证书上署名，如果是以个人名义参与并署名，则不涉及知识产权归属及权属纠纷。但慎重起见，A 研究所在聘用 C 时，应与 C 及 C 的原单位签订三方协议，约定 C 在 A 研究所工作期间所取得的知识产权归 A 研究所所有，C 享有在有关科技成果证书上署名的权利，享有获得成果转化收益分配的权利。同样，A 研究所与劳务派遣单位签订派遣协议时，应当在劳务派遣协议中约定 D 在 A 研究所工作期间，取得的科技成果及其知识产权归 A 研究所所有，D 享有在有关成果证书上署名的权利，享有获得成果转化收益分配的权利。A 研究所在与劳务外包公司签订劳务外包协议时，可约定在劳务外包中取得的科技成果及其知识产权的归属。有合同或协议约定，并根据约定确定知识产权归属，就可避免知识产权纠纷。

5）关于职务成果归属中“入职不满一年”的问题。《最高人民法院关于审理技术合同纠纷案件适用法律若干问题的解释》（法释〔2004〕20 号）第二条对“执行法人或者其他组织的工作任务”的判定作出如下规定：“离职后一年内继续从事与其原所在法人或者其他组织的岗位职责或者交付的任务有关的技术开发工作”。这里有一个前提是，“继续从事”与其原单位有关的技术开发工作。如果上述人员所从事的研发工作与原单位不同，就不存在问题。如果科研人员的原单位与其就“在职期间或者离职以后所完成的技术成果的权益有约定的”，应依约定确认。为避免知识产权纠纷，A 研究所在招聘科研人员时，需了解应聘人员在原单位所从事的科研工作情况及是否有知识产权权益方面的约定。如果BCDE四人中任何一人存在上述情况，不列为发明人或设计人，可以避免主动暴露侵权问题，但并不能根本避免侵权问题的发生。

6）CDE三人的奖酬金分配。C与A研究所签订了聘用协议，D由A研究所负责管理，他们两人的奖酬金分配，应与B一样同工同酬，适用A研究所关于奖酬金分配的规定。如果单位规定，科研人员离职后不予发放，则均不发放，否则应该继续发放。对于E，因双方不存在劳动用工关系，A研究所对E不负有管理职责，是否发放，如何发放，可由成果K的完成团队决定。即在奖酬金分配上体现两个层次：第一个层次是A研究所与成果完成团队的关系，按照提取比例分配奖酬金；第二个层次是成果完成团队内部分配关系，按照创造性贡献大小确定分配比例，并按照确定的分配比例进行分配。

如果成果K的知识产权以转让、许可方式转化并取得现金收益，BCD取得现金奖励，根据《财政部 国家税务总局 科技部关于科技人员取得职务科技成果转化现金奖励有关个人所得税政策的通知》（财税〔2018〕58号）规定，可以享受“从职务科技成果转化收入中给予科技人员的现金奖励，可减按50%计入科技人员当月‘工资、薪金所得’，依法缴纳个人所得税”优惠政策。如果E参与成果K的研发被视同聘用人员，虽未签订劳动合同，但存在事实劳动关系，也可以享受上述优惠政策。如果C和D应得的成果转化现金奖励，不是由A研究所直接发放，而是分别转给劳务派遣公司、劳务外包公司发放，则不符合财税〔2018〕58号文规定的条件，因而不可享受减计50%征个税优惠政策。

如果A研究所以作价投资方式转化成果K，A研究所取得了被投资公司的股权，并给予BCDE四人股权奖励，根据《财政部 国家税务总局关于促进科技成果转化有关税收政策的通知》（财税字〔1999〕45号）和《国家税务总局关于促进科技成果转化有关个人所得税问题的通知》（国税发〔1999〕125号）规定，由于只有B是A研究所的在编职工，所以只有B可以享受股权奖励递延纳税政策，C、D、E均不可享受股权奖励递延纳税优惠。因要就股权奖励缴纳个税，C、D、E享受股权奖励存在税收上的障碍。

7）技术转移管理与技术转移服务的区别。《促进科技成果转化法》规定的“完成、转化职务科技成果做出重要贡献的人员”是指对科技成果进行“后续试验、开发、应用、推广”做出了重要贡献的人员。A 研究所科技处处长 F 负责科技成果转化的管理，履行了 A 研究所赋予的科技成果管理职权，对成果 K 的转化没有做出直接的贡献，不能认为是科技成果 K 的转化人员。G 参与了科技成果 K 的推介，如果仅仅是一般性的推介，没有达到“重要贡献”的程度，也不能认为是科技成果 K 的转化人员。G 对成果 K 的推介，达到“重要贡献”的程度，如采取了切实有效的措施，为成果 K 找到应用单位，才可以认为是转化人员。

技术转移管理与技术转移服务的区别在于，前者是履行单位赋予的职责，是面上工作，以单位的科技成果转移转化成效作为考核指标；后者是以自己的专业知识和技能，对科技成果的转移转化做出了重要贡献，以成果转移转化的成效为考核指标。

8）不同的用工方式对适用奖酬金分配政策有一定的影响。B、C 是由 A 研究所直接发放奖酬金的，根据《促进科技成果转化法》第四十五条第三款规定，不受工资总额限制，不纳入工资总额基数，并根据《人力资源社会保障部 财政部 科技部 关于事业单位科研人员职务科技成果转化现金奖励纳入绩效工资管理有关问题的通知》（人社部发〔2021〕14 号）规定，不作为社会保险缴费基数。对于 D 和 E，也可由 A 研究所直接发放，因 D 和 E 没与 A 研究所签订劳动合同，可不受 A 研究所工资总额限制，也可享受人社部发〔2021〕14 号规定的政策。如果 A 研究所以劳务费形式分别由劳务派遣公司和劳务外包公司支付 D 和 E，则不符合人社部发〔2021〕14 号文规定，因而不能享受该文规定的“不作为社会保险缴费基数”政策。

（2）科技成果转化人员

科技成果转化人员是指在科技成果完成以后，对在科技成果进行后续的试验、开发、应用、推广等活动中做出重要贡献的人员，既包括高校院所内部对科技成果转化做出贡献的科技人员，也包括专职从事科技成果转化服务的人员。

科技成果转化人员主要包括：

1）对科技成果进行后续试验的人员。是指为提高科技成果的完整性、适用性和成熟度而进行试验，补充相关数据。

2）对科技成果进行后续开发的人员。是指运用科技成果进行后续的技术、工艺、材料、产品等开发的人员，既可以是该科技成果的完成人，也可以是参与该科技成果转化的其他科技人员。

3）科技成果应用人员。是指将该科技成果应用在产品开发、工艺开发、技术支持等生产实践的人员，包括技术支持人员。

4）科技成果推广人员。是指将该科技成果推广应用到各个地区、各个领域的科技人员，主要是技术转移服务人员。

5）科技成果转化服务人员。包括从事知识产权服务、技术经纪服务、技术诊断、技术评估等科技人员。

6）从事新产品（服务）营销人员。是指将运用该科技成果开发的新产品或新服务推向市场、并在市场上实现销售的人员，包括商业模式开发人员、市场营销人员等。

根据《促进科技成果转化法》的规定，在科技成果转化过程中做出重要贡献的人员享有奖励和报酬等权益。所谓“重要贡献”，是指在科技成果的后续试验、开发、应用、推广中解决了重要问题，包括在后续试验、开发中有创造性贡献，提高了成果的成熟度，促进了该成果的应用，组织该成果的推广等，为实现该成果的价值起到了促进作用。

科技成果转化人员，一般有以下三种情形：

1）可以是该科技成果的完成人，即科技成果完成人与转化人重合；

2）可以是该成果完成单位内部的其他科技人员，包括专门从事科技成果转化的技术经理人，或其他技术转移人才；

3）可以是该成果完成单位以外的人员，如技术经纪人。

对于第 1 种和第 3 种情形均比较好办，比较难办的是第 2 种情形。对于第 2 种情形，单位应当以某种形式确认他们是科技成果转化人员，反映在哪些方面对该成果的转化做出了重要贡献。

《促进科技成果转化法》规定，科研事业单位职务科技成果转化后，由单位对完成和转化科技成果做出重要贡献的人员给予奖励和报酬。这是第一次从法律层面，明确了激励对象的范围包括科技人员和成果转化人员两类。虽然从实践看，各单位在制定内部管理制度时，有的直接明确了给予转化服务部门或转化人员的奖励比例，有的尚未做出明确规定，但随着各单位成果转化服务部门和相关人员服务能力和水平不断提升，激励政策的落实情况也会逐渐全面深入。

（3）“双肩挑”人员激励

“双肩挑”人员即担任领导职务的科技人员，同时承担着科研任务和管理任务。这也是我国科研事业单位内部比较常见的现象。很多高校、科研机构的管理人员都是科研出身，在提拔担任领导职务期间，很多人作为学科负责人或科研项目负责人，依然肩负着科学研究任务。对这部分“双肩挑”人员的激励要按照“分类管理+公开公示”的原则。

1）分类管理：就是区分“正职领导”和“其他领导”。正职领导包括两种情形，其一是科研事业单位（不含内设机构）的正职领导，需要注意“不含内设机构”，即高校各院系以及研机构各实验室等“内设机构”的领导不属于这项政策界定的“正职领导”的范围；其二是科研事业单位所属的、具有独立法人资格单位的正职领导。其他领导则包括所有非正职领导。

对于单位正职领导，如果是科技成果的主要完成人或者对科技成果转化做出重要贡献，可按照促进科技成果转化法的规定获得现金奖励，原则上不得获取股权激励。对于其他领导，是科技成果的主要完成人或者对科技成果转化做出重要贡献的，可以按照促进科技成果转化法的规定获得现金、股份或者出资比例等奖励和报酬。对于两类领导人员给予激励的区别在于能否获得股权激励。

特别地，如果正职领导在担任正职之前，获得了股权激励，那么任正职后应该如何处理呢？处理原则有两条，一是任职后应及时将之前获得的激励股权予以转让；二是逾期未转让的，任期内限制交易，并在本人不担任该职务一年后解除限制。需要注意的是，这项政策关于“正职领导”的范围有所扩大，除了前面提到的科研事业单位正职领导之外，还包括领导班子成员中属中央管理的干部。

2）公开公示：允许担任领导职务的科研人员获得奖励和报酬，是尊重他们的创造性劳动，符合《促进科技成果转化法》第四十三条的规定，是合理合法的。但是科研人员担任领导职务以后，拥有比较大的人力、物力和财力等资源的调配权，如果允许他们获得奖励和报酬，会不可避免地会发生人力、物力和财力等资源向他们所研发的项目及其所完成的科技成果转化项目倾斜的现象，进而产生利益冲突的问题。因此需要“公开公示”，即对担任领导职务的科技人员的科技成果转化收益分配实行公开公示制度，这项规定的目的是防止领导人员利用职权侵占他人科技成果转化收益。

案例 7-3：研究所可以给哪些人员发放成果转让的奖酬金？[①]

研究所甲将某项自有专利转让给公司乙取得了相应的收益，并拟对完成、转化科技成果转化的人员 A、B、C、D 奖励。其中 A、B 是科研人员，为该专利的第一和第二作者；C、D 为该单位科技成果转化办公室职员，此次转化过程中 C 在向企业推荐科技成果、科技成果定价、合同谈判、知识产权保护等方面了发挥重要作用，直接促成此次专利转让的顺利交易，而 D 主要负责岗位职责范围内的材料收集等事务性工作；此项科技成果转化案例中，A、B、C 三人的工作都可以作为此次科技成果转化的重要贡献，获得相应的奖励，而 D 并没有达到做出重要贡献的程度，不应获得奖励。

评析：通过对完成、转化科技成果做出重要贡献的人员的界定，必须达到“重要贡献”的程度，才可以获得奖励和报酬。可以避免将科技成果转化奖励和报酬“撒胡椒面”。这样做的好处是，一方面使得科研人员能够更加专注于做好科研本职工作，进而研发出更多的科技成果，形成科技研发和科技成果转化的良性循环；另一方面，科技成果转化人员专心于钻研科技成果转化的法务、商务工作，激发其实现科技成

① 上海科学研究所吴寿仁供稿。

果转化价值最大化，提高科技成果转化成功率。当然，对于“重要贡献”的界定，不同行业、不同性质的单位都会有所差异，各单位应根据自身特点在规章制度中明确。

划重点

确定可获得奖励的人员后，多人获得奖励的情况建议由其团队内部自行共同商议内部分配比例（具体方法可参考任务7.3：成果知本券使用方法），协商完成内部没有异议后在单位公示，并在单位备案。

7.2.2　确比例：确认给科技成果团队的奖励提取比例

《科技成果转化法》第四十五条规定，科技成果完成单位未规定、也未与科技人员约定奖励和报酬的方式和数额的，按照下列标准对完成、转化职务科技成果做出重要贡献的人员给予奖励和报酬：

1）将该项职务科技成果转让、许可给他人实施的，从该项科技成果转让净收入或者许可净收入中提取不低于百分之五十的比例；

2）利用该项职务科技成果作价投资的，从该项科技成果形成的股份或者出资比例中提取不低于百分之五十的比例；

3）将该项职务科技成果自行实施或者与他人合作实施的，应当在实施转化成功投产后连续三至五年，每年从实施该项科技成果的营业利润中提取不低于百分之五的比例。

国家设立的研究开发机构、高等院校规定或者与科技人员约定奖励和报酬的方式和数额应当符合前款第一项至第三项规定的标准。

科技成果完成单位给予科技人员奖励和报酬的方式多种多样，既可以是现金奖励，也可以是股权激励，还可以是双方约定的其他形式。奖励和报酬的具体数额可以是某一固定的数额，也可以是按照科技成果转让收入总额，或者其作价投资形成的股权的一定比例。对于高校和科研院所等科技成果转化主体，单位应当事先制定相应的规章制度，明确单位与科研团队以及科技成果转化团队在科技成果转化收益分配的方式、数额与时限，以最大程度调动科研人员和科技成果转化人员的积极性、创造性。在考虑奖励时，需要关注两个50%。

第一个“50%”，即对于科技成果转化项目，科研事业单位科技人员可自行与科技人员约定奖励和报酬的方式和数额，但奖励比例应当“不低于50%”标准。具体地，将职务科技成果转让、许可给他人实施的，从该项科技成果转让净收入或者许可净收入中提取不低于50%的比例；利用职务科技成果作价投资的，从该项科技成果形成的股份或者出资比例中提取不低于50%的比例；此外，如科研事业单位自行实施或与他人合作实施科技成果转化，应当在实施转化成功投产后连续3至5年，每年从实施该项科技成果的营业利润中提取不低于5%的比例，激励有关人员。

第二个“50%”，即科研事业单位实施人员激励时，给予研究开发和成果转化主要贡献人员的奖励份额，不低于奖励总额的“50%”。需要注意的是，“主要贡献人员”与“重要贡献人员”的区别，一般来说，主要贡献人员包括研发项目的负责人、牵头人，以及成果转化的主要执行人等，由成果转化项目团队自行确定。

下面是奖励提取比例的几个示例：

1）上海某研究所规定，转化净收入不超过10万元的，给予科技成果完成人95%；超过10万元低于50万元的部分，给予90%；超过50万元低于100万元的部分，给予80%；超过100万元部分的，给予70%。

2）某药物研究所按照5∶3∶2的比例进行分配，即科研团队享受科技成果转让或实施许可净收益的50%，30%由研究所调控，20%用于研究所的后续发展。这一分配比例通过该所职代会表决通过。

3）某大学规定，科技成果转化净收入按照6∶2∶2的比例进行分配，即60%归科技成果完成团队，剩余的40%分别给予院系和学校各20%。该大学规定，许可或转让的转化收益1 000万元以下，科研团队可获得净收入的50%；转化收益1 000万~2 000万元的部分，科研团队可得60%；超过2 000万元的部分科研团队可得70%。

7.2.3 确收益：确认发放的科技成果转化奖酬金总量

《促进科技成果转化法》的规定科技成果奖酬金提取是以净收入为

基数，依照第四十五条对科技成果完成和转化中做出重要贡献的人进行一定比例奖励。但《促进科技成果转化法》没有对净收入的计算做出明确规定，而如何测算转化净收入变成了多方关注的焦点。在实践中，成果转化收入一般在单位与外部单位的合同中进行了明确约定，有的还进行了技术合同认证登记，成果转化收入的确认相对清晰，具体提取比例项目团队和单位也一般比较容易达成共识。在此基础上，项目成本的测算，直接影响到转化净收入和项目团队奖励金额，往往是单位和项目团队容易产生分歧的地方。由于制度法规没有明确规定，则需要单位根据自身特点，在相关制度中提前明确。事前说明，达成共识，才能平衡各方利益。科技成果转化奖酬金总量可按下式计算：

科技成果转化奖酬金总量=提取比例×成果转化净收入

=提取比例×(成果转化收入−成本)

确认成果转化奖酬金总量的难点在于确认成本。

任务 7.3　团队内部二次分配，成果知本券量化确权、动态激励

成果收益权在单位与科研团队之间的首次分配，在任务 7.2 中已经详细讲解。团队的成果转化奖酬金总量确定后，如何在团队内部进行二次分配，根据成果贡献度公平公正地分给每位科研人员，打通科技成果转化最后“一厘米”，对单位确实是一项重要的挑战。由中国航天科工二院二〇六所孙磊团队首创的成果知本券，是近期国资单位探索出的一个有效解决方案。

7.3.1　成果知本券概况①

成果知本券是一种科技成果权属的内部凭证，通过对职务科技成果贡献度进行量化确权，将科技人员的智力成果量化为知本（知识资本），作为高价值科技成果筛选和成果转化收益在团队内部分配的依据。成果知本券样式如图 7-3 所示。

单位：　　　　知本券编号：

成 果 知 本 券

项目名称：

知本券 大写	份	百万	十万	万	千	百	十	份

持有人：______　　负责人：______

本券不得涂改、伪造或转借他人使用。　　日　期：　　年　　月　　日

图 7-3　成果知本券样式

（1）激发科技人员实施科技成果转化要解决的两个问题

大院大所作为科技成果交易供给端的主力军，近几年来，科技成果

① 吴寿仁，《科技成果转移转化案例解析（一）》，载于《科技中国》2019 年第 11 期，本书收录时有修改，已获得作者许可。

数量增长较快，但在实操中发现，如何激发科技人员实施科技成果转移转化的积极性，需要妥善解决以下两个问题：一是如何衡量科技人员对职务科技成果研发与转化的贡献度；二是如何平衡科技成果研发阶段与转化阶段之间的创造性劳动投入和物化劳动投入，以更好地实现从创意到产品并最终产生经济效益。

评析：上述两个问题是普遍存在的，的确是影响科技成果转移转化的主要问题。目前对科技人员在科技成果研发与转化中所做出的贡献大小主要由项目负责人进行定性评价，很难做到客观公正，难免会挫伤科技人员的积极性。同时，目前高校院所主要鼓励和支持科研人员对其完成的科技成果实施转化，基本上只对科技成果完成人进行激励，很少对转化人员进行激励，即使有，也主要是由科研团队取得奖酬金后给予转化人员一定的激励。在这样的情况下，技术转移人员或技术经理人的积极性还没有充分发挥出来，影响了科技成果的有效转化。

科研与转化需统筹起来谋划，在科研项目立项时要考虑成果转化的可能性及如何进行成果转化。而科研成果的质量，以及知识产权的质量，决定了其能否转化及转化价值的大小。

上述两个问题是密切相关的，衡量科技人员贡献大小是基础，是整合资源的重要手段。

（2）成果知本券要解决的三个问题

成果知本券要解决以下三方面的问题：一是跨部门多人协作，二是多阶段长周期研发，三是变比例多期奖励分配。

评析：研发主要解决技术不确定性问题，转化主要解决顾客不确定性和市场不确定性问题，在转化阶段更需要整合资源，需要不同背景的科技人员参与。发放成果知本券，就是要定量评价参与研发与转化的科技人员所做出的贡献，使其名利双收，进而吸引有助于项目研发与成果转化的人员参与。由此可见，发放成果知本券有利于解决上述三个方面的问题。

（3）成果知本券的三个用途

1）合伙人（即科研团队成员，下同）根据其成果研发与转化中所做出的贡献获得成果知本券，并根据成果知本券份额计算的贡献比例享有该项成果转化收益的分红（即奖酬金分配，下同）；

2）在科技成果完成阶段（从0到1），合伙人可以通过成果知本券收益权动态激励，对科技成果贡献度进行量化确权，作为收益分红内部分配的依据；

3）在科技成果转化为工程化应用阶段（从1到N），合伙人通过持有的成果知本券获取转化收益的分红。

评析：此处的“合伙人”不是法律概念，而是指科研团队成员。成果知本券只是记录科技人员在研发与转化活动中付出劳动和做出贡献的凭证，但通过成果知本券的核算就可以定量评价科技人员对项目研发与成果转化中所做出的贡献度。

7.3.2 成果知本券发放规则

成果知本券发放规则可按照“一品一策”由科研团队内部自主确定，主要规则说明如下。

规则1：分阶段分配额度

成果知本券建议发放总额度100万份，可参照表7-2分配各阶段的额度。

表7-2 成果知本券阶段分配比例

阶段	对应	发放额度	占比
原理样机	从0到0.1	20万份	20%
工程产品	从0.1到1	20万份	20%
商品化量产	从1到N	60万份	60%
合计	—	100万份	100%

评析：这是按照产品开发类的研发项目来划分阶段的，将产品开发分为原理样机、工程产品和商品化量产三个阶段。原理样机是从无到有（0→0.1），原创性强，赋值20万份；工程产品阶段，工作量比较大，也赋值20万份；商品化量产阶段，是价值实现的关键，赋值60万份。至于划分哪些阶段，每一个阶段如何赋值，要考虑创造性、工作量大小和重要性等因素。

对于基础研究、应用研究、工艺开发、技术开发、技术咨询、技术服务等类型的科技项目，可以根据其研发计划划分阶段，并赋予每一阶段的发放额度。

规则 2：量化发放

由项目负责人根据项目完成情况和贡献度确定本期成果知本券额度（可参考层次分析法，以及定性与定量相结合的方法，如突出贡献者每期 3 万份，核心成员每期 1 万份，重要成员 2 000~5 000 份），并在合伙人内部公示后，发放成果知本券。

项目负责人建议按照团队内部协商的一定比例，达到节点要求后直接提取成果知本券奖励。

评析：有些项目是按照工作量来衡量的，需完成约定的工作量，有些是解决了项目中的重要问题，或提出了新的研发方案，或采用新的技术路线，对项目的完成有重要贡献的。前者是按项目完成情况发放，后者是按贡献度发放。

在具体发放时，很难做到很精准。完成一定的工作量发放多少，做出重要贡献的发放多少，这两者之间也很难做到完全对等或平衡。但将成果知本券累积在一起，计量一个项目的贡献度时，还是比较精准的。

规则 3：发放范围

包括成果完成阶段的技术人员、转化阶段的技术人员，以及与转化直接相关的战略支持团队。

评析：成果完成阶段的技术人员是指科研人员，即科研团队成员，转化阶段的技术人员是指对成果进行后续试验、开发的人员，也是科研团队成员，或吸收到科研团队的新成员，“与转化直接相关的战略支持团队”是指为转化科技成果做出贡献的人员，主要是指技术转移人员或技术经理人，也可吸收到科研团队里来。

科研团队规模不大，可以实行合伙人管理，如果团队过大，合伙管理会影响团队的管理效率。科研团队可以向为项目研发与成果转化做出贡献的人员发放成果知本券，认可其做出的贡献，并及时予以激励。总之，凡是对项目的研发与转化有贡献的，均可发放成果知本券。

规则 4：发放时效

起始时点：项目立项。

结束时点：奖酬金发放结束时点。因不同转化方式下，成果转化过程中产品迭代升级、技术咨询服务等投入有所不同，可按照以下五种转化方式的不同情况确定结束时点。

1）转让方式：成果转让合同履行完毕；

2）许可方式：构成成果的知识产权有效期满；

3）作价入股方式：作价投资时，等比例兑现股份；

4）自行实施方式：成果转化项目首单奖酬金到款后5年；

5）合作实施方式：合作转化项目首单奖酬金到款后5年。

评析：成果知本券的发放是动态的，只要有人对研发、转化做出了贡献，就要发放成果知本券，而发放成果知本券的目的是激发科技人员尽其所能做出贡献，因此发放时效是从项目立项开始，直到奖酬金发放结束。而不同的转化方式，奖酬金发放的终止时间是不同的。例如，作价入股方式，股权奖励一到位，成果知本券的使命就结束了，尽管此时成果转化才真正开始，但那是新成立的公司的事了。

规则5：备案及公示

成果知本券发放情况经团队全体成员及见证人签字确认，报二〇六所产业处备案后，在单位内部公示。

评析：经签字确认、备案、公示几个程序，使团队成员和单位均认可成果知本券发放结果，避免纠纷。

规则6：新成员加入

新成员加入需经项目负责人提出，并经2/3以上团队成员同意。

评析：因科研团队实行合伙人制，而新的成员加入才需要团队成员的同意。新成员加入是因科研及转化工作的需要，经向科研管理部门办理相关手续，成为科研团队成员，才可以成为科技成果完成人或科技成果转化人员。至于团队成员是否同意，则不必强求。

规则7：成员退出

项目团队成员需退出但还在本单位的，或退休或在系统内单位调动的，已取得的成果知本券予以保留。如成员离职，已取得的成果知本券清零。

评析：项目团队成员退出也需向本单位科研管理部门办理手续，至于已经退出的科技人员可否享受奖酬金分配，可由项目团队约定，也可由单位作出规定。

团队成员因主动离职而退出，可以视为主动放弃科技成果转化奖酬金分配，已取得的成果知本券清零。如果是因工作调动而退出的，在退出时需约定已发放的成果知本券的处理办法。

规则 8：增发

100 万份成果知本券发放完毕，如确实还有后续投入，可按照团队协商的规则增发成果知本券。

评析：按照原定计划是无法实现成果的价值，需要追加投入，而追加投入就要增发成果知本券，而增发成果知本券相当于增资扩股，会稀释已发放成果知本券的权益。因此增发成果知本券需得到项目团队的认可，避免日后产生纠纷。

案例 7-4：成果知本券实施流程及兑现测算示例

成果知本券实施流程如图 7-4 所示。

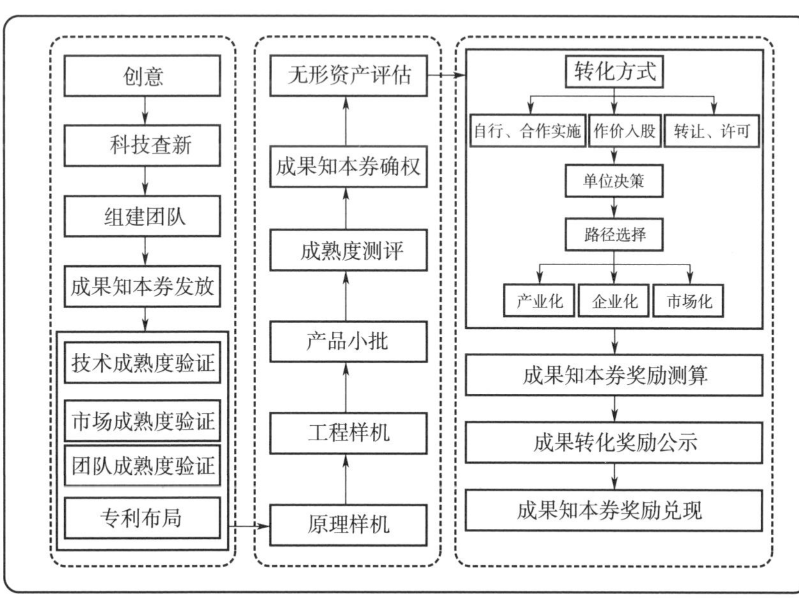

图 7-4　成果知本券实施流程

图7-4将科技项目从创意开始到转化的整个实施过程分为10个环节：

1）科技人员根据市场的痛点提出创意。

2）通过科技查新对创意的新颖性及所属领域的发展现状、知识产权情况进行分析。

3）如果该创意具有新颖性，则进行立项。在立项前，需进行技术可行性、项目经济性分析，组建科研团队，编制项目预算，经过论证和立项审批等程序进行立项。

4）在立项时，还需对项目进行技术成熟度、市场成熟度和团队成熟度的验证。

5）通过知识产权评议等方式对专利进行布局。

6）在完成这些基础工作以后，进行原理样机研制。

7）再经过工程样机的研制，不断提高成果的成熟度。

8）再经过小试、中试等产品小批量生产，解决产品生产制造工艺问题。

9）到此时，成果应该是成熟的，但是否成熟，需要通过成熟度测评来确定。

10）如果成果成熟，则经过无形资产评估，选择合适的转化方式，对该成果实施转化，包括产业化、企业化和市场化。这一过程，可以认为是市场驱动型的产品开发（包括工艺开发）过程。对于科技驱动型的成果转化，或者以技术开发、技术咨询、技术服务等方式实施的成果转化，或者以提供服务方式实施成果转化的，也可以参照本案例发放成果知本券。

成果知本券实施过程包括发放、确权、奖酬金测算和兑现四个过程：

1）成果知本券在项目立项以后发放；

2）项目完成以后进行确权；

3）取得了成果转化收益的，测算奖酬金；

4）经过公示程序，无异议的，就兑付奖酬金。这个过程是动态的，即有成果转化奖酬金可发放的，就可以发放，直至奖酬金提取完毕。

示例1：某科研团队12名成员的成果知本券及奖酬金的发放见表7-3，本期团队奖酬金发放14.945万元，严格按照科技成果研发与转化的贡献度（占比）进行分配。

表7-3　某双创团队知本券及奖酬金发放表

序号	团队成员	Ⅰ期 成果知本券	Ⅱ期 成果知本券	累计 成果知本券	贡献占比	兑现奖薪酬 （元）
1	成员A	154 000	170 000	324 000	32.40%	48 422
2	成员B	128 000	160 000	288 000	28.80%	43 042
3	成员C	61 000	110 000	171 000	17.10%	25 556
4	成员D	57 000	60 000	117 000	11.70%	17 486
5	成员E	0	30 000	30 000	3%	4 483.5
6	成员F	0	10 000	10 000	1%	1 494.5
7	成员G	0	10 000	10 000	1%	1 494.5
8	成员H	0	10 000	10 000	1%	1 494.5
9	成员I	0	10 000	10 000	1%	1 494.5
10	成员J	0	10 000	10 000	1%	1 494.5
11	成员K	0	10 000	10 000	1%	1 494.5
12	成员L	0	10 000	10 000	1%	1 494.5
	合计	400 000	600 000	1 000 000	100%	149 450

从表7-3可知，该科研团队发放了两期成果知本券，Ⅰ期发放了40万份，Ⅱ期发放了60万份，合计100万份。其中，Ⅰ期为科技成果的原理样机和工程产品阶段，团队成员A、B、C、D参与了Ⅰ期40万份成果知本券的发放，是科技成果完成阶段的主要贡献者。Ⅱ期为科技成果商品化量产阶段，新增8位科研人员，共有12名成员参与，Ⅱ期的60万份成果知本券是根据各成员的贡献来发放的。两期合并在一起，就可以清晰地计算出每名成员在整个项目的贡献度（占比），成员A的贡献最大，获得32.4万份，贡献和分配比例均为32.4%，成员B的贡献次之，获得28.8万份，贡献和分配比例均为28.8%。成员A、B、C、D为该双创成果的核心团队，4人合计的贡献和分配比例达到了90%，其余8名参与的成员也根据各自的贡献分配了成果知本券并得到了奖励，该分配方案更有利于长周期、跨部门创新项目的内部协同。

该项目采用成果许可的方式进行了转化，从成果许可净收入中，研究所提取14.945万元的奖酬金分配给团队，对应每份成果知本券分得的奖酬金为0.14945元。团队内部严格按照成果知本券对应的贡献比例进行分配，形成了《职务科技成果完成人员及其贡献度确认书》，经团队全体成员签字确认后，在所内公示，如无异议，成果知本券正式生效，即正式确定职务科技成果完成人员和转化人员及其贡献度，按照各成员对该成果及其转化的贡献度计算发放，完全做到了奖酬金分配定量化。该成果转化奖酬金不受当年工资总额限制，不纳入工资总额基数，获得奖酬金的科技人员，还可享受成果转让和许可的现金奖励个税减半征收等优惠政策。

评析：从中可知，发放成果知本券可使项目的研发及转化过程清晰可见，有利于完善项目管理和项目成员管理，进而有利于完善成果管理、促进科技成果转移转化。

示例2：A创客在科技成果研发阶段做出了贡献，获得了10万份成果知本券，占该阶段40万份知本券总额的25%。如果在科技成果研发阶段该团队获得了奖酬金10万元，每份成果知本券可分得0.25元，则A创客可获得奖酬金2.5万元。

到了成果转化阶段，成果知本券总额累计达到100万份，且A创客在转化阶段没有贡献，则A创客持有的10万份知本券可获得的奖酬金比例由25%稀释到10%。在成果转化阶段该团队获得了奖酬金50万元，每份成果知本券可得0.5元，则A创客的10万份成果知本券还可再获得奖酬金5万元。

评析：从上述信息可知以下要点：一是转化阶段发放的知本券60万份，多于研发阶段的40万份，表明成果转化阶段比研发阶段的投入更多，重要性更高；二是A创客只参与了研发阶段的工作，没有参加转化阶段的工作，其知本券的占比被稀释了，因此鼓励科技人员参与成果转化；三是创客A参与了研发工作，是该成果的主要完成人之一，贡献度高达25%。如果将研发与转化的全过程作为一个整体来考虑，创客A并没有全过程参与，而是中途退出了科研团队，但仍然享有奖酬金分配。很显然，这种做法是合理的，有利于科技成果转移转化。

2015 年以来，二〇六所通过实施成果知本券建立了符合创新规律和市场经济规律的科技成果转化机制，并已取得了显著成效。“成果知本券”创新模式被新华社等主流媒体进行了报道，2019 年荣获第二十六届全国企业管理现代化创新成果（国管审〔2019〕3 号），2021 年入选国资委管理标杆项目，入选全国双创示范基地创新创业百佳案例，已在百余家国资单位科技成果转化项目中广泛推广。

成果知本券已在中国版权保护中心登记，版权所有，使用许可请联系知本院索取①。

① 接头暗号：成果知本券，查看具体功能、发放办法、特点、作用、注意事项等详细使用说明。

任务 7.4 科技成果转让、许可奖酬金测算方法

职务科技成果转化收益分为团队职务科技成果转化收益 X 和个人职务科技成果转化收益 Y，分别见公式（7-1）和公式（7-2）：

$$X = \alpha \times NI \tag{7-1}$$

$$Y = \beta \times X = \alpha \times \beta \times NI \tag{7-2}$$

式中 X——团队职务科技成果转化奖励金额（税前）；

Y——个人职务科技成果转化奖励金额（税前）；

α——单位到团队的首次分配系数；

β——团队到成果主要完成人的二次分配系数；

NI——职务科技成果转化净收入。

确定 NI、α、β 这三个参数，对于科技成果完成人奖励金额非常重要。

7.4.1 职务科技成果转化奖励的首次分配系数 α

科技成果收益权在单位与科研团队之间的首次分配详见本关任务7.2，高校院所首次分配系数 α 的统计值见表 7-4，2016—2019 年 α 的均值为49. 7%，接近成果转化法中规定的50%的比例要求。α 与单位的性质有关，2016—2019 年高校的 α 值为 61. 7%，科研团队与高校的转化净收入分配基本为“六四开”；科研院所同期 α 值为 40. 2%，科研团队与科研院所的转化净收入分配基本为“四六开”①。

---

① 孙磊《职务科技成果转化投资策略与创新激励机制研究》，清华大学五道口金融学院科创管理与服务项目论文

表 7-4　2016—2019 年高校院所与科研团队之间的首次分配比例[1]

（单位：亿元）

项目	2016 年	2017 年	2018 年	2019 年	合计
转化收入	107. 8	93. 3	128. 0	107. 6	436. 7
奖励团队	48. 5	47. 8	67. 4	53. 1	216. 8
团队占比（首次分配比例 α）	45. 0%	51. 3%	52. 7%	49. 4%	49. 7%
单位留存	55. 0%	48. 7%	47. 3%	50. 6%	50. 3%

7.4.2　职务科技成果转化现金奖励的二次分配系数 β

科研团队的成果转化奖酬金总量确定后，如何在科研团队内部进行二次分配，根据成果贡献度公平公正地分给每位团队成员，特别是成果主要完成人，确实是一项重要的挑战，可以参照本关任务 7. 3。

2016—2019 年高校院所主要完成人与科研团队之间的二次分配系数 β 见表 7-5。β 与单位性质有关，2016—2019 年的 β 值，高校为 93. 4%，院所为 88. 3%。高校主要贡献人员享受的二次分配比例略高于院所 5. 1 个百分点。

β 也与科研团队规模有关，科研团队规模可以通过转化项目奖励人次进行数据分析，转化项目奖励人次越多，奖励分配差距越小。以 2019 年为例，高校 11 406 个成果转化项目，奖励 30 329 人次，平均每个转化项目的获奖人次为 2. 7 人；2019 年科研院所 3 629 个成果转化项目，奖励 30 329 人次，平均每个转化项目的获奖人次为 12. 2 人，科研院所获奖人次均值是高校的 4. 6 倍[2]。

高价值科技成果往往需要较大规模的团队完成，针对跨部门多人协作、多阶段长周期研发、变比例多期奖励分配，需要研究可以量化的成果贡献度确权和动态分配的方法，按照贡献多收益多的原则激励主要人员，同时也要给予团队其他成员合理成果转化奖励，实现团队共同富裕。

---

① 数据来源：《中国科技成果转化年度报告（2020）》。

② 根据《中国科技成果转化 2020 年度报告（高等院校与科研院所篇）》数据整理。

表 7-5　2016—2019 年高校院所成果主要完成人与科研团队之间的二次分配系数 β [①]

（单位：亿元）

项目	2016 年	2017 年	2018 年	2019 年	合计
奖励团队	48.6	47.8	67.4	53.1	216.9
奖励主要人员	42.7	43.1	63.5	47.6	196.9
二次分配比例 β	87.8%	90.2%	94.1%	89.6%	90.8%

表 7-5 主要是高等学校和科研院所情况，根据知本院对国企研发机构的调研，与高校科技成果的多由一位教授作为主要完成人员不同，国企研发机构科技成果一般为多人组成核心团队完成，核心团队占全部团队的奖励比例多在 55%~80%的区间内。因此需要根据单位情况和成果特点，确定科研团队内部的二次分配系数。

7.4.3　职务科技成果转化净收入 *NI* 的确定

转让、许可是两种重要的科技成果转化方式，其奖酬金的测算，重点是确认成果转化的净收入 *NI* 。

科技成果转让或者许可的净收入应当是科技成果转让或许可的收入，即技术转让合同（包括实施许可）成交额，减去科技成果转让或许可中发生的直接成本、税金和其他与该转让或许可相关的费用。

需要提示的是，由于净收入计算方法《促进科技成果转化法》没有明确规定，以下推荐的测算方法也只能作为一种参考，关键还是需要单位结合国家有关规定和各自实际情况，与科研人员提前达成共识，并在相应规章制度中明确落实，制定本单位科技成果转化净收入的核算办法，才能形成大家共同支持成果转化的良好氛围。

（1）科技成果转让净收入测算方法（参考）

《中华人民共和国促进科技成果转化法释义》指出，企业科技成果转化净收入是指技术合同成交额扣除完成本次交易发生的直接成本、税金和前期研发投入后的余额；研究开发机构、高等院校的科技成果转化净收入是指技术合同成交额扣除完成本次交易发生的直接成本，不扣除前期研发投入。测算公式见式（7-3）：

① 数据来源：《中国科技成果转化年度报告（2020 年版）》

$$科技成果转让净收入=科技成果转让的技术性收入-科技成果无形资产的原值-科技成果转让的直接成本-税金 \tag{7-3}$$

对于企业而言，科技成果无形资产的原值包括结转为无形资产的研究开发费用，科研成果的后续试验、开发等费用，知识产权申请费、维持费等。

对事业单位而言，科技成果无形资产的原值包括科技成果的后续试验、开发等费用，知识产权申请费、维持费等。

科技成果转让的直接成本，包括知识产权维护、科技中介、法律顾问、文件翻译、价值评估、交易谈判、合同履行监管等服务的费用。

企业的研究开发活动往往是产品开发、工艺开发、原材料选型等，不确定性较小，并不是真正意义上的科学技术研究开发活动，只是对已有科技成果进行后续试验、开发，实质上就是科技成果转化活动。而研究机构、高校的科学技术研究，有较多不确定性比较大、探索性比较强的科学研究活动，包括基础研究、应用基础研究等，属于获得科学与技术新知识的研发活动，其研究成果不是为某一项科技成果转化项目服务的。财政科技资金往往更愿意资助基础性研究，这种投入是无偿性资助的，是不要求回报的，财政之所以资助，是因为科研活动具有较强的探索性，其结果具有较大的不确定性，研究失败可能性较高，这种风险不应由某个研究所或高校单独承担，而如果基础研究取得进展，其成果也应该应用于多个领域，促进经济社会发展和科技进步。因此，一般不建议将财政资助项目研究活动成本计入科技成果转化成本。

（2）科技成果许可净收入测算方法（参考）

《中华人民共和国促进科技成果转化法释义》指出，科技成果许可的净收入是技术合同许可总收入减去科技成果许可的直接成本、税金后的余额。无论是事业单位还是企业，均应不涉及前期财政资助的研发投入，单位自筹资金的研发投入需要细化核算后计入。由于科技成果许可在性质上是“租用”科技成果，凡是维持科技成果所有权的成本，如专利年费、科技成果后续试验、开发费等均应计入科技成果的研发成本。科技成果许可净收入可按式（7-4）计算：

科技成果许可净收入=科技成果许可收入-科技成果无形资产的原值及其维护的摊销费-科技成果许可的直接成本-税金 （7-4）

其中摊销费=科技成果无形资产的原值及其维护费用/摊销年限，摊销年限一般就是许可年限，最长为10年，超过10年的按10年进行摊销。成果许可方式是否可以摊销，也要符合该单位的相关规定。

划重点

科技成果许可分为独占许可（成果许可后，许可方也不能使用）、排他许可（许可方和被许可方允许使用，第三方不允许使用）、普通许可（许可方可以许可给其他方，也可以授予再许可权），可以按照行业和地域许可，许可年限也不相同，因此需要结合许可的特点确定摊销的比例。

科技成果许可需要根据技术特点采取防范措施，防止出现被许可方掌握核心技术后，不再支付许可费的情况。

案例7-5：A研究所科技成果转让的奖酬金测算①

①案例基本情况

A研究所是自收自支事业单位，向B企业转让了一项科技成果，成交金额为200万元。按照A研究所的有关规定，委托一家资产评估公司C对该成果进行价值评估。资产评估公司只能采用成本加成法进行评估，即根据该成果的研发成本，加成7%的利润。经过核算，该成果的研发成本为约187万元，其中外协、外购原辅材料、研发仪器设备使用费摊销、水电动力费、房屋使用费摊销等有发票的“硬”成本100万元左右，人工费和管理费等核定约87万元。在资产评估公司出具的评估报告中，各项成本均一一列示出来了。另外，专利维护费、交易

① 吴寿仁，《科技成果转移转化案例解析》，本书收录时有修改，已获得作者许可。

费、评估费、税金等加在一起为约 20 万元。B 企业采取一次性付款方式，在技术转让合同签订后不久，就向 A 研究所支付了 200 万元的成果转让款。

根据 A 研究所的有关规定，该成果的项目团队负责人按照《促进科技成果转化法》第四十五条的规定，按净收入的 50%计提奖酬金，计算公式是：计提的奖酬金=（成果转让收入−研发成本−技术交易成本）×50%，即（200 万元−100 万元（硬成本）−20 万元交易费用）×50%=40 万元。该成果的完成人共有 9 人，尽管根据贡献大小进行分配，每人还可分到几万元不等，大伙儿为此还高兴了一阵子。

但是，当项目团队负责人拿着计算公式和每个人的分配金额，兴冲冲地到财务部领钱时，财务部部长看了一下计算公式和评估报告，提醒他说，评估报告已经清清楚楚地列出了各项成本，该成果的研发成本是 187 万元，不是 100 万元。按 100 万元的研发成本计算，是没有依据的，一旦巡视巡察发现这种情况，所里是无法给出合理的解释。如果按照全成本计算，该成果的净收入是负数了，不但不能提取奖酬金，还要倒贴钱。这是因为，187 万元的研发成本加成 7%，只有 13 万元左右，不能弥补 20 万元的交易费用。听到这个消息，团队成员的高兴劲头不仅烟消云散了，还显得很沮丧。

②案例分析

从上述案情来看，可以做如下分析：

第一，应该依法依规提取奖酬金。A 研究所是一家自收自支事业单位，《促进科技成果转化法》第四十五条第一款第一项规定的净收入该怎么计算，国家没有专门规定。《中华人民共和国促进科技成果转化法释义》对此的解释是，“事业单位科技成果转化净收入，根据财政部《事业单位财务规则》（财政部令 2012 年第 68 号）的规定，事业单位财务管理主要从收入和支出两个方面进行核算。高校和科研机构等净收入是指科技成果技术合同成交额扣除完成本次交易发生的直接成本，如谈判费用、专利维持费等和税金等”①。按照这个解释，该成果的项目

---

① 阚珂，王志刚，《中华人民共和国促进科技成果转化法释义》，中国民主法制出版社，2015 年第 152 页。

团队可提取的奖酬金=（200万元-20万元）×50%=90万元。

这种计算方式，有法律依据，也符合《事业单位财务规则》的规定。按此计算，团队成员获得的奖酬金更高，超出了他们的预期，因而有更大的激励效应。

第二，科研团队提出的计算方式合情合理，但缺乏依据。由于A研究所是自收自支事业单位，对该成果的研发投入了科研仪器设施、房屋场地、水电动力、原辅材料等。科研团队认为，按照上述办法计算奖酬金，即不扣除单位的真金白银投入，是不太合理的。因为单位实实在在地投入了真金白银100万元，如果团队提走了90万元的奖酬金，留给单位的只剩下90万元。单位不是因此亏本了吗？那单位哪有积极性投入科研？于是他们认为，提取奖酬金时，应该把单位真金白银的投入扣除，即确保单位不亏本。该成果的项目团队这一想法是有道理的，是可以理解的，但既没有政策法规依据，也没有单位规章制度依据。也就是说，这种做法似乎合理，但不可行。

从《促进科技成果转化法》第四十四条和第四十五条规定看，国家设立的科研事业单位可以制定规定或与科技人员约定奖励和报酬的方式、数额和时限，但规定或者与科技人员约定奖励和报酬的方式和数额应当符合第四十五条第一款第一项至第三项规定的标准。从本案例看，“奖励和报酬的方式”是按成果转让净收入或许可净收入提取，“奖励和报酬的标准”是不低于50%。A研究所可以根据本单位的实际，规定净收入的计算方式，或者与科研团队约定净收入的计算方式。只要大家都认为成果转让净收入或许可净收入是按照成果转让收入或许可收入减去后续试验、开发成本，以及知识产权维持费、谈判费、评估费、税费等，也是可以的。也就是说，科研团队提出的计算方式，即转让收入减去A研究所对该成果投入的科研仪器设施使用费、原辅材料费等，是完全可以的。这样做也比较合理，容易被A研究所的各个方面所接受，但应当成为A研究所的制度规定的内容，或者与科研团队签订协议对此作出约定。

第三，全成本核算不可行。A研究所财务部部长的提醒有一定的道理，既然要扣除前期研发成本，就应该扣除全部成本，而不是部分成本。但自收自支事业单位并不实行全成本核算，而是实行收支两条线，即收归收，支归支。净收入的计算要扣除前期所有支出，是没有依据的。同时，该成果的完成团队辛苦一场，项目做得很成功，并卖出去了，实现了收入，却不能获得奖酬金，也说不过去。这与《促进科技成果转化法》的立法宗旨是背道而驰的，与中央提出的让科研人员名利双收的精神是不相符的。也就是说，财务部部长提出的全成本核算，于法于规无据，也不合情理。

第四，评估方法选用不当。从上述案情看，似乎问题出在科技成果的价值评估上。为何C评估公司只能采取成本加成法？为何不能采用预期收益法或市场法。一般来说，科技成果的价值评估不宜采取成本加成法。有的成果研制成本不高，但其市场价值很大，按照成本加成法评估，该成果卖不出较高的价钱。相反，有的成果研制成本很高，但其市场价值不高，按照成本加成法评估，是不可卖出去的。如果本案例成本采取预期收益法评估，该成果的成交价可能更高。

第五，科技成果评估报告应按照其评估目的来使用，一般不能用于其他目的，将评估报告用于计算奖酬金是不妥的。

归根结底，成果转化，制度先行。制度的背后是共识，共识的前提是学习领会《促进科技成果转化法》和科技成果转化政策，成果转化管理部门与财务等业务部门达成共识，共同制定适合本单位的成果转化奖励办法。

闯关锦囊

锦囊 14：职务科技成果现金奖励个税减半征收实操（仅针对非营利性研究开发机构和高等学校）

依据《财政部 税务总局 科技部关于科技人员取得职务科技成果转化现金奖励有关个人所得税政策的通知》（财税〔2018〕58 号）针对依法批准设立的非营利性研究开发机构和高等学校，根据《促进科技成果转化法》规定，从职务科技成果转化收入中给予科技人员的现金奖励，可减按 50% 计入科技人员当月“工资、薪金所得”，依法缴纳个人所得税。该政策已于 2018 年 7 月 1 日起施行。

正确适用该政策，需要把握好**“两方式、五类型、一合同、一公示”**。

1）**两方式**，即仅有向他人转让科技成果或者许可他人使用科技成果两种方式所获得转化收入，给予科研人员的现金奖励，才能享受个税减半征收政策。其他现金奖励无法适用政策。比如高校、科研机构以技术入股方式实施成果转化，采取将持有股权期间的分红收入或股权转让收入奖励给科研人员，虽然也是现金奖励，但并不能适用该政策。

注：自行实施、合作实施和技术开发、技术咨询和技术服务合同，这些科技成果转化方式的收入不受工资总额限制，但也不享受个税减半征收政策。

此外，该政策所规定的“现金奖励”是指科研机构和高校实际取得科技成果转化收入之日起 36 个月内奖励给科技人员的现金，如分次取得科技成果转化收入的，以每次实际取得日期为准，这也为各单位税收筹划留下了一定的空间。

2）**五类型**，即专利技术（含国防专利）、计算机软件著作权、集成电路布图设计专有权、植物新品种权、生物医药新品种五种类型科技成果转化，才适用该政策。高校和科研机构如对外转让或实施许可技术秘密（或专有技术）类科技成果，其所给予科研人员的现金奖励无法享受减半征收政策。

3）**一合同**，即转化科技成果，应当签订技术合同，并根据《技术合同认定登记管理办法》，在技术合同登记机构进行审核登记，并取得技术合同认定登记证明。科技成果转让和实施许可，均按“技术转让合同”予以登记。

4）**一公示**，即高校和科研机构应按规定公示有关科技人员名单及相关信息（国防专利转化除外）。2018 年 7 月，科技部、财政部和税务总局联合印发了《关于科技人员取得职务科技成果转化现金奖励信息公示办法的通知》（国科发政〔2018〕103 号），明确了公示内容、公示范围以及对科技成果完成单位的要求等。

5）**办理备案和留存备查**。高校和科研机构向科技人员发放科技成果转化现金奖励，应于发放之日的次月 15 日内，向主管税务机关报送《科技人员取得职务科技成果转化现金奖励个人所得税备案表》，详见表 7–6。单位资质材料（《事业单位法人证书》《民办学校办学许可证》《民办非企业单位登记证书》等）、科技成果转化技术合同、科技人员现金奖励公示材料、现金奖励公示结果文件等相关资料自行留存备查。现举例说明。

张博士是某研究所高级工程师，其每年应纳税工资收入为 10 万元，个税起征点按 6 万元测算，其每年纳税额为

(100 000 元−60 000 元)×10%−2 520 元＝1 480 元

今年单位将张博士牵头研究的某项科技成果转化转让给其他企业后，根据科技成果转化法给予张博士成果转化奖励 40 万元，假设在不享受个税减半的优惠情况下，则今年张博士年应纳税收入变为

10 万元+40 万元＝50 万元

个人所得税纳税额应为

(500 000 元−60 000 元)×30%−52 920 元＝79 080 元

表 7-6　科技人员取得职务科技成果转化现金奖励个人所得税备案表

备案编号（主管税务机关填写）：　　　　单位：人民币元（列至角分）

<table>
<tr><td colspan="8">扣缴义务人基本情况</td></tr>
<tr><td>扣缴义务人名称</td><td></td><td>扣缴义务人
纳税人识别号</td><td></td><td>扣缴义务人类型</td><td colspan="3">□国家设立的科研机构　□国家设立的高校
□民办非营利性科研机构　□民办非营利性高校
□其他________</td></tr>
<tr><td colspan="8">科技成果基本情况</td></tr>
<tr><td>科技成果名称</td><td></td><td>科技成果类型</td><td></td><td>发证部门</td><td></td><td>科技成果证书编号</td><td></td></tr>
<tr><td colspan="8">科技成果转化及现金奖励公示情况</td></tr>
<tr><td>转化方式</td><td>□转让　□许可使用</td><td>技术合同登记机构</td><td></td><td>技术合同编号</td><td></td><td>技术合同项目名称</td><td></td></tr>
<tr><td>取得转化收入金额</td><td></td><td>取得转化收入时间</td><td></td><td>公示结果文件文号</td><td></td><td>公示结果文件名称</td><td></td></tr>
</table>

<table>
<tr><td colspan="6">科技人员取得现金奖励基本情况</td></tr>
<tr><td>序号</td><td>姓名</td><td>身份证照类型</td><td>身份证照号码</td><td>现金奖励金额</td><td>现金奖励取得时间</td></tr>
<tr><td></td><td></td><td></td><td></td><td></td><td></td></tr>
<tr><td></td><td></td><td></td><td></td><td></td><td></td></tr>
<tr><td></td><td></td><td></td><td></td><td></td><td></td></tr>
<tr><td colspan="6">谨声明：此表是根据《中华人民共和国个人所得税法》及相关法律法规规定填写的。是真实的、完整的、可靠的。</td></tr>
<tr><td colspan="3">单位签章：
经办人：
填报日期：　　　年　　月　　日</td><td colspan="3">主管税务机关印章：
受理人：
受理日期：　　　年　　月　　日</td></tr>
</table>

国家税务总局监制

在享受个税减半优惠政策后，今年张博士年应纳税额变为

10 万元+40 万元/2＝30 万元

个人所得税纳税额为

（300 000 元－60 000 元）×20%－16 920 元＝31 080 元

通过个税减半优惠政策，张博士享受了 79 080－31 080＝48 000 元的税收优惠。

锦囊 15：科技成果转化现金奖励公示模板[①]

单位科技成果转化现金应当公示的信息见表 7-7。

表 7-7 享受成果转化现金奖励税收优惠应公示信息

公示信息	具体内容
科技成果转化信息	科技成果名称； 科技成果种类（专利、计算机软件著作权、集成电路布图设计专有权、植物新品种权、生物医药新品种及其他）； 转化方式（转让、许可）； 转化收入及取得时间等
奖励人员信息	现金奖励人员姓名和岗位职务； 现金奖励人员对完成和转化科技成果做出的贡献情况等
现金奖励信息	科技成果现金奖励总额； 现金奖励发放时间等
技术合同登记信息	技术合同在技术合同登记机构的登记情况
公示期限	不得低于 15 个工作日

① 接头暗号：奖励公示，获得最新公示模板和使用详解。

拓展阅读

（1）推荐专家课程

周波，高级工程师，北京航空航天大学电子科学与技术专业硕士。现任中国航天科工集团航天云网科技发展有限责任公司云创分公司负责人，兼工业云制造（四川）创新中心有限公司董事。任“创客中国”创新创业大赛专家评委等、第七届“创青春”大赛半决赛及决赛评委等。长期从事企业信息化、工业互联网、智能制造、虚拟现实等技术研究，长期从事创新创业、成果转化等工作。承担 3 个国家级项目及多个省部级项目，发表专业论文 10 篇。

（2）推荐书籍资料

1）马丁 · 诺瓦克：《超级合作者》，浙江人民出版社，2013 年。

2）蔡聪：《创业公司的动态股权分配机制》，机械工业出版社，2017 年。

3）罗毅，张杰，安柏静：《动态股权：中国合伙人分钱分权的新技术》，机械工业出版社，2020 年。

第 7 关更多资料请扫码回复：07

第 8 关

科技创业者的自我修练指南

本关擂主：徐学宗　周　波

欢迎来到科技成果转化的第 8 关。

闯关主角

体制内科研人员、外部科技创业者

本关挑战

知己，如何激励科研人员，提升科技创业者自身能力？

知彼，如何找到创业资源？

解决方案

任务 8.1　体制内科研人员的发展选择

任务 8.2　科技创业者的 22 条军规

任务 8.3　获取科技成果相关资源

闯关锦囊

锦囊 16　MBTI 职业性格测试工具

锦囊 17　科研人员岗位选择平衡积分卡

锦囊 18　科技创业项目—要素简明体检表

拓展阅读

斯坦福大学 OTL 技术许可办公室

大院大所产业融合的新机制

推荐专家及书籍资料

任务 8.1　体制内科研人员的发展选择

科研人员除了在本单位“在岗创新”开展科技成果转化外，还可以选择“离岗创业”与兼职的方式。一般来说，高校、院所科研人员选择兼职和“离岗创业”的障碍相对小一些；而国企特别是央企的科研人员选择兼职的难度大，多采取“在岗创新”“离岗创业”的模式。由于不少单位没有出台明确的规定和措施，许多科技人员也不清楚政策，还有一些单位不支持科技人员兼职和离岗创业，很多科技人员想改变现状，往往只有选择辞职一条路。而一旦核心科研人员辞职，该成果也很难在本单位进行后续转化；离开体制平台的科研人员也势必面临更多风险与挑战。体制内单位领导应与时俱进转变观念，为科研人员提供更好的发展选择，实现组织与个人的共生双赢。

8.1.1　体制内科研人员的职业发展通道

高校、院所、国企中研发单位的科研人员主要有 4 种职业发展通道，简述如下。

（1）管理通道

人才发展通道主要是管理职位层级的纵向上升。

比如从设计师—组长—研究室主任—所（院、厂）长—总经理、董事长等。

作为央企等集团单位，也存在三级单位—二级单位—集团总部的选择。

体制内中高层管理人才一直得到人才市场的高度重视，其战略视野和组织协调能力均优于一般人才，近年来不乏从体制内管理岗位上走出来的优秀科技创业者和企业家。在体制内从科研人员走上重要管理岗位人员，为后续科技创业建立了一个坚实基础。

(2) 技术通道

人才发展通道主要是指专业技术层级从低级向顶尖人才精进的路径，如，技术职称从助理工程师—工程师—高工—研究员，技术管理岗位从技术主管—副主任设计师—主任设计师—总师助理—副总师—总师—院士。在专业技术上，技术人员要不断精益求精，成为万里挑一的行业大牛，“在岗创新”开展科技成果转化。

对于体制内的科研人员，其实自己出去创业当CEO的成功率并不高，很多技术创客更适合当CTO而不是CEO。建议可以试点创新双长制模式：外创+内创，外部企业家+体制内科学家。在本单位“在职在岗”从事成果转化，合法合规获得不受工资总额限制的奖薪酬，不也“很香”吗。

(3) 跨界通道

人才发展通道主要是“技术+”的复合型人才，比如技术+管理，硬科技+软科学，技术+金融……关键是找准适合自己的生态位。

航天二〇六所孙磊总师从事10年的航天技术研发后，转到投资管理岗位工作12年。理工男架接科创金融，横向跨界到CVC科创投资管理，现在主要负责科创投资并购业务，成为航天人中最懂投资的头部人才之一，也是投资人中最懂科技成果产业融合的头部人才之一。

(4) 升维通道

如果以上三种通道解决不了发展需求的人才，还可以按照国家双创的支持政策进行“离岗创业”。

设备精灵的创始人高宝龙，个性鲜明，非常有主见。在技术攻关阶段连续几个月都住在实验室里，每天只睡几小时。为了创业可以破釜沉舟，离开待了十年的北京去创业，并且自己投入真金白银到公司之中。在单位、地方政府和产业基金的支持下，“离岗创业”成立了首家创客控股、单位参股的航天极创物联网研究院（南京）有限公司，最终30岁就成为科创公司的股东、董事长、总经理。

划重点

你是不是也想知道自己适合哪条职业发展通道？推荐使用锦囊16：MBTI职业性格测试工具。

8.1.2　正确理解科研人员“离岗创业”

依据国家、地方和企事业单位“双创”政策，“离岗”指科研人员带着科研项目和成果离岗创办科技型企业或者到企业开展创新工作，所谓离岗，是指离开工作岗位但不中断劳动关系的流动方式。对于科技人员来说，离岗方式是流动机会成本仅次于科技人员兼职的方式，容易被科技人员接受。因此，离岗是调剂科技人员不平衡、解决人才无序流动的重要方式，有利于加强科技创新、加快技术转移和科技成果转化，有利于充分发挥科技人员的聪明才智，有利于激发创新，增强创新创业活力，有利于盘活智力资源、科技资源，改变智力资源、科技资源分布不平衡、不合理的局面，有利于促进地区间、部门间、行业间、事业单位与企业间的人才流动和知识流动。

（1）选择“离岗创业”方式的主要动因

1）科研项目研发的需要，包括开展跨地区跨部门的研发合作；

2）实施科技成果转化的需要，科研人员作为科技成果的完成人，无论是转让或许可，还是作价投资，都需要科研人员提供后续研发支持；

3）科研人员实现自身价值的需要，通过离岗创新创业，实施自己的创意或成果；

4）获得在企业工作的经历，获得更多的实践经验，从中获得更多的创新机会；

5）受所服务的组织或单位的安排，支持企业的发展。

（2）主要政策依据

1）国务院于 2015 年 4 月 27 日印发的《关于进一步做好新形势下就业创业工作的意见》（国发〔2015〕23 号）。

2）国务院于 2015 年 6 月 11 日印发的《关于大力推进大众创业万众创新若干政策措施的意见》（国发〔2015〕32 号）。

3）中共中央于 2016 年 3 月 20 日印发了《关于深化人才发展体制机制改革的意见》（中发〔2016〕9 号）。

4）人力资源社会保障部于 2017 年 3 月 10 日印发的《关于支持和鼓励

事业单位专业技术人员创新创业的指导意见》（人社部规〔2017〕4号）。

链接

人力资源社会保障部关于支持和鼓励事业单位专业技术人员创新创业的指导意见（人社部规〔2017〕4号）

三、支持和鼓励事业单位专业技术人员离岗创新创业

事业单位专业技术人员带着科研项目和成果离岗创办科技型企业或者到企业开展创新工作（简称离岗创业），是充分发挥市场在人才资源配置中的决定性作用，提高人才流动性，最大限度激发和释放创新创业活力的重要举措，有助于科技创新成果快速实现产业化，转化为现实生产力。

事业单位专业技术人员离岗创业期间依法继续在原单位参加社会保险，工资、医疗等待遇，由各地各部门根据国家和地方有关政策结合实际确定，达到国家规定退休条件的，应当及时办理退休手续。创业企业或所工作企业应当依法为离岗创业人员缴纳工伤保险费用，离岗创业人员发生工伤的，依法享受工伤保险待遇。离岗创业期间非因工死亡的，执行人事关系所在事业单位抚恤金和丧葬费规定。离岗创业人员离岗创业期间执行原单位职称评审、培训、考核、奖励等管理制度。离岗创业期间取得的业绩、成果等，可以作为其职称评审的重要依据；创业业绩突出，年度考核被确定为优秀档次的，不占原单位考核优秀比例。离岗创业期间违反事业单位工作人员管理相关规定的，按照事业单位人事管理条例等相关政策法规处理。

事业单位对离岗创业人员离岗创业期间空出的岗位，确因工作需要，经同级事业单位人事综合管理部门同意，可按国家有关规定用于聘用急需人才。离岗创业人员返回的，如无相应岗位空缺，可暂时突破岗位总量聘用，并逐步消化。离岗创业人员离岗创业期间，本人提出与原单位解除聘用合同的，原单位应当依法解除聘用合同；本人提出提前返回的，可以提前返回原单位。离岗创业期满无正当理由未按规定返回的，原单位应当与其解除聘用合同，终止人事关系，办理相关手续。

事业单位专业技术人员离岗创业，须提出书面申请，经单位同意，可在3年内保留人事关系。对离岗创办科技型企业的，按规定享受国家

创业有关扶持政策。事业单位与离岗创业人员应当订立离岗协议，约定离岗事项、离岗期限、基本待遇、保密、成果归属等内容，明确双方权利义务，同时相应变更聘用合同。离岗创业项目涉及原单位知识产权、科研成果的，事业单位、离岗创业人员、相关企业可以订立协议，明确收益分配等内容。

从文件规定看，可从以下角度把握其精神要义：

一是要充分认识其意义。由于一些单位认识不到位，站位不高，只从本单位的局部利益出发，对专业技术人员离岗创新创业，有的持不主动支持的态度，有的持不支持的态度，有的甚至持反对意见。

二是该文件适用范围是事业单位及其专业技术人员，不限于科研事业单位及其科研人员，当然主体仍是科研事业单位及其科研人员。

三是离岗创业人员的权益要得到充分保障，保障离岗创新创业人员可随时回来，不能因为某种原因给专业技术人员离岗创新创业添堵。为消除离岗创新创业人员的顾虑，该指导意见对专业技术人员在离岗创新创业期间可享受的待遇规定得比较明确具体，具有较强的操作性。

四是专业技术人员离岗创新创业的，应当由专业技术人员提出申请，经单位同意，并办理相关手续，单位应当与离岗创新创业人员签订离岗协议，就离岗事项、离岗期限、基本待遇、保密、成果归属等内容进行约定，并变更聘用协议。这些规定比较具体，可操作性较强。

（3）支持科技人员离岗创新创业，要解决好以下四个方面的问题

1）**切实转变观念。**高校院所应充分认识支持科技人员离岗创新创业的重大意义，切实出台政策文件和操作规范，引导科技人员依法依规地进行离岗创新创业。

2）**加强知识产权管理。**科技人员在离岗创新创业期间完成的科技成果是归原单位所有，还是新单位所有，抑或是科技人员所有，或者原单位与新单位共享？建议在科技人员办理离岗手续前，将这一问题约定清楚，并由原单位、新单位和离岗科技人员签订三方协议，对科技人员在离岗期间的权利义务和知识产权归属进行约定。

3）**完善相关政策和操作办法。**要处理好离岗创新创业人员可享受的待遇、享有的权利、应承担的义务以及纠纷处理办法等。同时，要完

善对离岗人员的管理和服务，切实保障其合法权益，加以关心和帮助。

4）**营造有利于科技创新和科技成果转化的宽松环境。**科技创新需要宽容失败的氛围，离岗创新创业的经历，无论是离岗科技人员本人还是其他科技人员，都是难得的精神财富，对于本单位的科技创新创业都会有较大的推动作用。

（4）科研人员离岗创业流程

科研人员离岗创业流程可参考图 8-1①。

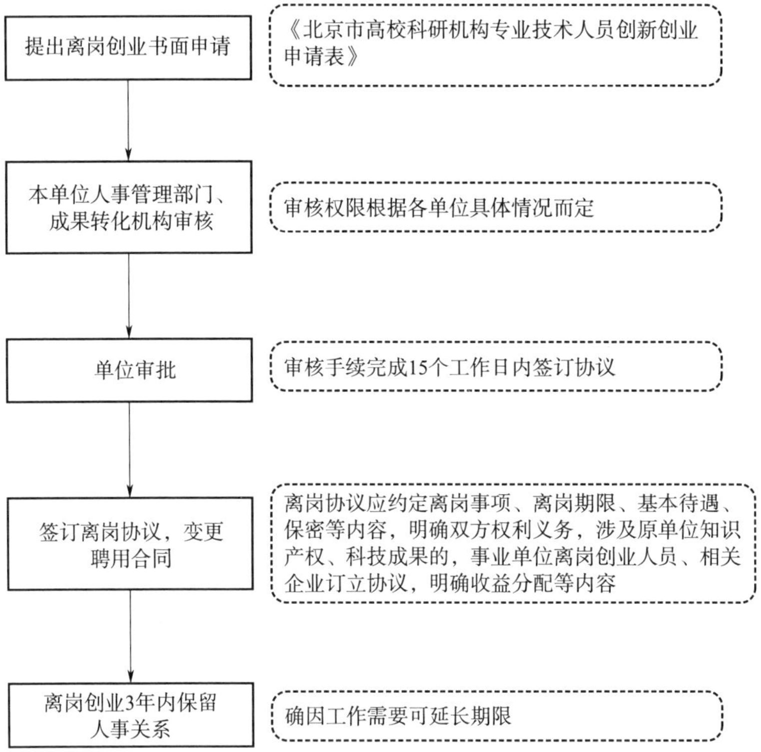

图 8-1　科研人员离岗创业流程图

划重点

科研人员进行职业选择，推荐使用锦囊 17：科研人员岗位选择平衡积分卡。

① 来源：北京市促进科技成果转化议事协调联席会办公室《科技成果转化工作操作指南》。

任务 8.2　科技创业者的 22 条军规

结合张磊、吴军、邓峰、李浩等知名投资人的洞见，科技创业者应体悟的 22 条军规如下。

1）正确认识创业：创业不是邮轮旅行，而是破船入海。没有伤痕累累，哪有皮糙肉厚，英雄自古多磨难。

2）创业项目的技术壁垒，既要看其他竞争对手的技术壁垒，也要看行业的天花板（千亿产业与百亿产业会有很大差别）。

3）科创公司的核心创业者最好自己就是产品经理，能很好地衔接市场和技术。

4）对创业者而言比经验重要的是能力：认知能力（高度问题）、深度洞察力（深度问题）、对新事物的敏感度、资源整合能力、执行能力。

5）早期的创业者不要怕犯错，但要关注其及时纠错的能力。创业最初的三个月会很快乐，大家充满理想，但团队会很快面临各种各样的问题，遇到挫折，犯下错误，这时候要打起精神，及时纠错，渡过难关。

6）价值观是企业最核心的要素，要看创业者做事的长远目标和愿景、责任感、胸怀。

7）好的科创项目：产品模式一目了然、技术跳变有绝活、花小钱做成大生意、不干烧钱补贴用户的事。

8）初创期——产品关：以技术研发能力为核心，研发出能够满足市场需求的产品。

成长期——市场关：以市场渠道的拓展和维护能力为核心，把企业规模做大。

成熟期——管理关：以公司管理经营能力为核心，保证一个庞大系统高效正常运行，从而去吸引更多的资源。

9）做自驱型的人：善于寻找事情背后的意义，追求人生的价值感，具有专注解决问题的最佳效率。

10）做时间敏感型的人：善于管理和分配时间，能够把精力赋予权重，能够把时间用到最该用的地方，不仅不会浪费别人的时间，而且自身的效率也极高。

11）做有同理心的人：会经常进行换位思考，站在生产者和消费者之间做沟通的桥梁，站在竞争对手的角度思考共赢的问题，有同理心的人，都是情商很高的人，大局观念强，善于从全局上考虑问题。

12）做终身学习的人：拥有成长型思维，更加重视学习和挑战，把学习作为终身的乐趣和成就，终身学习能够无限放大一个人的潜能，这种求知欲，能够使人不断满足，长期走下去。

13）目标清晰：在一张名片背后就能讲清公司业务①。

14）市场庞大：服务于即将迎来快速增长或变革的市场。一个拥有10亿美元潜在规模的市场会容许创业者不断试错，直到获得真正的利润。

15）优质客户：针对愿意为独特产品支付溢价且能迅速决策的客户。

16）对症止痛：找到客户的切肤之痛，用令人信服的解决方案去取悦客户。

17）团队DNA：一家公司的DNA形成于公司创立的最初90天内。明智选择早期员工。

18）极致节俭：聚焦投入，只在那些至关重要、具有优先地位的事上花钱，并竭力让收益最大化。

19）星火燎原：只用很少的钱启动。这迫使你自律和专注。点燃客户渴求伟大产品的巨大市场只需要很少的火药。

20）找到属于科创公司自身独有的护城河，不易被竞争对手模仿的要素：核心技术、关键产品、规模效应、用户转换成本、高精尖能力条件、标准等。

21）企业竞争的三种终局：一家独大、赢者通吃；双寡头或多寡

① 摘录自《红杉资本：成为参天大树企业的11种特质》。

头；百花齐放、诸侯林立。

22）创新不一定都靠高科技，中科技、低科技、零科技（商业模式）也可以创新。

划重点

科创项目也可以像你一样定期体检，详见锦囊 18：科技创业项目—要素简明体检表。

任务 8.3　获取科技成果相关资源

科技成果供给端、需求端、服务端共同构成了科技成果转化三体生态圈，科技创业者需要学会获取相关资源。

8.3.1　科技成果供给端

科技成果供给端是指科技成果的提供方，是技术创新的重要来源，主要包括高校、科研院所，以及央企等大企业的内设研发机构以及国家高新技术企业、科技型中小企业等。国资单位在技术创新、价值创造方面拥有突出优势，培育了大批高素质、专业化的科研人才，研发有大量高价值科技成果，有实施成果转移转化方面的需求，但受限于自身运行机制灵活性差、转化体系和路径不完善、专业人才不足、产业化资金匮乏等因素。为更好地激发科研成果转化潜力，提升创新成果的市场化应用，各单位大力推动产学研合作，设立技术转移中心、成果转化基地等，搭建创新成果从产品化到产业化发展的专业服务平台，探索符合自身特点的成果转化模式。

（1）高校、科研院所

高校和科研院所是科技成果转化的重要技术来源，《中国科技成果转化 2020 年度报告（高等院校与科研院所篇）》显示，2019 年，3 450 家高校院所以转让、许可、作价投资 3 种方式转化科技成果合同项数为 15 035 项，合同金额达 152.4 亿元，高价值成果转化效益凸显，24 项成果转化合同金额超过 1 亿元。

“南李北欧”师生共创模式

师生共创通常可突破“信任”问题，现今这个模式下至少已经诞生出两个非常优秀的公司，一是南方的大疆无人机公司，在香港科技大学李泽湘教授支持下，他的学生汪涛创办了大疆公司。李泽湘幕后挂帅，带领学生将大疆从一个不到十人的小团队逐渐发展为到万人规模，占据全球民用无人机 80%的市场份额，成为行业龙头企业。

另一个是中国氢能燃料电池第一股“亿华通”，是中科院院士、清华大学教授欧阳明高和其学生张国强共创。欧阳明高作为汽车动力系统专家，在师生共创的模式下前后孵化了 20 多家公司，还有多家正在上市排队。

“南李北欧”师生共创现象已出现，为高校科技成果转化提供了一条未来可行之路，能提高技术转化的效率①。

（2）中央企业、地方国有企业等国资企业内设研发机构

央企等国资企业的内设研发机构，通过整合大企业技术、人才、资本等要素资源，进行技术成果的创新研发，完成自身产品链条的完善迭代，同时向社会释放高价值技术，进行技术成果的落地转化和产业化，发挥科技成果的最大经济和社会价值，带动产业的升级发展。

2020 年，央企的研发投入强度达 2.55%，同比提高了 0.3 个百分点，其中，中央工业企业研发强度达 3%；研发平台不断完善，拥有 4 153 个国内研发机构，其中国家重点实验室 91 个；人才队伍不断壮大，有研发人员 97.6 万人，其中中国科学院院士、中国工程院院士 229 人。2019 年，央企中有 18 人新当选为院士②。央企在北斗产业、商用飞机、新能源汽车、数字化发展等方面，先后设立了多个产业协同创新平台，科技创新成果不断涌现；承建国家“双创”示范基地 13 个，建设各类创新平台 400 多个，形成了航天云网、电科芯云等一批具有示范效应的高水平平台，带动中小企业融通发展。

中央企业坚决贯彻落实党中央、国务院决策部署，不断增强创新创造意识，努力实现科技自立自强，取得一系列突破性标志性科技创新成果。2020 年 5 月，国务院国资委向全社会发布《中央企业科技创新成果推荐目录（2020 年版）》，包括核心电子元器件，关键零部件、分析测试仪器基础软件、关键材料、先进工艺、高端装备和其他 8 个领域，共 178 项技术产品。其中，在核心电子元器件领域有魂芯系列 DSP、高

① 来源：创头条对话北京高精尖科技开发院院长汪斌：科技成果转化“南李北欧”现象。

② 来源：中国网 2020 年 1 月 19 日讯（记者 董小迪）国新办 19 日举行新闻发布会，介绍 2020 年中央企业经济运行情况。

速安全芯片、高速高精度 ADC、高压 IGBT 等，在基础软件领域有“九天”人工智能平台、麒麟操作系统、BIMBase 建模软件等，在关键零部件领域有特高压直流换流变压器、核级温度传感器、重载车轮、轨道交通驱动齿轮装置等，在关键材料领域有纳米气凝胶复合材料、对位芳纶、超细高纯锗粉、钽靶材、T800 级高性能碳纤维等，在先进工艺领域有芳烃成套技术、集成电路制造 BCD 工艺、飞机内饰件 3D 打印技术、电子束处理工业废水技术等，在高端装备领域有高动态宽频带五轴飞行仿真转台、重型 H 型钢精轧机组、氢燃料电池发动机、特种型钢万能轧机等。

（3）高新技术企业

高新技术企业是指在国家颁布的《国家重点支持的高新技术领域》范围内，持续进行研究开发与技术成果转化，形成企业核心自主知识产权，并以此为基础开展经营活动的居民企业，是知识密集、技术密集的经济实体。经认定的高新技术企业，可享受企业所得税优惠税率、研发费用税前加计扣除等税收减免优惠政策。

2018 年 3 月，国家新能源汽车技术创新中心（国创中心）进入正式建设运营，国创中心是科技部推动建设的第二家国家技术创新中心，是我国汽车行业首个国家级技术创新中心，也是尝试以市场化资源配置为机制、以企业法人为主体的国家级技术创新中心。国创中心服务于国家实施创新驱动发展战略和汽车产业转型升级发展需要，以打造世界级新能源汽车技术创新策源地、世界级新能源汽车技术创新生态圈为总体目标，建设具有全球影响力的新能源汽车共性、前沿关键技术的集成创新中心。

（4）科技型中小企业

科技型中小企业是指以科技人员为主体，由科技人员创办，主要从事高新技术产品的科学研究、研制、生产、销售，以科技成果商品化以及技术开发、技术服务、技术咨询和高新产品为主要内容，以市场为导向，实行“自筹资金、自愿组合、自主经营、自负盈亏、自我发展、自我约束”的知识密集型中小企业经济实体。

8.3.2 科技成果需求端

科技成果需求端是指科技成果的需求方，是成果产业化落地的承载者，包括央企集团、制造类企业、上市公司等。主要是在某个细分领域方面存在技术需求，通过对外合作的方式，引导关键技术纳入到自身科研生产环节。

（1）央企集团

央企不仅是科技成果的供给端，也是科技成果的需求端，产业发展需要源源不断的创新技术，往往会选择面向社会发布协作需求，共同进行研发生产，完善产业链条。在“十四五”发展规划中，国资委把科技创新作为“头号任务”，集中中央企业的优势资源、优势力量，把中央企业坚决打造成为国家战略科技力量，央企在创新发展中的地位将逐步凸显。表 8-1 为 97 家央企名录。

表 8-1　97 家央企名录①

序号	企业（集团）名称	序号	企业（集团）名称
1	中国核工业集团有限公司	50	招商局集团有限公司
2	中国航天科技集团有限公司	51	华润（集团）有限公司
3	中国航天科工集团有限公司	52	中国旅游集团有限公司［香港中旅（集团）有限公司］
4	中国航空工业集团有限公司	53	中国商用飞机有限责任公司
5	中国船舶集团有限公司	54	中国节能环保集团有限公司
6	中国兵器工业集团有限公司	55	中国国际工程咨询有限公司
7	中国兵器装备集团有限公司	56	中国诚通控股集团有限公司
8	中国电子科技集团有限公司	57	中国中煤能源集团有限公司
9	中国航空发动机集团有限公司	58	中国煤炭科工集团有限公司
10	中国融通资产管理集团有限公司	59	中国机械科学研究总院集团有限公司
11	中国石油天然气集团有限公司	60	中国钢研科技集团有限公司
12	中国石油化工集团有限公司	61	中国化学工程集团有限公司
13	中国海洋石油集团有限公司	62	中国盐业集团有限公司
14	国家石油天然气管网集团有限公司	63	中国建材集团有限公司

① 来源：国资委网站，发布时间：2023-11-23。

续表

序号	企业（集团）名称	序号	企业（集团）名称
15	国家电网有限公司	64	中国有色矿业集团有限公司
16	中国南方电网有限责任公司	65	中国稀土集团有限公司
17	中国华能集团有限公司	66	中国有研科技集团有限公司
18	中国大唐集团有限公司	67	矿冶科技集团有限公司
19	中国华电集团有限公司	68	中国国际技术智力合作集团有限公司
20	国家电力投资集团有限公司	69	中国建筑科学研究院有限公司
21	中国长江三峡集团有限公司	70	中国中车集团有限公司
22	国家能源投资集团有限责任公司	71	中国铁路通信信号集团有限公司
23	中国电信集团有限公司	72	中国铁路工程集团有限公司
24	中国联合网络通信集团有限公司	73	中国铁道建筑集团有限公司
25	中国移动通信集团有限公司	74	中国交通建设集团有限公司
26	中国卫星网络集团有限公司	75	中国信息通信科技集团有限公司
27	中国电子信息产业集团有限公司	76	中国农业发展集团有限公司
28	中国第一汽车集团有限公司	77	中国林业集团有限公司
29	东风汽车集团有限公司	78	中国医药集团有限公司
30	中国一重集团有限公司	79	中国保利集团有限公司
31	中国机械工业集团有限公司	80	中国建设科技有限公司
32	哈尔滨电气集团有限公司	81	中国冶金地质总局
33	中国东方电气集团有限公司	82	中国煤炭地质总局
34	鞍钢集团有限公司	83	新兴际华集团有限公司
35	中国宝武钢铁集团有限公司	84	中国民航信息集团有限公司
36	中国矿产资源集团有限公司	85	中国航空油料集团有限公司
37	中国铝业集团有限公司	86	中国航空器材集团有限公司
38	中国远洋海运集团有限公司	87	中国电力建设集团有限公司
39	中国航空集团有限公司	88	中国能源建设集团有限公司
40	中国东方航空集团有限公司	89	中国安能建设集团有限公司
41	中国南方航空集团有限公司	90	中国黄金集团有限公司
42	中国中化控股有限责任公司	91	中国广核集团有限公司
43	中粮集团有限公司	92	华侨城集团有限公司
44	中国五矿集团有限公司	93	南光（集团）有限公司［中国南光集团有限公司］
45	中国通用技术（集团）控股有限责任公司	94	中国电气装备集团有限公司

续表

序号	企业（集团）名称	序号	企业（集团）名称
46	中国建筑集团有限公司	95	中国物流集团有限公司
47	中国储备粮管理集团有限公司	96	中国国新控股有限责任公司
48	中国南水北调集团有限公司	97	中国检验认证（集团）有限公司
49	国家开发投资集团有限公司		

中国南方电网有限责任公司制定《加强国家战略科技力量建设的实施意见》，明确“十四五”科技创新十大重点研发方向和八大产业链方向，包括大容量储能、远海风电柔性直流送出、热带海岛可再生能源开发与智能微网关键技术等，构建科研“新型举国体制”，采取“揭榜挂帅”方式，邀请公司内部和社会高层次人才揭榜，开展专项攻坚，深耕大电网安全稳定运行、特高压直流输电、柔性直流输电、数字电网等优势领域；同时，公司实施科技创新“未来电网”计划，建立公司与高校联合攻关的协作机制，打造产、学、研、用融合的产业链生态圈。

（2）制造类企业

在“中国制造 2025”战略引领下，制造业迎来重大发展机遇，制造业属于劳动密集型产业，如何形成新产品、新业态、新模式，企业在智能化、信息化、服务化、高端化发展方向进行了的创新和探索，高技术制造业和装备制造业研发投入不断提高，2019 年研究与试验发展经费达到 11 672 万元，同比增长 1. 42%。

海尔集团作为科技成果转化的领先企业，在制造业转型升级方面探索实践了的智能工厂模式，打破企业运营“信息孤岛”，并通过搭建全球化的创新资源网络，汇聚高校、研发机构及不同领域的专家、开发者等科研资源，从最前端用户需求入手，精准感知用户所需所想，实现科研成果的“定制化”转化，大大提升了科技成果转化效率；同时，基于广泛的外部协助，海尔已形成了比较全面的产品体系，构建了完备的产业上下游生态。

（3）上市公司

A 股上市公司数量排名前五的行业分别是：机械设备、化工行业、生物医药、电子、计算机行业。这些行业普遍拥有高质量发展、产业转型及国计民生概念。2020 年底，沪深两市上市公司数量突破了 4 100 余家，总市值超过了84万亿元。

截至2021年2月，A股有7家上市企业的市值超过了万亿。超过千亿的有148家。市值超过100亿元的企业数量是1 255家，科创板企业229家，总市值3.48万亿元。随着上市公司数量的增加，A股市场的再融资功能也得到充分体现，实体企业发展获得巨额资金支持。2020年，共计360家上市公司定增，融资8 315.66亿元。可转债融资方面，2020年共计206家公司发行可转债，募资总额2 475.25亿元。

8.3.3 科技成果服务端

科技成果服务端是指科技成果供给端和需求端的连接者，是科技成果价值实现的重要环节，主要包括政府产业引导部门、产业园区等创新载体、科创投资基金、孵化器/加速器、技术转移机构、技术交易机构、协会等社会组织、科创媒体及教育培训资源等。

（1）政府产业引导部门

政府产业引导部门包括发改委、国资委、科技部等有关国家部委及各地的科委/科技局、发改委、工信局等部门，为科技成果转化、创业孵化提供产业引导和政策、资金支持。

①北京市科委、中关村科技园区管理委员会

北京市科学技术委员会、中关村科技园区管理委员会，统筹推进“三城一区”和“一区十六园”科技创新方面的规划建设发展，优化科研体系建设，负责新型研发机构的筹建、管理及服务，牵头推动企业科技创新能力建设；拟订科技成果转移转化和促进产学研深度融合的相关政策措施并组织实施；统筹推进关键共性技术、前沿引领技术、现代工程技术、颠覆性技术研发和创新，牵头组织重大技术攻关和成果应用示范；开展中关村科技园区创新创业、高新技术研发及其成果产业化、社会组织发展、知识产权等方面的促进和服务工作，培育战略性新兴产业、未来产业。

链接：http：//kw. beijing. gov. cn/

②江苏省产业技术研究院

江苏省产业技术研究院成立于2013年12月，作为科技体制改革的

“试验田”，着力于科学到技术转化的关键环节，主要通过切实遵循技术创新的市场导向机制、从创新资源的供给和产业技术的需求两端精准发力，着力营造一个主要包括人才生态、金融生态和空间生态等三方面，以助力经济高质量发展为核心目标的产业创新生态体系。截至 2020 年底，研究院已在先进材料、能源环保、信息技术、装备制造、生物医药等五大领域布局建设了 56 家专业研究所，与江苏省细分领域的龙头企业共建了 131 家企业联合创新中心。

链接：http：//www. jitri. org/

③成都科创通

“科创通”——成都创新创业服务平台由成都市科学技术局支持，由成都生产力促进中心建设运营。该平台按照“线上平台+线下活动+双创载体”三位一体的架构，解决科技型企业与银行机构之间信息不对称难题，为科技企业提供覆盖不同生命周期阶段全链条、精准化的科技金融云服务，推动科技与金融有效结合，搭建具有全国影响力的创新资源服务平台。“科创通”平台引导组建了总规模超 28 亿元的天使投资基金和知识产权运营基金、总规模超 63 亿元的科技企业债权融资风险补偿资金池，积极破解科技型中小企业融资难融资贵难题，孵化培育了一批高质量的科技型新经济企业。“科创通”平台包括“科创贷”、“科创投”和“科创贴”三种模式。

“科创通”平台自 2014 年 5 月启动以来，一是构建“线上+线下”服务机制。建立线上科技金融服务供需双方对接机制，构建立体在线服务平台，聚集科技企业与科技金融服务机构，利用大数据画像技术精准分析科技企业融资需求，实现科技企业与科技金融机构的精准对接。

二是实现信息数据整合共享。通过建立科技型企业库，将企业分散在各个维度的数据碎片进行优化整合，还原科技型企业金融服务所需的各项数据，并完成高新技术企业、科技型中小企业等数据标签的匹配，将数据信息共享给银行等金融机构，提高和加深银行等金融机构对科技型企业的认知程度和风险控制能力。

三是持续完善科技企业信用评价体系。在科创通平台的实际运行过程中，根据企业、银行等各方反馈信息，对科技企业信用评价体系进行动态调整和持续优化；比对验证各方反馈的数据信息，取消对不良信用企业的政府科技创新关联项目和资金支持，确保信用评价体系的时效性和准确性。

（2）产业园区等创新载体

产业园区等创新载体包括国家高新区、国家级新区、国家技术创新中心、国家科技成果转移转化示范区、新型研发机构、大学科技园等产业园区，为科技成果转化提供物理空间及研发试验等条件支撑。

①上海紫竹高新区

依托紫竹高新区产业集聚优势，紫竹 ET 空间坚持贯彻“1+X”龙头企业联合孵化理念，联合高新区内 16 家世界 500 强企业、国企央企、顶尖高校组建紫竹高新区企业协同创新联盟，提出“研究所+”“城际联合孵化”等融合发展概念，定期举办产业高峰论坛、产业供需对接会等活动，串联起区域内的产、学、研、创四个维度资源。在航空电子、人工智能、科技文创等产业领域帮助科技企业衔接龙头企业产业资源，融入龙头企业产业供应链，实现大中小企业融通发展。孵化服务团队累计服务科创企业超 400 家，培育如触宝科技、柏楚电子等一批上板上市的独角兽、瞪羚企业。

链接：http：//www. zizhupark. com

②成都电子科大科技园

小微型企业需要龙头企业提供市场和资金，而龙头企业则需要小微型企业的源头技术。成都电子科大科技园（天府园）围绕行业龙头搭建产业生态圈，为龙头企业整合上下游资源和产业创新资源搭建协同的产业生态，形成一种“大中小企业融通”的良性共生关系。

③中创孵化器

中创孵化器秉承“深耕产业孵化，赋能产业发展”的理念，立足粤港澳大湾区，布局长三角、京津冀等全国 10 余座城市，运营管理 20 余个产业载体，打造了“产业规划咨询、产业载体运营、产业孵化培育、产业生态建设”一体化解决方案，已培育了 3 个国家级孵化器，1 个国家级众创空间，积极推进海外发展战略。

④苏州工业园

自2011年起，苏州工业园区成为江苏省科技镇长团派驻地区，科技镇长团是江苏汇聚人才、推动基层创新的重要载体，实施13年来，有力推动了高校院所的科技成果转化，以及地方产业转型升级。截至目前，已有10批89人次参与，为园区人才引育、科技创新和高质量发展作出重要贡献。园区把科技创新摆在发展全局核心位置，持续集聚高端创新资源，大力营造一流创新生态，在国家经开区排名中实现五连冠。聚国内外知名高校31家，合作共建研发机构40多家；设立中外合作创新中心21个；2019年获批设立江苏自贸区苏州片区，今年3月科技部批复支持建设国家生物药技术创新中心、国家第三代半导体技术创新中心、国家新一代人工智能创新发展试验区。在产业生态方面，园区形成"2+3+1"特色产业体系，其中生物医药作为园区"一号产业"。在创新生态方面，园区坚持人才与产业对接、大力布局平台载体资源、不断壮大创新企业集群，目前全区拥有高层次人才5.6万人，累计引进外国高端人才1 689人，占江苏省近20%；6个平台入选省重大科技创新平台项目库，占全省1/5；已建成国际科技园、生物医药产业园、纳米城等载体空间超1 000万平方米；集聚科技创新型企业8 000多家，国家高企超1 800家，累计境内外上市企业50家。

⑤中关村机器人产业创新中心

创新中心是在北京市科委、中关村管委会大力推动下，以解决企业粘性和协同创新不足等问题为导向，建设的集研究开发、成果转化、产业服务、人才培养等于一体的机器人协同创新平台和特色产业园区。

通过整合机器人行业企业、高校、科研院所等多元化创新主体资源，引进国际化研发中心，以"软""硬"结合的智能化机器人为发展重点，聚焦工业协作机器人、特种机器人、服务机器人和无人系统四个领域，搭建专业服务能力、资源配置能力和核心创新能力。

中关村机器人产业创新中心联合多所高校和科研院所，开展中关村开放实验室认定和概念验证计划，以促进产业链和创新链结合，充分发挥创新链效能，助力创新资源产业化。

链接：http：//www. zgc－riic. com/

（3）科创投资基金

科创投资基金是为创新创业企业和团队提供资金，助力其快速持续发展。

①航天科工投资基金

航天科工资产管理有限公司基金业务板块通过市场化运作与产业特色相结合，重点围绕中国航天科工集团有限公司优势产业、外部协同产业及战略性新兴产业开展股权投资。旗下产业基金已在京津冀、长三角、中部、大湾区、成渝等区域广泛布局。各基金牵引社会资本积极参与航天科工优质产业单位新设、增资、收并购等工作，同时面向市场锁定投资产业链上具有较高成长价值和协同效应的优秀企业，充分发挥作为战略性、高科技、创新型中央骨干企业的产业协同优势、资源整合优势、人力智力优势以及品牌优势，形成集群生态。

链接：http：//www. casicfund. com/

②中科创星

中科创星是中国首个专注于科技成果创业投资与孵化的专业平台。作为"硬科技"理念的缔造者和"硬科技"投资的先行者，致力于打造以"研究机构+天使投资+创业平台+孵化服务"为一体的硬科技创业生态，为科技创业者提供专业、深度、全面的投资、孵化及融资解决方案。中科创星目前在西安和北京设立双总部。

链接：https：//www. casstar. com. cn/

（4）孵化器/加速器

孵化器/加速器为成果转化落地提供必要的场地、技术、工商、财税、法律、知识产权等方面的综合性孵化服务。

①启迪孵化器

以启迪之星为孵化器旗舰品牌，致力于打造服务于高科技创业企业的创新生态。启迪之星坚持"孵化+投资"的商业模式，成功打造了包含 160 多个孵化基地，覆盖全球 80 多个城市的全球孵化网络。累计孵化企业 12 000 家，43 家企业成功上市。在陪伴企业成长的同时，启迪之星也专注于种子轮及天使轮的早期创业投资，已投资 500 多家高科技初创企业。

链接：http：//www. tusstar. com/

②航天云网双创示范基地

国家首批双创示范基地，致力于依托于中国航天科工集团公司雄厚的科技创新资源和人才优势，利用面向社会推进实施智能制造、协同制造、云制造过程中形成的先进制造业科技研发能力和先发优势，采用“内创与外创相结合、线上与线下相结合、孵化服务与产业辅导相结合的运行模式，充分发挥中央企业的示范带头作用，建设以工业智造能力和科技资源为支撑的可引领中国智造的创新创业服务平台。可为双创企业和团队提供项目展示、云端资源共享、小批量试制、供需对接、质量认证、检验检测、工业应用软件开发与共享、创业培训、专业指导、投融资对接、成果转化、展览展示等服务。

链接：http：//www. casicloud. com/

③深圳海洋融创研究院

由中国船舶所属研究院与中科院深圳先进技术研究院联袂主导，着力体制机制创新，采取市场化机制、专业化操作模式，定位于通用技术双向转化孵化的资源整合服务平台，致力于科技工业创新发展、海洋等新兴产业培育和传统产业转型升级，支持粤港澳大湾区和深圳全球海洋中心城市建设。

链接：http：//www. sfiri. cn

（5）技术转移机构

技术转移机构是技术转移服务体系的重要组成部分，包括单位内设技术转移机构及社会化服务机构，主要作用是整合创新要素和创新资源，提供技术孵化、技术转让、技术咨询、技术评估、技术投融资、知识产权运营等专业性和综合性服务。

据科技部火炬中心统计，截至 2018 年底，我国共有 453 家国家技术转移机构，全年促成技术转移项目 124 281 项，促进金额 2 133. 34 亿元，同比增长 19. 9%。按性质划分，453 家国家技术转移机构包括 156 个单位内设机构、154 个企业法人机构、125 个事业法人机构，另外还有 15 个民办非企业机构和 3 个社团法人机构。按类型划分，453 家国家技术转移机构中，高校和科研院所技术转移机构数量占比近六成，共有

255 家，其他还包括 81 家独立第三方市场化运作的机构、34 家技术（产权）交易机构和 83 家政府部门所属机构（图 8-2）[①]。

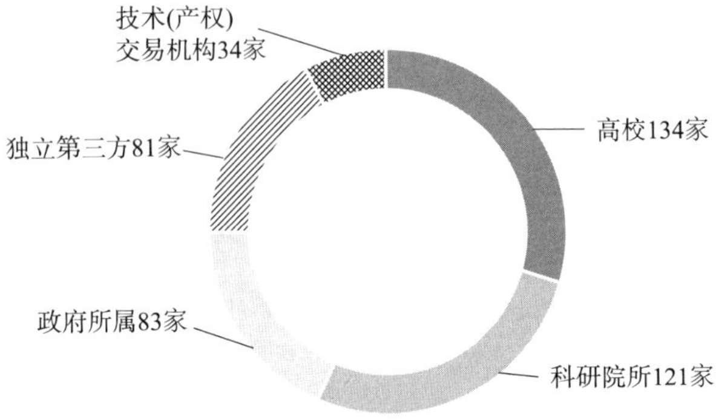

图 8-2　国家技术转移示范机构按机构类型划分（单位：家）

（6）技术交易机构

技术交易市场通过搭建科技成果对接平台，促进技术交易实现成果转化商业价值。技术市场的公信力、影响力和专业能力对技术交易有直接影响。

①中国技术交易所

中国技术交易所成立于 2009 年，是经国务院批准，由北京市政府、科技部、国家知识产权局和中国科学院联合共建的技术交易服务机构。其功能定位和目标是为科技成果转化和技术交易提供价值评估、交易对接、公开竞价、项目孵化等专业化服务，建设立足北京、服务全国、具有国际影响力的技术交易中心市场。为推动解决国有科技成果市场化交易的规范问题，中技所专门开发上线了“科技成果公开挂牌交易系统”和“科技成果成交信息公示系统”，为包括国有企事业单位在内的各类创新主体提供更加规范高效的科技成果市场交易服务。

链接：http：//www. ctex. cn

②上海技术交易所

上海技术交易所成立于 1993 年，是由国家科技部和上海市人民政府共同组建的国家级常设技术市场，国家级技术转移示范机构。致力于

① 数据来源：科技部 2019 年技术市场统计报告。

打造具有公信力的数字化新型技术交易平台，推动技术交易大规模、高效率开展，成为枢纽型技术交易市场和国际技术转移网络的关键节点。并基于技术交易特性，发挥权益类交易平台作用，以非标准化的技术交易制度设计，集聚技术要素资源，组织专业服务机构，充分披露交易信息，发挥交易所市场价值发现功能。并提供一站式交易结算与交易鉴证服务，为技术交易方提供交易咨询、成果匹配、信息梳理、投融资对接等一揽子服务，嫁接金融资本，链接产业集群，创新引领全球科技成果转移转化。

链接：http：//www. stte. com

（7）协会等社会组织

协会等社会组织包括行业协会及科技型民办非企业单位（组织）等。通过聚集各类服务资源，搭建创新生态圈，带动创新创业升级发展。

①北京创业孵育协会

北京创业孵育协会于 2000 年成立，由北京市科技企业孵化机构、咨询服务机构、投融资机构、科研机构等自愿联合发起成立，上级业务主管单位为北京市科学技术委员会。协会承担全市科技企业孵化器、大学科技园和众创空间等科技企业孵化机构的资源对接和监督管理工作。

链接：http：//www. bjventure. com. cn/www/sort. htm

②中关村技术经理人协会

中关村技术经理人协会于 2019 年 9 月正式成立，是中关村技术经理人及技术转移机构的行业组织，以促进科技成果转移转化为中心，培养技术转移转化服务人才，打造高端复合型中关村技术经理人队伍，提升技术转移机构服务能力，形成中关村科技成果转移转化生态，促进科技成果转化落地发展，推动中关村国家自主创新示范区的建设与发展。

③央企投资协会

北京央企投资协会于 2016 年 1 月正式成立，是全国央企投资领域的专业组织。协会以央企投资公司为参与主体，通过高峰论坛、投资合作、定期项目路演等方式，旨在加强央企投资公司之间、央企投资公司与其他投资主体间的经验交流、信息共享，促进央企投资决策的规范化、科学化，推动央企创新发展及央企间产业整合，推进和深化国有企业体制改革。

链接：http：//www. china-iace. com/

④中关村科创智慧产业技术创新战略联盟

由九家单位联合倡议和发起成立，为社会团体法人，旨在搭建科技工业领域政产研学用相结合的服务平台，通过“上折子、出本子、促单子”，推动产业发展、促进高技术产业群对接、推进央企与地方合作、助力国民经济各领域数字化转型和智能化升级，目前联盟已有来自全国150余家会员单位。

⑤成都科技企业孵化器协会

由成都地区科技企业孵化器、加速器、创业苗圃、科技园区、科技企业和相关专业服务机构自愿组成的具有独立法人资格的、不以营利为目的社会团体。协会作为“科创通—成都创新创业服务平台”和“创业天府·菁蓉汇”成都两大双创品牌打造的重要参与者，负责建立创业项目库、创业导师库、投融资机构库等及线下对接与深度服务工作，聚集了创业项目、双创载体、创业导师、投融资机构、政产资源全维度双创资源要素。

链接：www. cdkjfw. com

⑥中国知识产权保护协会国资成果转化与产业融合专委会

中国专利保护协会2003年成立于北京，是民政部批准成立的全国性、专业性、非营利性知识产权社会团体，以贯彻执行国家知识产权法律法规和政策、促进企事业知识产权工作发展、提高企事业创新和竞争能力为宗旨，以推动全社会形成保护知识产权的良好氛围为己任，坚持“公正、务实、专业、创新”的原则，为广大会员和社会各界提供多方面的知识产权服务。

国资成果转化与产业融合专委会由多家行业成果转化专家共同发起成立，专注央企大院大所、高校院所、国有科技型企业的成果转化与产业落地，为地方园区产业升级提供支撑，支持“专精特新”小巨人发展。由首席科学家孙磊担任专委会主任。

(8) 科创媒体、创业大赛及教育培训资源

科创媒体、创业大赛及教育培训资源包括科创媒体、创业大赛、教

育培训等资源。

创新媒体主要是提供新闻资讯、行业动态、专家观点等信息服务；创业大赛有助于优质创新创业企业和团队提升知名度和影响力，获取更多的创业支持；教育培训主要是为创业者提供学习资源，丰富创业者的知识能力，增加创业成功率。

①“创客中国”中小企业创新创业大赛

由工业和信息化部、财政部共同举办，激发创新潜力，集聚创业资源，营造创新创业氛围，共同打造为中小企业和创客提供交流展示、产融对接、项目孵化的平台，推动中小企业转型升级和成长为专精特新“小巨人”企业，支持大中小企业和各类主体融通创新，助力制造强国和网络强国建设。

链接：http：//www. cnmaker. org. cn/

②“航天科工杯”“创青春”中国青年创新创业大赛

2019 年，中国航天科工集团有限公司与共青团中央深化合作，连续五年冠名赞助“创青春”中国青年创新创业大赛，为大赛提供全方位战略支持。“创青春”大赛一般于每年 5 月份启动。

链接：http：//cqc. casicloud. com/

③清华校友创意创新创业大赛

清华校友创意创新创业大赛是由清华校友总会主办的全方位、多层次、无间歇地支持校友和学生“创意创新创业”的大型系列活动。

链接：https：//sanchuang. tsingdata. com/#/

④36 氪

36 氪传媒是一家互联网资讯及服务提供商，搭建了 36kr 平台，提供创业资讯、科技新闻，对早期创业项目进行报道，并对投融资新闻进行追踪。

链接：https：//36kr. com/

⑤虎嗅

虎嗅是一个聚焦科技与创新的资讯平台，专注于贡献原创、深度、犀利优质的商业资讯、围绕创新创业的观点剖析与交流。

链接：https：//www. huxiu. com/

⑥甲子光年

甲子光年是一家包含媒体、智库、社群、融资顾问、品牌顾问版块的精品科技产业服务机构，立足于中国科技创新前沿阵地，动态跟踪头部科技企业和产业龙头企业创新发展。

链接：http：//www. jazzyear. com/

⑦混沌大学

混沌大学致力于为创新创业者提供认知升级，邀请中国及全球名师，通过线上或线下讲授，以及独特的“思维模型+刻意练习”学习方法，推行互联网时代的创新教育，主要产品包括研习社、创新学院、创投营、创新院、创新商学院。

链接：https：//www. hundun. cn/

⑧创头条

创兴动力（北京）咨询服务有限公司是知名的创新创业服务机构、国家高新技术企业，中国技术创业协会副理事长单位。公司旗下拥有创新创业资讯和企服平台——创头条、创新型孵化载体——蜂巢孵化，数字赋能平台——双创云、创投基金——锋云资本等品牌，构建了从线上服务、线下孵化、数字赋能、企业加速及投融资服务等科创服务体系。

链接：https：//www. ctoutiao. com/

⑨技术转移硕士教育

清华大学五道口金融学院、上海交通大学等高校均开设了技术转移硕士项目。

清华大学五道口金融学院开设的非全日制金融硕士（技术转移）项目是全国首个聚焦科创与金融深度融合的硕士学位项目。本项目定位于培养兼具科技创新能力和金融市场能力的复合型、国际化科技成果转化领军人才，通过模块化和实践导向的培养使学生具备金融助力科技成果商业化的全流程能力，提高新兴技术商业化效率，推动我国经济高质量发展。

⑩知本院

知本院创立于 2019 年，是专注国资科技成果转化的创新联合体，是连接科技成果供给端、需求端与服务端的可信知识提供方。

针对国资科技成果转化回报率不高、工资总额受限制、新设公司周期长、单位领导决策责任大等痛点，知本院首创了成果知本券、科创合伙人、6W2H 科技成果成熟度评价等自主知识产权工具，已赋能航天科工、国家电网、航天科技、中国中化、国家电投、中国电科、南方电网等央企和国家级双创示范基地等 90 余家单位，服务了 520 多个成果转化团队，部分团队已实现亿元级营收、千万利润、百万年薪工程师。

知本院（依托单位为北京国科知本科技有限公司）拥有行业一流的科技成果转化专家库、知识库和项目库，已举办线下线上讲座 312 场、学员观看 9 万余人次，面向央企等大企业、高校院所、创业公司，提供专业的科技创新战略咨询、高价值成果筛选、转化方式选择、奖励量化激励等培训咨询辅导，可为单位内设成果转化机构等组织赋能，共同构建由央企大院大所牵头，智库、科创平台、创投机构等主体积极参与，专注国资科技成果转化的创新联合体。

知本院文化手册（2021 版）：

初心：啐啄同机

使命：

➢ 成果落地的加速器

➢ 产业融合的催化剂

➢ 机制创新的试验田

愿景：

➢ 国资科技成果转化新场景的头部品牌

➢ 2025 年，服务 100 家大院大所，1 000 个科研团队

➢ 2030 年，服务 500 强研发机构，服务百万科研人员创新创业

价值观：

➢ 大河有水小河满，单位个人齐获益

➢ 激活百万、千万年薪工程师

➢ 寻找我辈中人，共建科技成果转化三体生态圈

➢ 合规做成难且正确的事，勇做科技成果转化破壁人

链接：https：//www. guokezhiben. com

闯关锦囊

锦囊16：MBTI职业性格测试工具①

正确地认识自己是做好创新创业的前提，要认清自己是个什么样的人，在别人眼里你是个什么样的人，MBTI职业性格测试是国际最为流行的职业人格评估工具之一。20世纪40年代，在荣格的心理学类型理论的基础上。美国一对母女伊莎贝尔·迈尔斯（Isabel Myers）和凯瑟琳·布里格斯（Katharine Briggs）把这套理论模型以她们的名字命名，叫作迈尔斯－布里格斯类型指标（Myers－Briggs Type Indicator）（MBTI）。目前为止MBTI已经升级了十几个版本，很多大企业都用来测量员工的性格特征。

MBTI人格共有四个维度，每个维度有两个方向，共计八个方面。

维度1：外向（E）或内向（I），你从哪里获得精力——从自身以外（外向型E），还是从自身内部（内向型I）。

维度2：感觉（S）或直觉（N），你如何搜集周围世界的信息——直陈性地、有序地（感觉型S），还是比喻性地、随机地（直觉型N）。

维度3：思考（T）或情感（F）你喜欢如何做出决定——客观地、不涉人情地（思考型T），还是主观地、顾念人情地（情感型F）。

维度4：判断（J）或感知（P）你喜欢事先决定、照计划过得井井有条（判断型J），还是宁愿灵活应变、在生活中顺其自然（感知型P）。

上面四个维度，两两组合，共有十六种类型。以各个维度的字母表示类型如下：

ESFP、ISFP、ENFJ、ENFP

① 接头暗号：MBTI。

ESTP、ISTP、INFJ、INFP

ESFJ、ISFJ、ENTP、INTP

ESTJ、ISTJ、ENTJ、INTJ

四个维度在每个人身上会有不同的比重，不同的比重会导致不同的表现，关键在于各个维度上的人均指数和相对指数的大小。类型没有好坏之分，它只是说明了个人在态度和功能上的倾向。

锦囊 17：科研人员岗位选择平衡积分卡[①]

入职 5 年的小赵，有目前岗位、外部岗位、系统内其他部门岗位 3 个岗位可供选择，她该怎么选择呢？

建议她先列出与岗位有关的因素并赋以权重，然后根据不同岗位的特点，对每个因素按照 0~10 打分，比如薪资因素，年薪 30 万的岗位打 9 分，年薪 15 万的岗位打 5 分；又比如离家远近因素，单位离家通勤时间 1 小时的打 6 分，2 个半小时的打 2 分，最后得出加权得分。

权重	25%	10%	10%	15%	5%	10%	10%	10%	5%		100%
因素	因素 1	因素 2	因素 3	因素 4	因素 5	因素 6	因素 7	因素 8	因素 9	因素 10	
选择	事业发展	职务	职级	薪资	福利	人际关系	稳定性	离家远近	加班情况	确定性	计算
A 岗位	5	6	5	4	7	8	8	5	5	1	5.65
B 岗位	6	7	5	5	7	6	6	2	4	0.9	4.86
C 岗位	8	7	7	9	6	6	9	6	3	0.8	5.84

注：1. 考虑到转移成本和沟通成本，建议新岗位的薪资要打个 8~9 折。
2. 每个人应根据自己的职业发展选择可以排序，调整相应权重系数。
3. 科创公司优先考虑职位，大企业优先考虑职级。

选工作是人生大事，结合个人发展、组织管理和时代特征，理性选择，慎重离职，以上分析仅供参考。

① 接头暗号：岗位选择。

锦囊 18：科技创业项目—要素简明体检表[①]

<table>
<tr><th colspan="2">要素</th><th colspan="2">指标</th><th>检验结果</th><th>备注</th></tr>
<tr><td rowspan="18">知本要素</td><td rowspan="4">赛道</td><td rowspan="4">产业链</td><td>领域</td><td></td><td>可细分</td></tr>
<tr><td>配套层级</td><td></td><td>总体/分系统/模块</td></tr>
<tr><td>客户</td><td></td><td>ToB/ToC/ToG</td></tr>
<tr><td>获客方式</td><td></td><td>直销/渠道</td></tr>
<tr><td rowspan="7">赛车</td><td rowspan="2">产品</td><td>交付物</td><td></td><td>具体为：产品/服务</td></tr>
<tr><td>业务</td><td></td><td>一句话描述清楚：</td></tr>
<tr><td rowspan="2">产品成熟度</td><td>当前</td><td>TRL3</td><td></td></tr>
<tr><td>目标</td><td>TRL8</td><td></td></tr>
<tr><td rowspan="3">本项目
已有成果</td><td>专利</td><td></td><td>个</td></tr>
<tr><td>软著</td><td></td><td>个</td></tr>
<tr><td>标准</td><td></td><td>个</td></tr>
<tr><td rowspan="7">赛车手</td><td rowspan="4">团队人数</td><td>博士</td><td></td><td>人</td></tr>
<tr><td>硕士</td><td></td><td>人</td></tr>
<tr><td>本科</td><td></td><td>人</td></tr>
<tr><td>合计</td><td></td><td>人</td></tr>
<tr><td rowspan="3">平均工作年限</td><td>博士</td><td></td><td>年</td></tr>
<tr><td>硕士</td><td></td><td>年</td></tr>
<tr><td>本科</td><td></td><td>年</td></tr>
<tr><td colspan="2" rowspan="8">资本要素</td><td rowspan="3">营收预计</td><td>2022 年</td><td></td><td>万元</td></tr>
<tr><td>2023 年</td><td></td><td>万元</td></tr>
<tr><td>2024 年</td><td></td><td>万元</td></tr>
<tr><td rowspan="4">资金需求</td><td>2022 年</td><td></td><td>万元</td></tr>
<tr><td>2023 年</td><td></td><td>万元</td></tr>
<tr><td>2024 年</td><td></td><td>万元</td></tr>
<tr><td>合计投资</td><td></td><td>万元</td></tr>
<tr><td>资源需求</td><td>订单、设计、试验
设备、生产线、场地等</td><td></td><td></td></tr>
</table>

① 接头暗号：体检表。

拓展阅读

（1）斯坦福大学 OTL 技术许可办公室

1970 年，斯坦福大学建立技术许可办公室（Office of Technology Licensing，OTL），主要职责是促进学校科技成果产品化，包括技术成果评估和市场风险预测、技术许可、专利申请等知识产权管理工作。OTL 模式[①]（图 8-3）强调大学亲自管理专利事务，并把工作重心放在专利营销上，以专利营销促专利保护。

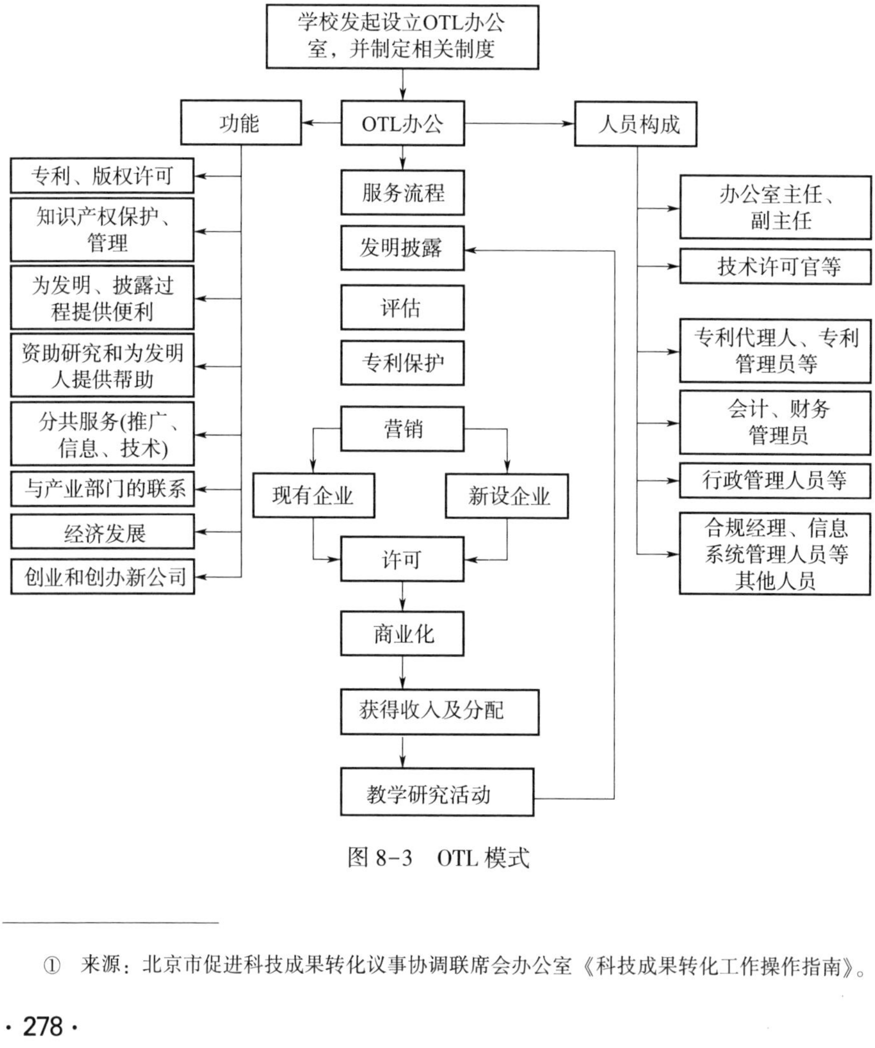

图 8-3　OTL 模式

① 来源：北京市促进科技成果转化议事协调联席会办公室《科技成果转化工作操作指南》。

（2）大院大所产业融合的新机制

大院大所往往是细分行业隐形科技小巨头（图 8-4），有如下特点：

1）体量巨大、核心技术；

2）高端人才、行业龙头；

3）创新机制、开明合作。

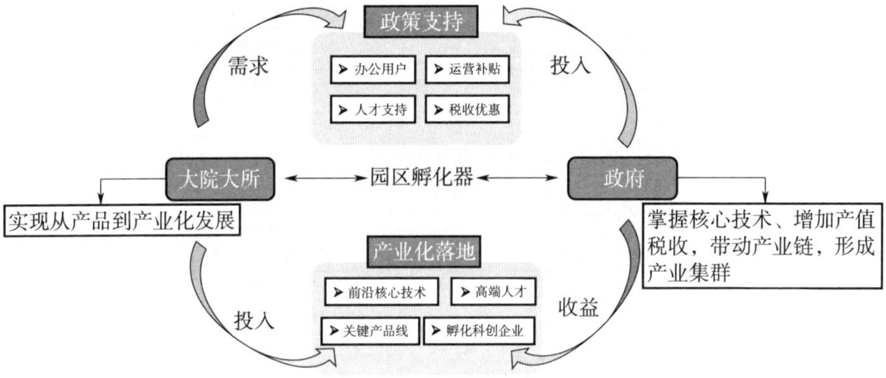

图 8-4　大院大所产业融合机制

知本院帮助大院大所梳理的产业落地资源要素清单见表 8-2，需要地方园区配套的资源清单见表 8-3。

表 8-2　大院大所可提供的产业落地资源要素清单

序号	大院大所资源要素	具体提供
1	大订单	产值税收
2	品牌平台	大院大所品牌
3	人才	院士
		首席科学家
		科学企业家
		高管
		研究员、高工
		项目导师
		博士、硕士
4	研发费用	××万元

续表

序号	大院大所资源要素	具体提供
5	试验、生产设施	共享试验室
6	非实体	研发中心
		国家级双创示范基地
7	实体	公司
		新型研发机构
		事业单位
8	核心技术	成果落地
9	产业链配套	带动当地企业

表 8-3 大院大所需要地方园区配套的资源要素清单

序号	地方配套要素	具体需求
1	产业资源	上游配套企业、产业链、订单
2	人力资源（高端+研发+工人）	博士硕士××人
		本科××人
		熟练工人××名
3	办公场地	
4	生产场地	
5	员工宿舍	
6	高管公寓	
7	人才落户政策，幼儿园、小学、中学支持	
8	运营资金	
9	税收补助	个税返还
		企业税收返还
10	生产线建设补贴	
11	基础办公设备，日常用车	

知本院首创的“国创市营”模式，是指将国资大院大所等单位的创新成果、创新人才落地，与地方的科创资源融合，按市场化机制运营。

新型研发机构是“国创市营”模式依托的科技创新载体之一。新型研发机构是指聚焦科技创新需求，主要从事科学研究、技术创新和研发服务，投资主体多元化、管理制度现代化、运行机制市场化、用人机制灵活的独立法人机构。

新型研发机构按区域分布，以京津冀、长三角、珠三角地区居多，中西部地区也在积极开展探索。以鄂尔多斯高新区为例，已先后引进培育矿业大学（北京）内蒙古研究院、伊泰煤基新材料研究院、辽宁工程技术大学鄂尔多斯研究院等多家新型研发机构。

推荐专家及书籍资料

（1）推荐专家

徐学宗，现任北京国科知本科技有限公司总经理，知本院创始人。国防科学技术大学航空与宇航工程硕士、新加坡国立大学公共行政与管理专业硕士。在复杂系统科研、项目开发和投融资领域工作经验丰富，主导多个商业航天、智慧城市、新能源等项目实施工作，先后获得科技工业管理创新成果一等奖、科学技术进步二等奖。致力于智慧城市、新能源以及央企科研院所成果转化领域的科研、项目运作和资本运营等工作。

（2）推荐书籍资料

1）陈春花：《共生：未来企业组织进化路径》，中信出版社，2018 年。

2）喻颖正（老喻）：《人生算法》，中信出版社，2018 年。

3）知本院：《硬科技破壁人》系列公开课。

第 8 关更多资料请扫码回复：08

第 9 关

科技成果转化经典模式解析

吴寿仁　孙　磊　汇编

9.1 “养女儿”新设参股公司模式：航天二〇六所设备精灵，科技成果三权分离，作价入股成立公司

9.2 “捉金婿”CVC 产业资本赋能科创公司模式：招商启航投资 RAC 高精度卫星定位接收机项目

9.3 知识产权证券化模式：中技所—中关村担保—长江 1-10 期知识产权资产支持专项计划

9.4 发明专利拆分许可模式：上海交通大学医学院两次许可 11.28 亿元

9.5 生态链反向孵化模式：谷仓新国货研究院系统性提高创业成功率

9.6 药品上市许可持有人模式探索：为何一项科技成果的转化一波三折

9.7 产学研用结合模式：华东理工大学华昌聚合物有限公司运用防腐蚀科技成果对加油站地下油罐防渗漏环保改造

9.8 成果许可+核心器件供应模式：知本院赋能大院大所内设成果转化机构，单位产值与科研人员奖薪酬双丰收

第 9 关更多资料请扫码回复：09

9.1　“养女儿”新设参股公司模式：航天二〇六所设备精灵，科技成果三权分离，作价入股成立公司[①]

9.1.1　基本情况

中国航天科工二院二〇六所（以下简称航天二〇六所）成立于 1970 年，是以航天智能机电产业为核心，集研究、设计、试验、制造和服务保障于一体的综合性工程技术研究所。研究所形成了一支高学历、高素质、快速反应和团队协作的学习型、创新型人才队伍，荣获国家级科技进步奖、国家特等奖在内的科技成果奖，形成自主知识产权 1 000 余项，获得第十六届、十八届中国专利奖优秀奖，“成果知本券”等创新机制荣获全国级企业管理现代化创新成果奖，《科技型企业内部创业与量化激励机制》荣获国务院国资委国有重点企业“管理创新标杆项目”。

航天极创物联网研究院（南京）有限公司（以下简称航天极创公司）成立于 2018 年，是航天二〇六所参股孵化的科技型企业，航天创客高宝龙担任董事长、总经理。

“设备精灵全局物联网智能管理系统”（以下简称“设备精灵”）是航天二〇六所高宝龙等 12 位科研人员经过 3 年的研发所取得的科技成果，是以物联网为平台集无线低功耗通信技术、多种传感器采集技术、嵌入式硬件控制技术以及全景视频流技术为一体的仪器设备在线管理系统（智能化物联网系统），能够在线采集仪器设备的实时运行状态信息，监测其运行状态、记录其使用情况等多种信息，可有效提高仪器设备的利用率，用于仪器设备的智能化改造和升级。该产品由数据采集

① 吴寿仁，《科技成果转移转化系列案例解析（十二）——设备精灵成果的转化过程与方式解析》，载于《科技中国》2021 年第 1 期，已获得作者许可。

监测终端（硬件）和数据分析平台（软件）构成，申请了 1 件发明专利和 3 件实用新型专利（见表 9-1）。即设备精灵成果是由一件发明专利、3 件实用新型专利及相关工艺技术秘密构成。图 9-1 为设备精灵从创意到公司的历程。

表 9-1　设备精灵专利

序号	专利名称	专利类别
1	一种用于记录设备使用状态的监测装置	发明
2	设备监测装置和系统	实用新型
3	仪器设备的管理装置和系统	实用新型
4	智能供电监测装置和系统	实用新型

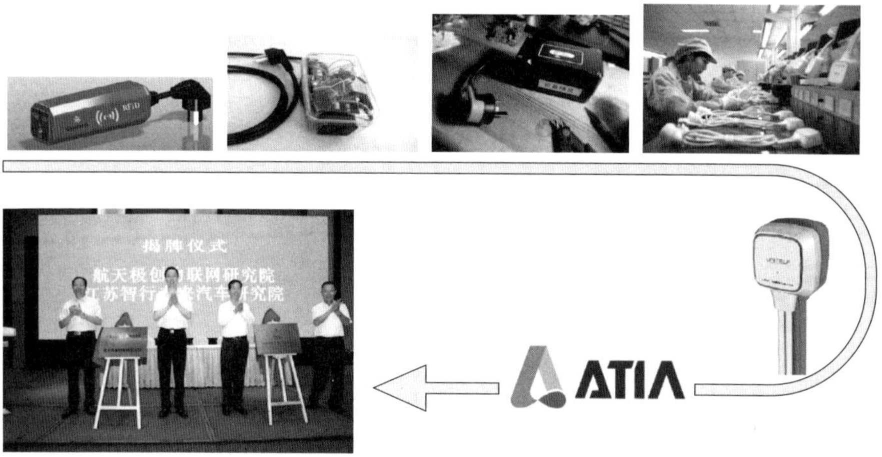

图 9-1　设备精灵从创意到公司的历程

设备精灵成果的研发及转化大致经历了以下过程：

2015 年，科研人员针对仪器设备管理的痛点，提出了创意，即通过供电端无损改造，对功率饱和度等设备运行参数进行智能化检测，以提升设备使用效能。此时的阶段性成果是创意的可实施性。

2016 年，分别进行了一代、二代原理样机研发。一代原理样机是对创意进行概念验证，研制出功能样机，并提出了专利申请。二代原理样机是对第一代原理样机进行性能验证，研制出性能样机，并对性能样机进行可靠性测试。

2017 年，研制设备精灵第三代产品，进行可制造性验证，设计商业模式，先后完成打样试制和正式批产，交付工程产品、BOM、PCB板、代码等全套资料，并进行商业订单的大规模生产和商业订单落实。2017 年 6 月 20 日，批产设备精灵 2 000 套。

2017 年底，科研团队开始思考设备精灵后续的产业化道路该如何选择。

2018 年 8 月，航天极创公司在南京成立，并正式挂牌运营，公司注册资本（总投资）为 1 000 万元。二〇六所同意该项目负责人高宝龙等 2 人采用在职离岗创业的方式加入航天极创公司，高宝龙担任公司董事长、总经理。

二〇六所采取发放成果知本券的方式，确认每名科技成果完成人的贡献度，并按其贡献度发放股权奖励。科技人员因科技成果转化而获得的现金奖励和股权奖励，均享受了个人所得税优惠政策。

9.1.2　模式解析

航天极创的股权架构是航天二〇六所和基金参股，高宝龙团队控股，因此被称为养女儿模式。

1）根据《促进科技成果转化法》第二条关于科技成果的定义，本案例的科技成果可以理解为以下三个层次（图 9-2）。

第一个层次是科技知识（即科技成果Ⅰ），即该项目开发所运用的各项科技知识，包括仪器设备所包含的技术知识、物联网技术、无线低功耗通信技术、传感器采集技术、嵌入式硬件控制技术、全景视频流技术等。这些技术知识都是公开的，不受法律保护的，科技人员通过学习就可以获得，且无需付费就可以使用。

第二个层次是该项研究开发活动所取得的创造性成果，简称科研成果（即科技成果Ⅱ），因取得了知识产权，受国家法律法规保护，可称为知识产权成果，包括 1 件发明专利、3 件实用新型专利，以及将设备终端生产出来的工艺技术秘密。这些成果具有商业价值，通过自行投资实施、许可、转让等方式实现其商业价值。

第三个层次是科技活动成果，简称科技成果（即科技成果Ⅲ），即一套仪器设备在线管理系统，由数据采集监测终端和数据分析软件构成。成果的表现形式为：硬件载体，即设备终端；软件，即数据分析系统；1 件发明专利、3 件实用新型专利；将设备终端批量生产出来的工艺技术秘密；检测报告、测试报告等反映设备终端可以运行并达到预期结果的证明材料等。

在第三个层次的科技成果中，设备终端是实现采集设备信息、监测设备运行状态等功能的载体，软件是使设备运行并实现其功能的控制系统，两者相辅相成。4 件专利分别是该设备终端的 4 个部件，每个部件均是实现该设备终端的部分功能，因各个部件的设计制造具有新颖性、创造性和实用性，通过申请专利获得专利法的保护。而设备终端的运行系统是计算机软件程序，并经软件测试，能够实现监控的功能。将设备终端批量生产出来的工艺技术，没有申请专利，而是采取自我保密的方式加以保护，形成技术秘密。上述每一件专利、软件著作权、技术秘密都是该项目成果的组成部分，但它们本身也是科技成果。

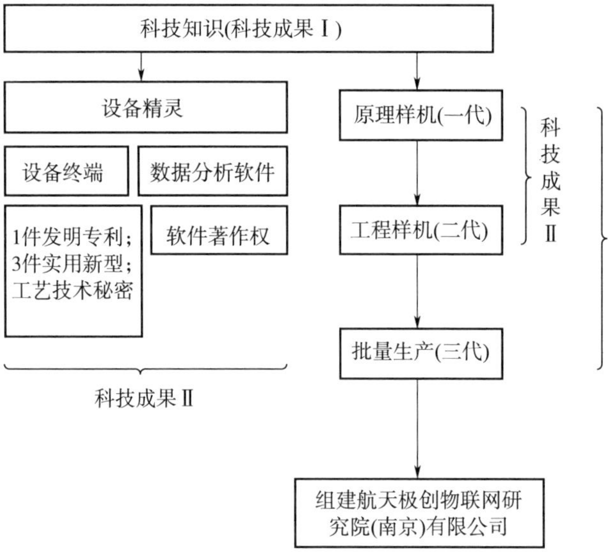

图 9-2　科技成果分解图

从中可得到对科技成果的两点认识：一是科技成果是一个相对的概念，相对科研活动而言，是科研成果，相对科技活动而言是科技成果，相对某一个部分、部件而言，是该部分部件成果；二是科技成果有多种表现形式，知识产权成果可以按件计，只是科技成果的一个表现形式，机器设备也是科技成果的载体。

2）随着科技活动的不断深入，科技成果的成熟度不断提高。在本案例中，从创意提出到创意实施再到三代产品，科技成果的成熟度逐步提高：一代原理样机、二代原理样机均是阶段性成果，其中二代样机比一代样机成熟一些，三代产品比二代样机成熟。阶段性成果也是科技成果，但其成熟度相对低一些。

3）根据《促进科技成果转化法》关于科技成果转化的定义，本案例的成果转化可以作以下三种解释（图 9-3）。

第一种解释：设备精灵从创意提出到批量生产的整个过程，都属于科技成果转化（即科技成果转化Ⅰ）。所转化的科技成果是指关于仪器设备运行的知识、物联网技术知识和智能化控制技术知识，包括无线低功耗通信技术、多种传感器采集技术、嵌入式硬件控制技术以及全景视频流技术等。将这些科技知识加以运用，开发设备精灵产品和工艺，再加以推广应用，就是科技成果转化。本项目的转化经历了以下七个步骤。

一是提出创意，并论证创意的可实施性，包括技术可实施性、经济合理性等分析论证；

二是研制功能样机，主要解决技术不确定性问题，使设备精灵可以实现设备运行状态信息的实时采集、监测、记录等功能；

三是研制性能样机，主要解决设备精灵运行的可靠性、稳定性等问题，包括适于各项功能可满足监控的要求，并进行可靠性测试；

四是打样试制，即通过试制解决生产工艺问题，研制工程产品，并进行可制造性验证；

五是通过不断优化生产工艺，进行批量生产，形成生产工艺技术秘密；

六是商业模式设计，向顾客或用户试销、推销产品，并取得商业订单，是科技成果的推广；

七是建立实施科技成果转化的载体——组建航天极创公司，由该公司进行设备精灵的商业化生产、销售。

第二种解释：从提出创意、验证创意，并实施创意，取得了科技成果，并将科技成果中创造性部分申请了知识产权。科技成果转化就是实施知识产权，即将知识产权转化为可以批量生产、销售并取得商业价值（即科技成果转化Ⅱ）。也就是在第一种解释的第三步及以后各个步骤都属于科技成果转化，而第一步、第二步属于科技研发并取得科技成果。

第三种解释：在二〇六所进行的活动都研发活动，所取得的成果都是科技成果，由航天极创公司对科技成果进行转化（即科技成果转化Ⅲ）。

上述三种解释分别对应于前述三个层次的科技成果，所基于的科技成果分别是科技知识、科研成果（即知识产权成果）和科技成果。这三者都有实际价值，且在不同的场景下运用。第一种解释符合二〇六所的科研管理实际，即从创意提出到商业化生产、销售的整个过程进行一体化管理，是以市场需求为导向的科研开发活动，采用的是市场导向的科技成果转化模型，所转化的科技成果是科技知识。而在国家税收政策的执行中，往往以第二种解释为主，因为只有取得知识产权的成果转化才能享受国家财税扶持政策。第三种解释是科技创业活动，可适用科技创业政策。

从中可知，科技成果转化也是一个相对概念。其相对性取决于以下两个方面：一是科技成果的相对性，科技成果转化需与科技知识对应起来；二是科技成果转化包括后续试验、开发，而后续试验、开发的范围是相对的，哪些试验、开发纳入成果转化范畴，哪些不纳入，要根据实际情况而定，这就决定了科技成果转化的范围。

4）本案例采用科技人员离岗创业和科技成果作价投资的方式实施转化。科技成果转化需要解决以下三个基本问题：一是转化方式，本案例采用科技成果作价投资的方式，是以二〇六所取得的科技成果（即第三个层次的科技成果），包括该成果的知识产权、批量生产能力、相关试验验证资料等作价投资；二是转化载体，本案例采用以高宝龙等离岗创业的方式，组建航天极创公司，作为该成果的转化载体；三是转化的组织机制或方式，本案例组建了以高宝龙领衔的实施团队，该项目的12 名科技人员均是实施团队成员。

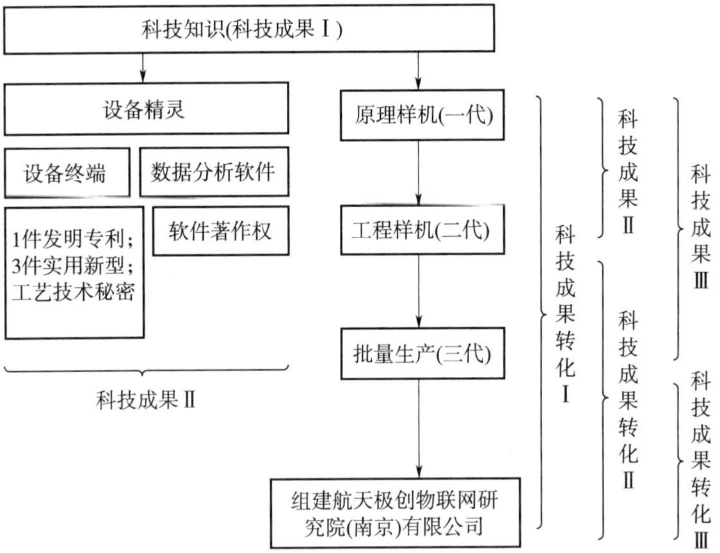

图 9-3　科技成果转化分解图

本案例的做法，是基于在二〇六所已经进行了 2 000 套的批量生产，科技成果相对比较成熟，科技人员积极性较高，二〇六所给予大力支持。优点是可充分发挥科技人员的积极性，可以设计良好的组织机制，在成果转化的过程中容易形成共识。缺点是高宝龙要花一段时间从科研身份转型为企业经营者身份。

5）本成果转化享受了以下政策：

一是科技成果“三权”下放政策，即二〇六所对设备精灵成果行使处置权，成果转化收益归二〇六所。

二是以科技成果作价投资政策，成立了航天极创公司。

三是科技人员离岗创业政策，高宝龙等 2 名科技人员以离岗创业的方式实施科技成果转化。

四是科技成果转化奖酬金政策，科技人员获得了科技成果转化的股权奖励和现金奖励。

五是科技人员获得的现金奖励享受了减按 50% 计入应纳税所得额征收个人所得税。

六是航天极创公司在南京创办，享受了当地的科技创业、科技成果转化等政策。

9.1.3 模式点评

以设备精灵为代表的双创科技成果转化模式：多位航天内部创客创新+单位投入形成的职务科技成果，部分创客（本项目为高宝龙）按照在职离岗创业的方式进行科技成果转化，单位和创客按照《中华人民共和国促进科技成果转化法》第四十五条共享科技成果转化带来的收益。方案亮点简述如下。

（1）探索出了一条基于科技成果许可实施的转化方式，推进双创成果企业化发展的通道

持有权：职务科技成果100%归单位所有；

使用权：科技成果转化方，形成经济价值；

收益权：单位、离岗创客、在岗创客、投资者。

在小微公司成立阶段，将科技成果的使用权与所有权分开，将评估后的无形资产使用权许可给创客实施。

（2）双创成果按照约定贡献比例进行激励的模式，兼顾了离岗创客和在岗创客的利益

在双创成果形成阶段，通过对创客团队的职务科技成果贡献度进行确认，为后续科技成果转化创造经济价值时进行奖励分配提供依据，创客既可以选择成立公司离岗创业，也可以选择留在单位继续在岗创业，创客团队成员共享科技成果转化的红利，起到了科技成果转化的示范效应。

（3）实操成果转化收入个税减半优惠，奖励不受工资总额限制

二〇六所孙磊总师带队，产业处林涛、财务处王兴盛、人力资源处王蕴慧等同志与税务部门和上级机关积极协调，按照《中华人民共和国促进科技成果转化法》和国务院关于印发实施《中华人民共和国促进科技成果转化法》若干规定的通知（国发〔2016〕16号）等法律法规，将该项职务科技成果转让、许可给他人实施的，从该项科技成果转让净收入或者许可净收入中提取不低于百分之五十的比例，对完成、转化职务科技成果做出重要贡献的人员给予奖励和报酬，支出计入当年本单位工资总额，但不受当年本单位工资总额限制、不纳入本单位工资总

额基数。

同时二〇六所按照《关于科技人员取得职务科技成果转化现金奖励有关个人所得税政策的通知》财税〔2018〕58 号，转让科技成果或者许可他人使用科技成果从职务科技成果转化收入中给予科技人员的现金奖励，可减按 50% 计入科技人员当月“工资、薪金所得”，依法缴纳个人所得税。

点　评

1）科技成果转化是否包括研究开发，可以根据本单位的研究开发、科技创新政策落实等具体情况来确定。一般认为，居民企业创造性运用科学与技术新知识、实质性改进产品、工艺、材料的研发活动实质上就是科技成果转化活动，既可享受研究开发政策，如企业研发费用税前加计扣除政策，也可享受成果转化政策，如高新技术企业认定政策。

2）一项科技成果的转化，需要对转化方式、转化载体和组织机制进行精心谋划，选择更有利于该成果转化的方式、载体和组织实施机制。

一是转化方式的选择要着重从资源整合的角度进行谋划。作价投资、合作转化可更好地整合参与成果转化的另一方资源，而自行投资实施转化基本不涉及整合社会资源。

二是转化载体的选择要着重从增强科技成果转化的实施能力进行谋划。一般需通过科技成果许可、转让，或合作转化科技成果等方式，选择更有能力实施该成果的载体。在选择成果转化载体时，着重从人才、生产、市场和融资等方面的条件与能力加以考量。本案例中，二〇六所不作为该成果转化的载体，而是注册成立了航天极创公司。

三是在确定转化方式、转化载体的情况下，要建立一套组织实施机制，包括组建实施团队，赋予实施团队相应的职责权限，建立相应的激励与约束机制等。

3）在适用科技成果转化政策时，需从以下三个维度来谋划并落实有关政策：

一是从成果转化的主体看，主要涉及科技成果的研发方——高校院所、转化方——企业和科技人员。高校院所的政策主要是“三权”下放和落实自主权。企业政策主要是高新技术企业认定、研发费用税前加计扣除，以及支持企业从高校院所获取科技成果的政策。科技人员政策比较多，包括科技成果转化奖酬金分配及有关税收优惠政策、实施成果转化的科技人员评价政策（职称评审、分类评价等）、科技人员兼职兼薪与兼职创办企业政策、科技人员离岗创新创业政策等。

二是从科技创新链涉及的科技活动来看，本案例涉及以下活动：研究开发活动，可以申报各类科研计划，享受研发费用加计扣除政策；商业化、产业化活动，可以申报相关科技计划，根据所属行业、领域享受市场准入、政府采购等政策；技术转移活动，二〇六所以设备精灵成果转化属于技术许可，可以享受减免增值税、企业所得税政策；科技创业活动，可以享受企业孵化、创新创业大赛等扶持政策。

三是从科技活动的结果或政策扶持对象来看，主要有科技成果政策、科技成果转化项目政策和科技产品政策。科技成果政策包括科技成果登记、知识产权申请、科技报告、科技成果信息系统等。科技成果转化项目政策主要是指《促进科技成果转化法》第十二条规定的政策。科技产品政策包括科技保险、政府采购、许可证照等，需根据具体产品而定。

9.2 “捉金婿”CVC 产业资本赋能科创公司模式：招商启航投资 RAC 高精度卫星定位接收机项目①

9.2.1 基本情况

与“社区买菜”这些互联网项目商业模式创新不同，高科技项目更注重科技创新，具有更高的技术壁垒，往往研发周期很长，研发和量产成本也很高，早期靠产品销售很难达到盈亏平衡，需要不断融资来输血，公司才能生存发展。

科技创业者很多是工程师出身，技术上的大牛，有着自己的专利和技术诀窍。他们当前的视野和资源主要聚焦在产品技术领域。但当今全球科技创新生态的变化，需要他们连接更多的资本和创新资源，借助生态力量实现发展。

对科技创业者而言，找到聪明的钱，也就是找到能带来支撑长远发展的产业资金，确实是一件很难的事情。很多金融背景的财务投资人看不懂技术，也不太愿投科技，即使投资，除了钱，也很难带来产业方面的其他资源，有的财务投资人甚至还会要求财务控制权和签署对赌协议，给后续融资带来隐患。而产业投资人，多来自实体企业，本身人数就少，投资方向更聚焦于某一细分领域，因此科技创业者只靠自己去碰，很难找到适合的产业投资人。

得到 APP 田轩老师的《公司金融》给了我们一个启发：CVC，也就是非金融企业的风险投资，是一种崭新的创投组织安排。与此同时，与传统的 IVC，也就是基金等金融企业主导的独立风险投资相比，CVC 在资金来源、期限设计方面都完全不同且更具优势，还可以提供更多的专业资源，所投资企业的长期创新更优，成功率更高。

与财务投资人最大的不同，是产业投资人优先考虑战略目标，而非

① 深圳招商启航投资管理有限公司王金晶、中国航天科工二院二〇六所孙磊供稿

财务回报。因此科创公司这些早期没有盈利，又需要长期资源投入的科创公司，更需要获得产业资本的支持。

确定了找哪种类型的投资人，具体怎么找到合适的产业投资人呢？

科技创业者最需要的资源，就是三个按钮：

第一个按钮是渠道订单，科创公司的产品由于没有行业知名度，很难进入大客户采购目录，需要外部产业资源支持；

第二个按钮是人才成果，科创公司需要的核心技术要做到材料层级，这方面的人才都在大公司、高校、科研院所，专利成果也是都聚集在那里；

第三个按钮是资金投入，包括研发、扩大生产厂房、铺销售渠道等经费，这个需要持久的长期投入。

科创公司的长板显著，短板也很明显，很多短板只靠钱是不能完全解决的。

确定了科创公司的融资需求后，你应该能发现，他最需要的不是金融企业出身的财务投资人，而是实体企业出身的，能带来产业资源的投资人。

招商局集团是中央直接管理的国有重要骨干企业，总部位于香港，是在香港成立运营最早的中资企业之一。2020 年，招商局集团各项经济指标再创新高：实现营业收入 8 137 亿元、同比增长 13.9%，利润总额 1 751 亿元、同比增长 7.4%，净利润 1 371 亿元、同比增长 8.3%，截至 2020 年底总资产达到 10.3 万亿元，其中资产总额和净利润蝉联央企第一。招商局集团成为 8 家连续 16 年荣获国务院国资委经营业绩考核 A 级的央企之一和连续五个任期“业绩优秀企业”。2020 年发布的《财富》世界 500 强榜单中，招商局和旗下招商银行再次入围，招商局成为拥有两个世界 500 强公司的企业。

深圳招商启航投资管理有限公司（简称招商启航）成立于 2015 年，是招商局旗下的国家级科技企业孵化器与天使投资平台。招商启航成立之初已构建“孵化+投资+基金管理”三轮驱动业务模式，以厘米空间为孵化器管理品牌，在全国管理超过 20 000 平方米的孵化空间载体。招商启航背靠招商局集团 100 亿元创投基金、2 000 亿元产业基金和数万亿的产业资源，聚合“产业资源对接”“全牌照、全生命周期金融链条”“一带一路国际化创新资源”三大核心优势，逐步构建“科技+金融服务”“科技+交通运输”“科技+城市园区”“科技+大健康”为代表的产业投资生态圈。公司已接收全世界各国家和地区逾 8 000 个创业项目的入孵申请，累计孵化创业项目 1 000 多个，其中 150 多个创业项目获得招商局集团内部产业资源对接。

9. 2. 2　模式解析

深圳市博盛尚科技有限公司是招商启航资本在天使轮投资和孵化的科技型创业公司。公司主要业务是向市场推出了一种新型的 RAC（Realtime Array Calibration，实时阵列校准）高精度卫星定位接收机，其特点是不使用任何差分技术，仅采用普通民用单频信号（GPS L1 或北斗 B1），就能实现优于 1 米（20~60 厘米）的定位精度。这项技术的应用，使高精度卫星定位既摆脱了对地基增强网的地理范围的局限，实现了全球范围可用的高精度定位，又大幅降低了成本，将推动高精度卫星定位大规模普及应用时代的提前到来。RAC 技术能够成为我国北斗卫星定位系统全球化战略中的关键技术。图 9-4 为 RAC 高精度卫星定位接收机样机。

图 9-4　RAC 高精度卫星定位接收机样机

博盛尚科技创始人申研跟众多的科技类创业公司的创始人一样，有着理工男的特质和技术背景。公司开创之初，申研考虑到博盛尚科技 RAC 技术方案完全不同于传统技术，它是从底层技术路线的层面所做的创新，并不是在原有技术上所做的线性创新而是颠覆性的创新。所以这种技术在初期不便于作为技术秘密纰漏给学术界，同时也没有客户验证，所以在天使轮之前博盛尚科技在融资方面是非常难的。

在一筹莫展时，博盛尚科技幸运地接触到招商启航。招商启航是招商局旗下天使投资和孵化平台，通过项目孵化立项会后，启航的投资人对博盛尚展开了一系列的孵化支持，指导博盛尚科技进行了专利申请，并共同进行专利分析来验证技术可行性。同时，启航投资人要求博盛尚在国内专业权威的检测机构对产品进行了性能测试。最终 RAC 产品成功地通过了考验，获得投资人的信赖，并获得了企业孵化的第一笔创业资金，入驻启航的孵化空间，成为启航投资孵化企业之一。

在启航的孵化投资过程中，投资人通过对接招商局集团内部资源丰富，包括智慧交通、港口、招商物流、船运等资源，既为博盛尚前期验证市场提供了场景，也为博盛尚在行业内技术和品牌推广提供了平台，这些对博盛尚科技今后的发展而言都是莫大的助力。高精度定位是未来智能社会必不可少的一股力量，这样的科技创新力量在招商局集团内部创新驱动产业升级和寻找新科技与新经济结合推动集团数字化转型，也起到协同和促进作用。

产业资本深度赋能科技创新型企业：通过招商局集团推荐对接，博盛尚科技参加了 2018 年央企熠星双创大赛，荣获一等奖。通过招商局集团的双创基地和融通创新平台，对接了集团内部产业资源，如宁波大榭国际、长航集团、招商新智等单位，使技术找到了应用场景。通过融通创新的培育，产业导师的辅助，RAC 技术实现了产业化并获得了国家中小企业基金（Pre-A 轮）投资，公司已经成为高精度卫星导航定位技术的创新领军型企业。

目前，RAC 卫星定位技术已在自动驾驶和智能网联汽车等领域得到量产应用。例如京东物流无人配送车全部采用了博盛尚科技提供的 RAC 高精度卫星定位技术实现了 L4 级别的自动驾驶，已在国内外投入规模化运营。去年疫情期间，博盛尚 RAC 卫星定位技术和京东无人车一起作为中国北斗全面抗击疫情的先进典型案例得到中央电视台新闻联播的报导，内置 RAC 卫星定位接收机的这款无人配送车已被国家博物馆永久收藏。在自动驾驶领域，RAC 已成被多家客户采用，成为行业级标配。在车路协同、智慧交通等领域，包括百度 Apollo 在内的国内外产商已经在不同国家不同省市的项目应用中验证了 RAC 定位技术的可靠性，在商用车联网、公交车、矿车、港口车辆等场景中已经产业化落地应用服务社会。RAC 高精度卫星定位完全不依赖任何地面卫星定位基准站增强网络与通信网络，具有高精度、高可靠、低成本、全球通用、使用简单的巨大技术优势。对比传统技术，RAC 明显更适合汽车主机厂和 Tier1 前装量产的高精度定位功能方案在全球化产业链中实现国际标准化布局，已经通过雷诺日产、法雷奥、博世等国际头部客户的技术检测，开展了技术合作。

第一个关键词：双创大赛、央企熠星大赛及“招商杯”大赛

博盛尚科技通过参加双创大赛、央企熠星大赛及招商杯大赛，不仅对接到集团内部产业资源同时获得品牌提升，基础背书。

在创业的早期阶段不要拒绝一些创业大赛，要明白去参加创业大赛的目的，各种比赛可以为项目做免费的公关宣传，有知名度的大赛获奖可为项目背书，大赛中可以整合上下游资源。每一位创业者的商业模式都需要进行打磨（要相信商业模式是一步一步被否定中趋于成熟的）。一个优秀的项目，具有成长空间的项目必定在大赛中会得到投资方的关注，所以早期的项目参加各种赛事来获取融资途径是一个非常不错的方向。

第二个关键词：产业导师辅导

创业导师一般都是拥有实业经验的企业家为主。拥有一位曾经成功获得风险投资的或曾经在风险投资交易中扮演咨询师和创业导师总是非常有帮助的。这类创业导师可以帮助你专注于那些对于风险资本家而言非常重要的问题，并不会浪费你的时间。他们还可以在你遇到困境和消耗时间的时候来帮助你，教导你保持耐心、乐观，面对风险和挑战时保持冷静。博盛尚科技通过融通创新的培育，产业导师的辅助，让 RAC 技术实现了产业化并获得了国家中小企业基金（Pre-A 轮）投资。

第三个关键词：产业场景

当前，交通部、工信部、环保部都出台了推动北斗高精度应用的相关政策文件。博盛尚科技 RAC 卫星定位只采用单北斗单频信号（完全不使用 GPS），达到亚米级定位精度，已经在全球范围内实现了单北斗

高精度，且成本低廉。

RAC 技术对提升我国北斗卫星定位导航系统产业链的整体竞争力具有重大意义。具体讲，有以下四点：

第一，RAC 技术可以很大程度上节省我国北斗地基增强网基础设施建设的巨大投入，避免浪费。

第二，RAC 技术可以用更快的速度使北斗高精度定位得到大规模普及应用（智能汽车、智慧交通、智能网联）。

第三，RAC 技术可以带动现有北斗天线/芯片/模块企业的整体发展。

第四，在北斗全球化过程中，RAC 技术可以大大提升北斗系统和产业链兄弟企业的国际竞争力。

一个项目是需要有发展的潜力的，如果一个项目一开始就看不到任何的前景，或者是只能赚取一点点利益，那么投资人也是完全看不上的。毕竟投资一个项目，不一定是只看眼前的利益，他们更看重的是未来这个项目能够带来的长远效益。所以项目策划案必须让投资人看到这个项目的潜力，这个项目必须能够有在未来大展宏图的潜力，具有能够盈利的潜力。否则投资人不可能白白投钱到一个没用的项目中。

第四个关键词：产业订单

产业订单是一个企业的供血系统，博盛尚科技一直坚持以树立行业标杆案例为目标，在自动驾驶、商用车联网、公交车、矿车、港口车辆等场景中率先树立示范案例。同国内众多头部企业达成商业和技术合作。通过项目示范，在多行业内同时进行标件复制，推进北斗高精度尽快普及应用。

9.2.3 模式点评

1）对于创业者来说，寻找投资人是决定成败的一个重要环节。在寻找投资人过程中需要做好功课。对于自己的项目需要有个清晰的定位，对投资人也需有清晰了解。寻找投资人的过程中并不是单纯的寻找资金，更多的是投资人的资源是否可以帮助企业成长。路演平台和创业大赛是创业者接触到投资人的最佳途径，可以和资方进行现场交流，成功率较高。

2）导师辅助必不可少，前者的经验可以不断打磨创业者的商业模式，少走弯路，同时一个优秀的导师也可以为创业者带来更多的资源和人脉。

3）创业者需要拥有一个完整的项目，同时还要确定产品解决方案的目标市场规模、测试和验证自己的产品想法、开发一个最小可行化产品。一个概念产品的吸筹对于投资者而言还是过于早期，容易被否定。

4）一个好的想法远远不够，创业者要把注意力放在业务层面，尽力先把业务做起来，这里不是指需要做多少金额的订单，但必须是行业内的标杆示范项目，这样自然可以吸引投资人的眼球。

9.3 知识产权证券化模式：中技所—中关村担保—长江 1-10 期知识产权资产支持专项计划[①]

9.3.1 基本情况

（1）定义

知识产权证券化（IP-Backed Securities，IPBS）属于资产证券化的形式之一，是指将原始权益人拥有的基础资产（知识产权衍生的债权、收益权）打包移转至特殊目的机构（SPV），实现“真实出售”和“风险隔离”，以知识产权衍生债权或收益权未来产生的现金流为偿付支持，通过结构化设计进行信用增级，在此基础上发行资产支持证券的过程。

知识产权证券化交易结构如图 9-5 所示。

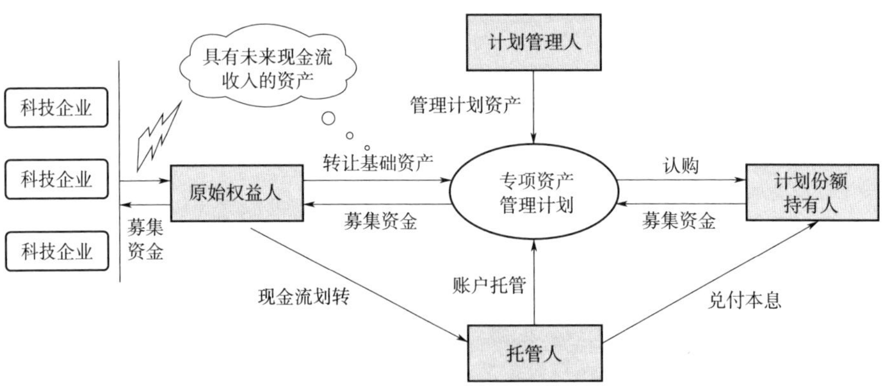

图 9-5　知识产权证券化交易结构

（2）知识产权证券化的优势

①易于获得融资

传统的银行贷款或质押融资方式，往往对融资对象有一定的要求，包括对企业的资质情况（主要集中在有一定规模的中型企业）、抵质押

① 来源：根据中国技术交易所孙芸和北京中金浩资产评估有限公司丁坚供稿。

物、担保措施等要求较高。而知识产权证券化是将多个企业作为一个联合体进行融资，关注的是企业的成长性、行业前景和知识产权的技术能力等。因此对于企业而言，特别是高新技术的高成长型企业，更有机会获得较低成本的融资。

②降低融资成本

知识产权资产证券化产品具备一定规模效应，发行综合费用率普遍随产品规模增加而降低。同时，优质主体对专项计划提供差补或担保，实现强增信的跨主体转移，有效降低融资成本。

③提高融资金额

通过知识产权质押融资，融资规模一般要在知识产权评估值的基础上打较低的折扣，会大幅降低融资的规模。而证券化融资可以提供融资者（专利企业）较高的融资额度，在评估值的基础上打折较少，并且融资利率的定价更为市场化。

④打造市场知名度

目前，知识产权证券化正在快速发展，市场上每发行一单知识产权资产专项计划，均引起资本市场的广泛关注。因此，对于计划使用证券化融资的高新企业而言，有利于打造知名度和进行后续股权融资。

⑤创新交易模式

知识产权证券化融资是一种创新型的融资方式，由证券公司将知识产权打包成标准化的债券产品，并设计有效的保障措施和增信条款，为高新企业融资提供了一条可借鉴、可复制的新方式。

（3）知识产权证券化参与机构

知识产权证券化参与机构如图 9-6 所示。

9.3.2　模式解析

2017 年，在国务院印发的《国家技术转移体系建设方案》（国发〔2017〕44 号）中提出“开展知识产权证券化融资试点”。2020 年 3 月，中共中央、国务院印发《关于构建更加完善的要素市场化配置体制机制的意见》，提出“积极探索通过天使投资、创业投资、知识产权证券化、科技保险等方式推动科技成果资本化。”在国家一系列政策文

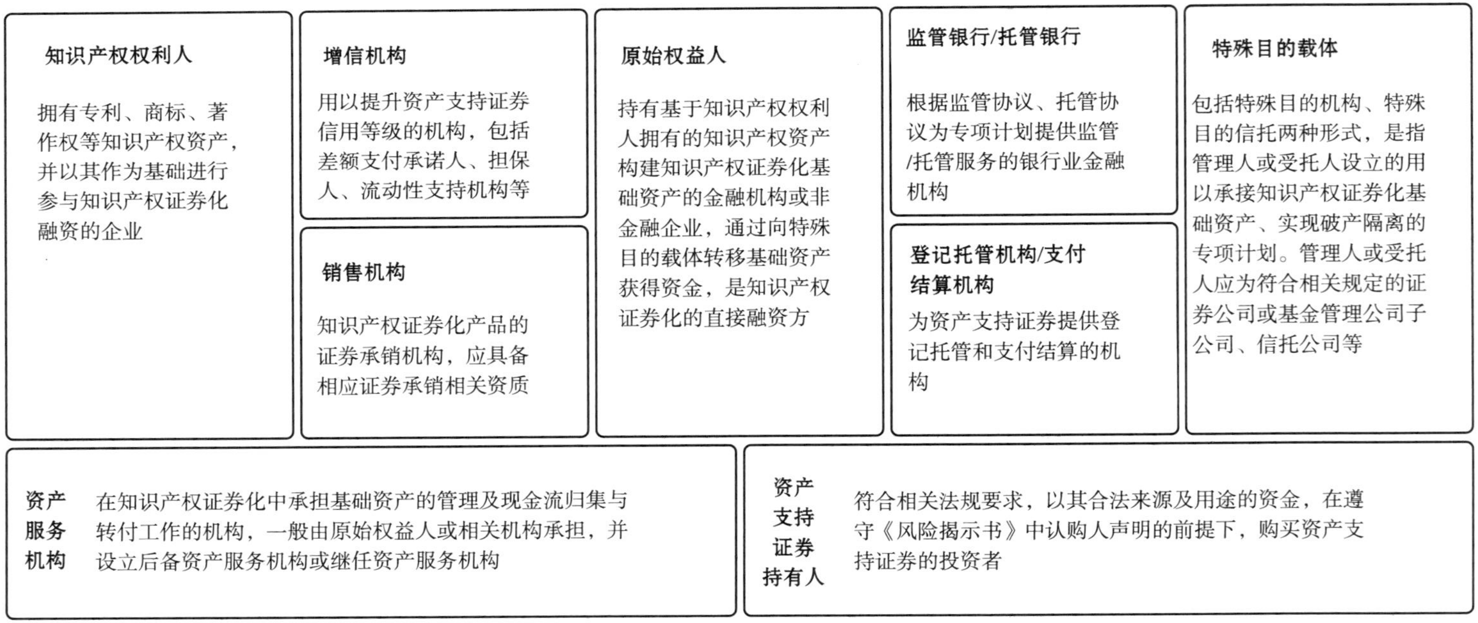

图 9-6　知识产权证券化参与机构

件的引导和支持下，国家知识产权局的统计数据显示，2018 年至 2021 年 6 月，全国累计发行知识产权证券化产品 25 只，发行金额超过 70 亿元，相关工作被国务院列入自贸区改革试点经验。目前市场上已获批发行的知识产权证券化产品主要包括如下四种模式：

1）以专利许可合同债权作为基础资产的两次许可模式。典型案例包括“兴业圆融—广州开发区专利许可资产支持专项计划”“浦东科创 1-10 期知识产权资产支持专项计划”“坪山区—南方中心—长江 1-10 期知识产权资产支持专项计划”等。交易结构上，原始权益人多为融资租赁公司，一般由其母公司担任差额支付承诺人，为专项计划增信。

2）以知识产权质押贷款债权作为基础资产的质押融资模式。也称为“深圳高新投模式”，典型案例包括“平安证券—高新投知识产权 1-10 号资产支持专项计划”“南山区—中山证券—高新投知识产权 1-5 期资产支持专项计划”等。交易结构上，由深圳高新投小贷公司作为原始权益人，高新投担保公司和高新投集团为专项计划增信。

3）以应收账款债权作为基础资产的供应链金融模式。典型案例包括“奇艺世纪知识产权供应链金融资产支持专项计划”“中信证券—爱奇艺知识产权供应链金融资产支持专项计划 1-15 期”。交易结构上，由保理公司担任原始权益人，有一个核心债务人，目前底层资产以影视类著作权为主，同时引入差额支付承诺人对专项计划增信。

4）以融资租赁债权作为基础资产的融资租赁模式。典型案例包括“第一创业—文科租赁资产支持专项计划”“第一创业—首创证券—文化租赁 1-5 期资产支持专项计划”。交易结构上，由融资租赁公司作为原始权益人，底层资产多以影视类著作权、动漫著作权和软件著作权为主。

具体案例：“中技所—中关村担保—长江 1-10 期知识产权资产支持专项计划”

2021 年 4 月 30 日，中国技术交易所（北京知识产权交易中心）（以下简称中技所）首支储架式知识产权证券化产品“中技所—中关村担保—长江 1-10 期知识产权资产支持专项计划”（以下简称本系列专项计划或本项目）顺利获得深圳证券交易所无异议函。

本系列专项计划是北京地区首个专利许可知识产权资产证券化项目，对于进一步挖掘北京地区科技型企业知识产权价值，创新中小企业融资方式，积极促进技术和资本要素融合发展，支撑国际科技创新中心和北京“两区”建设，具有重要的探索和实践意义。截至2020年底，北京市有效发明专利量33.56万件，占我国国内（不含港澳台）发明专利拥有量的15.2%；北京市每万人发明专利拥有量155.8件，居全国第一，是全国平均数量的近十倍。在开展知识产权证券化业务方面，北京地区具备深厚的基础条件。

本项目由中技所作为原始权益人，北京中关村科技融资担保有限公司（以下简称中关村担保）作为增信和担保机构，长江资管作为计划管理人，采取专利二次许可模式，以储架发行方式，在深圳证券交易所发行。本系列专项计划总规模不超过人民币10亿元，可分期发行，每期专项计划期限不超过3年。

本项目中，中技所作为原始权益人，与科技型企业构建二次专利许可关系，并以专利许可债权作为基础资产发行证券化产品，满足科技型企业的融资需求。根据《证券公司及基金管理公司子公司资产证券化业务管理规定》（证监会2014年第49号公告），中技所（北知中心）作为项目的原始权益人，主要履行依法移交基础资产，配合并支持管理人、托管人以及其他服务机构履行职责等。同时，还将会同计划管理人等，共同开展尽职调查、基础资产筛选评价、专利质押等，进一步做好风险防控，提高产品落地效率。本项目入池企业主要是北京地区具有核心自主知识产权、处于成长期的高新技术企业。

9.3.3 模式点评[①]

1）知识产权证券化是资产证券化理论和实践在知识产权领域拓展运用的结果，也是知识产权的资产属性和投资属性逐步得到资本市场认可的结果，是科技创新要素从科研资源向市场化资本要素转化的关键结

① 来源：中国高新技术产业导报，作者：李洋，引用中国科学院科技战略咨询研究院研究员肖尤丹、上海交通大学先进产业技术研究院知识产权办公室主任顾志恒的观点，原文：http://paper.chinahightech.com/pc/content/202105/17/content_42655.html

合点。知识产权证券化的核心就是打通知识产权与资本要素市场之间的制度性联系，实现要素转化和资本赋能。

以与知识产权质押融资比较为例，根据我国法律规定，知识产权质押融资实际上是以专利权、著作权和商标权中可以转让的财产权作为质押财产担保向借款方借款、贷款从而实现融资的过程，知识产权人与资金提供方的借贷关系，被质押的知识产权中可转让财产权的财产价值，必然远高于融资取得的借款或贷款资金，这显然只是知识产权部分财产权的货币化，而并没有实现任何价值增值，也没有任何资金杠杆效应。而专利许可知识产权资产证券化，是以未来的许可费收入作为资产，通过发行资产支持证券将其变为可以在资本市场上流通和交易的投资性金融产品，从而将实现明显的价值增值和资金杠杆效应。

2）质押融资是对企业知识产权资产的质押，在无法偿还的情况下，企业将会失去知识产权所有权，而专利许可的知识产权资产证券化事宜许可费的未来收益作为偿付对象，并不影响企业的核心技术所有权，不增加企业的负债，也不稀释股权，更有利于企业长期的发展。同时，知识产权资产证券化对于知识产权的运营能力提出了更高的要求，在资产结构设计，在实现信用增级方面也较一般的知识产权质押融资要求更高。知识产权证券化是中小型科技企业融资的新途径，可以在不影响科技成果权属和正常经营的情况下，实现中小型企业的融资，帮助企业加快成果转化。对于高校而言，需要做的事情还有很多。比如，要梳理现有的存量知识产权，将已经转化的知识产权和应用前景较好的知识产权筛选出来，尤其是选择区域产业对接能力强的知识产权组合；与高校科研人员的创业活动结合起来，只有企业才是融资的真正需求方。

3）由于知识产权证券化尚处于探索阶段，知识产权许可权所能带来的持续盈利能力的稳定性和高回报性，尚不能为市场所普遍接受。此外，我国知识产权保护环境也对知识产权证券化有着很大的影响。未来的知识产权证券化工作，必要以点带面，健全基础性制度建设和突破观念性、体制性障碍。在知识产权一端，进一步明确知识产权与资本、资产的关系，理清知识产权价值与知识产权经济价值、资产价值、财产价值和产品价值的重大差别，区分知识产权资产属性与知识产权资产的投资属性。

9.4　发明专利拆分许可模式：上海交通大学医学院两次许可 11.28 亿元[①]

9.4.1　基本情况

2021 年 1 月 18 日上海《解放日报》头版报道，上海交通大学医学院将中国发明专利“增强激动型抗体活性的抗体重链恒定区序列”及其国际同族专利一个靶点以独占许可方式，授权上海某医药科技公司（以下简称上海公司）实施，合同总金额约 3 亿元，包含研发、销售里程碑付款。2019 年，该专利的其他靶点以 8.28 亿元合同总金额，独占许可苏州某医疗科技公司（以下简称苏州公司）实施。上海盛知华知识产权服务有限公司（以下简称盛知华）促成了上述这两项交易，并在其中发挥了重要作用。

据上观新闻 2019 年 9 月 4 日报道，2015 年盛知华承担了张江国家自主创新示范区“知识产权价值提升与实现公共服务平台”建设项目。在该项目的实施中，盛知华促成了 6 项成果的交易，成交总金额近 10 亿元，其中包括上海交大医学院与苏州公司的 8.28 亿元交易。

上观新闻的该报道对盛知华的“八步法”及对该项目的技术转移服务情况做了介绍。盛知华促成科技成果的交易，一般要经过发明评估、专利价值培育、专利质量管理、技术熟化增值、全球范围精准化推介、协调受让方内部评估、交易估值定价、合同谈判与合同履行监督等 8 个阶段，盛知华称之为“八步法”。

上海交通大学医学院李教授于 2016 年参加盛知华举办的知识产权讲座后，主动联系，请盛知华为转化其完成的激动型抗体研究成果提供专业服务。2011 年，李教授在小鼠实验中发现，激动型抗体的可结晶段功能与常规的细胞毒类抗体完全不同，在特定条件下能增强抗体活

① 来源：《科技中国》2021 年第 2 期，35-39 页，吴寿仁（上海市科学学研究所）。

性、消灭肿瘤细胞，并将这一重要发现发表在国际顶级学术期刊《科学》上。此后又经过多年的研究，李教授发现了普遍适用于针对“肿瘤坏死因子受体”靶点的激动型抗体，并经改造获得了能显著增强人体靶点活性的激动型抗体。

为推进该成果的转化，在上海交通大学医学院科研管理部门的大力支持下，盛知华团队在全球专利、科研和市场等文献检索基础上，进行了商业价值和专利性评估，认为该成果有广阔的商业应用前景，但其技术成熟度仍处于早期阶段。在李教授公开发表相关论文前，盛知华团队基于当时的实验数据撰写了一份高质量的专利申请和权利要求书，申请了中国发明专利。但该专利的保护范围很有限，专利价值不太高。为此，盛知华团队帮助李教授设计了多项实验，取得了新的数据，并利用新的数据又申请了一件发明专利。经过审查答复，两件专利合并后的权利要求范围得到拓宽，其权利要求覆盖多种肿瘤和多个药物靶点，成为一件平台型发明专利。此后，通过 PCT 国际专利流程申请了美国、欧盟和日本专利。

因苏州公司的开发能力有限，只能实施该专利的部分靶点，进而无法完全实现该专利技术的重大商业和社会价值。经与苏州公司反复沟通，得到其认可后，盛知华将一个靶点授予上海公司。据报道，上海公司“将利用专利技术，开发以多种实体瘤和血液肿瘤为适应症的创新药”。

9.4.2　模式解析

本案例的一个突出亮点是一件发明专利先后进行了两次独占许可。该专利的“权利要求覆盖多种肿瘤和多个药物靶点”，每开发一个肿瘤药物或药物靶点，投入都很大，周期也很长，不确定性及其潜在风险都很高。据上观新闻 2019 年 9 月 4 日的报道，本案例的苏州公司是国内一家投资机构与发明单位、发明人和盛知华四方于 2018 年底在苏州注册成立的，并取得了该专利在部分靶点上的独占使用权，将对至少 4 种抗肿瘤候选药物进行开发，总合同金额达到 8.28 亿元，包含百万元级入门费和年度专利授权维持费，以及每种候选药物约 2 亿元的里程碑付款，外加销售额提成。据2021年1月18日解放日报报道，上海公司获得了该专利一个靶点的独占使用权，“开发以多种实体瘤和血液肿瘤为适应症的创新药”，并计划于2021年底向国家药监局申请临床试验批件。

本案例的另一个亮点是合同总额高，两次许可的合同总额高达11.28亿元，引人注目。

一件专利允许两家公司独占实施“专利拆分许可”，初看似乎不可思议，其实道理很简单。本案例中的苏州公司和上海公司分别获得上海交通大学医学院同一件专利的不同靶点的独占许可使用权，彼此间不存在冲突和竞争。这就好比将一套住房不是租给一户人家或一个人，而是进行适当拆分，分别租给两个（及以上）的人。这种做法，分别减轻了苏州公司和上海公司实施该专利的投入与负担，可更好地实现该专利的价值。

据盛知华CEO纵刚介绍，“专利拆分许可”模式在国际上较为常见。“专利拆分”有多种拆分方法：一是按照区域、领域、部门等进行拆分，这种做法在国内比较普遍；二是按照权利要求进行拆分，如本案例的做法。本案例的“专利拆分许可”模式在国内并不多见，仍是创新之举。从上述情况看，本案例有以下六个关键词。

第一个关键词：平台型专利。本专利属于平台型专利，也被称为基础专利，是基础研究取得的成果，其原创性比较强，发展前景也比较好，具有拆分的价值或拆分的必要。在基础专利的基础上进行应用开发所取得的发明创造，其专用性比较强，一般不具备拆分许可的价值。

第二个关键词：创新药。该专利属于生物医药领域，根据《药品管理法》规定，药品应针对疾病有明确或特殊的疗效，如果一项技术对多种疾病有疗效，应按疾病开发药品。本案例的专利“覆盖多种肿瘤和多个药物靶点”，可按照肿瘤类型或药物靶点进行拆分许可。这就要求技术转移人员具有较深厚的生物医药专业背景。

第三个关键词：专利质量。高质量专利=高水平的研发+高质量专利申请。李教授的研发是高水平的研发，再加上由盛知华负责撰写专利申请书及权利要求书，并对专利进行了增值培育，才取得较大保护范围的权利要求。专利申请的专业性很强，既要有较强的专业知识背景，也要精通《专利法》及相关规定和专利审查规定与流程。这两者盛知华都具备。如果以提交专利申请件数为收费模式的专利代理机构负责撰写专利申请，是很难保证其申请质量的。

其中，有三个细节要注意：一是在论文发表前提出专利申请。公开发表论文，往往要公开研究成果与数据，导致研究成果丧失新颖性，进而失去商业价值。在李教授公开发表相关论文前，盛知华团队基于当时的实验数据撰写了一份高质量的专利申请和权利要求书，申请了中国发明专利。二是盛知华帮助李教授设计多项实验，补充新的数据，并在此基础上又申请了一件专利，其目的是要获得更大的保护范围。这被盛知华称为专利价值培育。三是两件专利合并审查，获得了比较宽的权利要求范围。这说明两件专利是密切相关的，合并审查，可更好地确定其权利要求范围。也许，一般的专利代理机构可以做到在论文发表前撰写专利申请书，但很难做到帮助李教授设计新的实验进行专利价值培育，也较难做到将两件专利合并审查。

高质量专利与高价值专利不同，后者是指具有高的商业价值，不仅要求专利质量高，还与该专利所处领域及其市场前景有关。

第四个关键词：专利拆分。从权利要求的角度进行专利拆分是高度专业的操作。将该专利的一些靶点授权苏州公司独占使用，一个靶点授权上海公司独占使用，这种专利拆分要求该专利的权利人或者中介机构有较高的操作技巧，使之拆分合理，同时能说服被许可方接受。在本案例中，苏州公司是由国内投资机构、上海交通大学医学院、发明人和盛知华四方投资设立的，只有国内投资机构接受，苏州公司就接受了，因而不是太难。因盛知华 CEO 纵刚曾在美国高校从事技术转移工作多年，有比较丰富的实践经验，将专利拆分许可的做法移植到国内，对他来说得心应手。对于一般的专利权人或技术转移机构来说，这种专利拆分许可却是新鲜事了。

第五个关键词：交易时间。从 2016 年李教授与盛知华结识，到 2018 年成立苏州公司，2019 年 9 月进行第一笔交易，经历了 3 年时间；到 2021 年初完成的第二笔交易，经历了 4 年多的时间。一项服务要经过三四年时间才能完成并收取一笔佣金，而且随着两笔交易合同的履行，才能陆续收取一些佣金。在赚快钱的时代，哪个机构有如此大的经济能力承受得起如此漫长的收费模式？

第六个关键词：张江专项的资助。本案例纳入张江国家自主创新示范区“知识产权价值提升与实现公共服务平台”建设项目的资助范围。在整个项目的实施过程中，完成了6笔技术交易。盛知华为上海交通大学医学院提供的服务是被其称为“八步法”的全过程服务。退一步讲，如果没有张江专项资金的资助，按照“八步法”实施的技术转移服务，该怎么收费？上海交通大学医学院能接受这样的收费方式吗？或者按照技术合同收入的一定比例提成，能支撑盛知华的可持续健康发展吗？

总之，以独占许可方式把各个靶点的专利权拆分授予多家企业实施，是专业性很强的技术转移服务。因专利拆分且合同金额高，就可以认为是一个经典的案例，在国内具有显著的示范效应，势必会有人积极效仿。其经典性，不必以收费高低衡量，也不以项目是否成功来衡量，而是以专业的操作。唯有专业，才能做到极致。

9.4.3 模式点评

1）盛知华的“八步法”是高水平、高质量、高度专业的科技服务。“八步法”从“发明评估”到“合同履行监督”的整个过程，一环扣一环，前一步是后一步的基础和前提，前一步的工作质量要在后一步得到检验，后一步的工作成果是在前一步的基础上实现的。盛知华将“八步法”比作农民种地，要使科研取得“丰收”，就必须在科研中完成“耕地、播种、施肥”等一系列工作。从项目数量来看，是逐步收缩的。达不到高质量专利要求的科研活动会被淘汰，或者服务要中断。因此，“八步法”的每一步的工作都要求团队成员具备相关的专业知识和专业技能，不同的步骤所要求的专业知识和技能又有所不同。其间需经历的过程有长有短，其工作成果往往不会立竿见影。只有高水平的研发，有很好的发展前景和诱人的预期，才能激发起强大的动力。因此，只有高水平的研发，才能配得上高质量的知识产权服务和技术转移服务。

2）“八步法”的服务远远超出了技术转移服务的范畴。发明评估就是评估发明创造的质量及其完整性，以判断能否申请知识产权，属于技术咨询服务；专利价值培育是充分利用发明评估结果，指导科研人员做进一步的研发，以提高专利价值，也属于技术咨询服务；专利质量管理是指在专利申请、授权等过程中确保获得高质量专利的管理活动，包括在专利审查中争取更大的权利要求，所提供的服务属于知识产权服务；技术熟化增值是指提高专利技术成熟度而提供的增值服务。上述四项服务都是为了取得高质量、可交易的专利，应属于研发服务或知识产权服务，不宜列入技术转移服务。全球范围精准化推介、协调受让方内部评估、交易估值定价、合同谈判与合同履行监督才是技术转移服务。“八步法”是从研发到转移转化的全链条服务。仅收取技术转移服务佣金，是难以支撑全链条服务的，唯有分阶段计费才行。

3）“八步法”服务市场还没有真正形成。盛知华自 2015 年至 2018 年间实施张江专项，只做成了 6 笔技术交易，交易总额近 10 亿元，也就是其他 5 笔技术交易总额不到 2 亿元。一方面，这与使用“八步法”提供服务的周期比较长有关，另一方面也说明，“八步法”的可用武之地目前还不多。这可能有两方面的原因：一是高水平的研发活动不多；二是“八步法”服务太奢侈，一般“用”不起。可能缺乏“用”的意识，也可能缺乏“用”的政策，还可能缺乏“用”的渠道，即不知道市场上有“八步法”的服务。无论哪种原因，都说明“八步法”服务的市场还没有真正形成，还需要大力培育，包括给予政策扶持、完善科研经费管理等。市场上有足够多的高水平研发活动，才能支撑高水平的服务机构为其提供高质量的知识产权服务和技术转移服务。

4）专业化的技术转移服务与高水平的研发、完善的科研管理同等重要。专业化的技术转移服务可帮助科研人员明确研发方向，加快研发进程，获得高质量的研发成果，获得高质量的知识产权，因而可使研发增值。同时，专业化的技术转移服务，需要完善的科研管理作保证，因完善的科研管理可使研发与转移转化高度耦合，相互促进。

5）专业化的技术转移服务更乐于使用科技成果许可方式。科技成果转让一般不需要太多的技巧，无非是成交金额大小、支付方式等，而作价投资的复杂性在于涉及法律法规和政策多、环节多，而且两者都可能涉及资产评估，前者主要适用于比较成熟的成果，后者主要适用于需要科研人员深度参与的成果转化项目。而许可则不同，可以独占许可、排他许可、普通许可、交叉许可、分许可；可以分国别、地域、行业部门、专业领域进行独占许可；可以按照权利要求拆分许可；可以按年限进行许可；可以将许可与新公司设立结合起来；等等。通过各种方式的使用，可将一项成果的各方面价值“吃尽榨干”，真正实现其价值最大化。与此同时，许可方还可对该成果进行后续研发，不断创新，进而实现可持续创新，实现自身利益最大化。变化多才需要技巧，而技巧运用得好不好，就体现出其专业水准来。因此，高水平的技术转移机构或技术转移人员，比较喜欢使用许可方式进行交易。

6）高校院所的科研人员在研发过程中，要主动寻求专业的技术转移机构担任自己的研发顾问。研发顾问提供的是增值服务，有助于提高研发质量，强化知识产权保护，培育其商业价值，进而增强研发的目的性、商业性，有助于科技成果的转移转化。以商业价值大小对研发项目及其预期成果进行判断，可强化研发与转化之间的有机衔接。

7）高校院所对于高水平的研发活动，要注重引入专业能力强的技术转移机构提供服务。高校院所应完善科研管理，统筹好科研、科研管理和技术转移三者之间的关系。有关数据显示，目前有 700 多所高校院所引入了市场化技术转移机构。单看数字，已经不少了。但市场化技术转移机构的服务水平、服务能力参差不齐，服务内容也不尽相同。不同水平的研发项目，需要的技术转移服务也不一样。对于高水平的研发活动，需要专注于该行业的技术转移机构提供专业化的服务。

9.5　生态链反向孵化模式：谷仓新国货研究院系统性提高创业成功率[①]

小米公司先后投资孵化了 300 余家生态链创业公司，目前大多数企业发展势头良好，成功率很高，这其中，小米生态链企业谷仓新国货研究院发挥了重要作用。谷仓新国货研究院是小米生态链中为硬件、生活消费品类的创业者提供创业服务、系统性课程与实战辅导的创业孵化器。谷仓新国货研究院帮助创业者和传统企业提高创业和转型成功率，同时促进团队整体能力的提升。

9.5.1　基本情况

小米生态链企业中，追觅科技目前估值破百亿，2019、2020 双十一全渠道销售额均突破 5 000 万，吸尘器业务突破 150 万台；汉图科技目前估值 15 亿，米家照片打印机小米众筹 1 500 万，并获得小米董事长雷军亲自推荐；小贝科技目前估值 3 亿+，贝医生随身冲牙器小米众筹成绩突破 1 000 万，2020 年双十一全渠道销售额突破 3 000 万；须眉科技目前估值 5 亿+，聚焦个护，米家便携剃须刀小米全渠道销售突破 140 万台，2018 年单款剃须刀年销售 1.6 亿；芯迈软木鞋垫，目前已累计销售 150 万双，有望成为品类冠军……”捷报一个接一个传来，这些小米生态链企业，完成了早期的若干轮融资。

这些令人瞩目的成绩得益于小米体系内部的另一家生态链企业——北京青禾谷仓科技有限公司（谷仓新国货研究院），它是专门为小米生态链企业培训辅导而设立的机构，以培训、孵化、投资、内刊、出版等多种方式，在小米生态链体系内外传播、分享小米的价值观和打法，将小米生态链创造的经验和打法作为蓝本，服务于众多小米生态链企业和

① 浙江大学管理学院郑刚、谷仓新国货研究院李园华提供。

相关领域创业者。

借助于小米在电商渠道、用户积累、供应链、资本、品牌热度等方面的积累，谷仓新国货研究院聚集一批眼光独到、判断力强、对产品有追求的团队一起做好方案和产品，使初创期的生态链企业得到曝光，反过来又帮助拓展小米产品线从而形成业务协同，快速打响品牌占领市场，通过这种“反向孵化”的模式帮助一个又一个生态链企业快速发展壮大，系统性地提升了创业成功率，也让小米生态链逐渐形成“蔚然成林”的竞争格局。

9.5.2 模式解析

（1）谷仓新国货研究院的诞生

小米公司于2013年底开始筹建生态链团队。为了帮助小米生态链创业团队更好地理解和消化小米的打法和经验，小米成立了以培训和投资孵化为主要业务的生态链企业——谷仓学院，2021年正式更名为“谷仓新国货研究院”，谷仓新国货研究院近几年按照精益创业方法论，在实践中逐步摸索出了一套独特而行之有效的小米生态链创业孵化方法论，可以为认可小米价值观的小米生态链创业公司提供资金、渠道、品牌、设计、供应链等对于一般创业公司最稀缺的资源。

谷仓新国货研究院创始人洪华博士在谈及其创业的初心时提到，“小米生态链是长出来的”。谷仓新国货研究院是小米生态链本着“指导员角色公司化”思路设立的机构，致力于消费升级趋势下智能硬件与生活消费品创业的研究与培训。

谷仓新国货研究院由管理团队、小米、顺为资本于2016年1月共同出资成立，作为小米价值观的“放大器”，谷仓新国货研究院负责小米生态链企业的培训、案例与方法论梳理、出版传播，是小米生态链唯一新国货研究院。谷仓新国货研究院自成立以来，就不断提炼小米生态链打法和经验，系统总结爆品模式，通过《谷仓爆品总裁营》《谷仓新国货加速营》《标杆项目培育》三级业务推动新国货崛起。累计培训6000+学员、孵化158个项目，为小米商城、小米有品打造了众多行业爆品，其中小米生态链有20多家企业年收入突破1亿元，7家年收入破 10 亿，4 家成为估值超过 10 亿美元的独角兽，4 家已经实现 IPO 上市，2 家年收入破 20 亿元。截至 2020 年，小米共投资超过 310 家公司，总账面价值人民币 480 亿，投资总价值为 673 亿。在小米的线下销售主体——小米之家，生态链产品和小米公司的产品一起销售，使小米之家坪效达到 27 万元，创造出业界 3C 数码类门店的最高业绩。

生态链企业的快速发展也使得小米成为一家以手机、智能硬件和 IoT 平台为核心的互联网公司，仅用 7 年时间年收入就突破了 1 千亿元。在洪华博士出版的《小米生态链战地笔记》一书中，他这样比喻小米与生态链企业间的关系："小米通过竹林发达的根系，向生态链企业输送各种养分，而这片竹林中的竹子，又通过地下根系交织在一起。"

（2）反向孵化模式

谷仓新国货研究院在对项目进行孵化时有三个主要的关注点，宏观上找对风口，中观上要扩大规模、打破边界、收编外部力量、放大核心资产价值，微观上打好基础、专注于经营用户和做好产品。生态链企业创业的核心围绕产品展开，"产品是 1，其余是 0，要让商业回归本质，以好产品为用户创造价值；创始人要当产品家，企业要有产品文化。"洪华这样阐释到。

通过分析总结创业者的失败案例，谷仓新国货研究院发现在创业的过程中，大多数的团队会遇到几个大坑：第一个大坑是方向性错误和产品定义不够精准；第二个坑是有了设计和技术方案，找不到合适的供应链做出好产品；第三个坑是有了好产品，卖不出去，缺少营销能力和销售渠道。此外还常有因为找不到资金导致项目无法正常开展的情况。为了解决创业者面临的这些问题，谷仓新国货研究院独创出反向孵化模式，希望帮助产品经理从方向寻找、产品定义、研发设计、生产跟踪、辅助营销、反馈迭代等多个阶段，提升产品能力。其目标是革命性地提高创业和传统企业转型成功率，同时扶持和打造消费品领域的一批领军企业和团队，树立区域制造业转型升级的样板。

谷仓新国货研究院的反向孵化模式具体细分为四个"反向"（图 9-7）：

第一，先有准确调研和创业方向，再组建团队，开展项目。不同于普通孵化器，谷仓新国货研究院有一支强大的消费品研究团队，并根据研究数据来判断当前创业最有机会、最可能做大的方向。经过研究并确认方向后，谷仓新国货研究院再据此寻找最合适的团队支持其创业，或手把手地辅导团队找对方向、精准定义好产品，然后再正式启动创业项目。

第二，先有供应链，再有设计方案。谷仓新国货研究院深耕长三角和珠三角，已经累积了大批优质的制造业资源。在启动一个新的创业项目时，谷仓新国货研究院会先在其累积的制造企业库进行筛选，确定优质的供应链资源，尤其是核心部件的供应链解决方案，再推进设计方案和产品定义。

第三，先有渠道，再有产品。小米体系已经拥有一亿多的米粉，此外还有小米网、米家商城、米家有品等众多渠道。同时，谷仓新国货研究院还开辟了其他众多的优质渠道资源。创业团队启动阶段，只要有好产品，就能卖得掉。

第四，先有资金，再有项目。国内愿意投硬件的资本有限，消费升级类项目往往增长平缓，很难一夜爆红，所以只能寻找战略性投资者，而战略性投资者往往觉得项目太小不值得投。要孵化硬件和消费升级类项目，需要准备好早期种子轮、天使轮资金，这些资金可以帮助项目度过最早的危险期，谷仓新国货研究院通过其成功的孵化模式引入战略投资资金，在资金方面做足了准备。

谷仓新国货研究院的四个反向孵化的核心秘诀与小米公司取得成功的道理是相通的，但知易行难，在实践中到底能不能实施以及效果如何还有待考验。于是，创始人洪华带着这一系列方法论开展了谷仓新国货研究院的创业实验。

在进行第一个项目孵化时，谷仓团队首先考虑的是找到合适的样本。创始人洪华认为，如果创业团队相对齐整，即便成功，也很难分清是团队能力还是谷仓模式的成功。所以，谷仓新国货研究院找的是从零开始的团队，而且找了不同类型的项目以及不同类型的 CEO 来进行实验。

按照反向孵化第一条，谷仓新国货研究院设定了三个不同的大方向，一个不带电的，一个带电不智能的，一个既带电又智能的；然后为这三个项目分别找了不同背景的领军人才，分别是设计师背景、职业经理人背景、工程师背景；在确定方向和领军人物后，组建团队、寻找供应链、引入资本、设计产品。

谷仓新国货研究院为这三家企业提供了全方位的服务，包括产品定义、设计策略、供应链对接、资本运作、猎头、营销等等，帮助团队打磨出具有行业最高水准的产品、组建“杀鸡用牛刀”的团队、完成从种子轮到 A 轮的融资。首批谷仓行业领军企业计划的 3 家企业，从零开始孵化持续扶持 1~2 年，三个团队仅仅完成了前两个“反向”就都顺利通过了小米生态链的立项审核，成为小米生态链企业，开始成为所处行业的佼佼者。再加上小米的营销渠道和小米与顺为基金的投资，四个反向条件齐备。对于谷仓新国货研究院而言，帮助团队实现最艰难的从 0 到 0.5 步的进展，就圆满完成了早期孵化任务，也验证了反向孵化逻辑的成功。经过这样的“牛刀小试”，越来越多的项目开始找上门来寻求谷仓新国货研究院的孵化帮助。

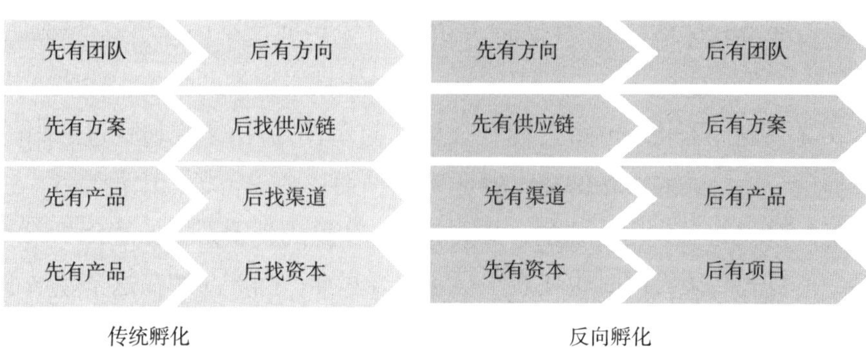

图 9-7　谷仓新国货研究院反向

谷仓新国货研究院秉承小米对生态链企业鼓励独立品牌、独立渠道，坚持“投资不控股、帮忙不添乱”“扶上马、送一程”的开放心态帮助生态链企业飞速发展。反向孵化模式系统性地提升了初创公司创业成功率，使小米生态链企业“蔚然成林”。

（3）案例——助力须眉科技，红海中找蓝海：打造男人“第二把剃须刀”

在反向孵化模式的帮助下，众多被孵化的企业借助于小米的品牌和渠道大放异彩，并开始乘风破浪闯出自己的一片天地。以谷仓新国货研究院最早的领军企业计划中的须眉科技为例，来看一看反向孵化模式在实践中是如何获得成功的。

须眉科技以便携电动剃须刀为切入口，布局个人护理领域，在反向孵化的帮助下也大获成功。须眉科技出品的米家便携式剃须刀，2017年双十一当天上市30分钟即售出1.2万台，不少平台甚至加价销售，其剃须刀百元价格拥有目前市面上千元商品才有的品质，每一个功能都精准切到目标用户的需求。须眉CEO陈兴荣是一个连续创业者，此前他在家电行业打拼了近15年，效力于美的、格力、TCL等家电巨头并积累了丰富的经验，在谷仓创始人洪华的召唤下陈兴荣投入到个人护理领域的创业中。

在中国家电市场，无论是黑电、白电、小家电还是厨房电器等，都是本土品牌的天下，唯独个人护理领域国货还比较薄弱，以德国博朗为代表的国际品牌有着绝对的优势，这也给了须眉突破的机会。谷仓帮助须眉看准市场环境，锁定目标，补位于个人护理这个门槛极高的领域。对于个人护理之王——电动剃须刀。这一领域主要有两大技术代表：旋转式（飞利浦为代表）和往复式（博朗为代表）。由于旋转式进入中国较早，与往复式的市场份额比例是7∶3，而在全球市场，比例是5∶5，甚至往复式的刀头用处更多。事实证明，往复式剃须刀更加适合亚洲市场。往复式剃须刀同时也代表了行业高端水准，国产品牌在这个领域很难突破。陈兴荣创立了须眉品牌，以往复式剃须刀为核心产品，力争将“中国个护新国货”进行到底。

从2016年筹备、调研、产品定义、公司成立到与米家合作的首款产品——米家便携电动剃须刀（简称“米剃”，于2017年双十一上线并大获好评），须眉第一款切入的产品定位非常明确，把它定义为男人的第二把刀，适用于商旅、商务等场景。“米剃”整体外壳由一颗铝粒一次性冲压后，经由18道工艺打造而成，外壳壳壁最终厚度确定为0.6毫米，多一分少一分都会让手感舒适度产生偏差。一张银行卡大小、厚度仅为13.2毫米、重约104g的产品聚集了多达几十项产品专利。“米剃”上市后迅速成为爆品，2018年4月，“米剃”斩获德国红点大奖。此外，须眉也加紧拓展个人护理领域的其他品类，2018 年 1 月其自有品牌——SMATE 首款产品“须眉电吹风”登录小米有品平台，以极简设计、高效品质打动了用户，销售成绩斐然。

（4）反向孵化模式 1. 0 到 4. 0

在反向孵化的实践中，洪华也在跟创业者的互动中对反向孵化模式进行迭代与创新。在近三年的探索中，从 1. 0 版的一对一孵化模式提升到了效率更高的 2. 0 版的集体孵化模式，再到今年谷仓迭代的 3. 0 版本，扩大漏斗口提升漏斗率，赛马机制优中选优。在未来的 4. 0 版本中，洪华还提出将用系统的力量提高整个创业的胜率，即产业共创生态，对创业项目进行全流程辅导支持。

首先是最早探索出的谷仓 1. 0 版，一对一、手把手辅导的“麻将创业法”，即把方向、团队、供应链这些要素聚集在一起，这个牌就能“胡”。在小试牛刀成功迭代后的谷仓 2. 0 版中，开始进行集体式孵化，这样效率明显会更高，因为在一对一的辅导模式中，创业者相互之间是看不到的，而集体孵化能够让创业者们看到前后左右的对比，能看到其他同学的优点，进而借鉴学习，更有效率。通过谷仓消费升级加速营的形式，谷仓新国货研究院一次性针对 10~15 支队伍进行孵化，然后通过三个月的强化训练，找出方向、精准定义产品、搭建团队、确定供应链，毕业时真刀真枪地面向投资人进行路演，以简单粗暴的方式检验三个月的集训成果。对于跑得快的团队，谷仓新国货研究院鼓励他们最好能做出功能原型机。

2018 年上半年，谷仓推出了升级版的反向孵化 3. 0 版本，提出了“新国货 100 计划”。基本原理就是漏斗率，漏斗口是培训一万人次，然后从一万家里面重点挑选出 300 个团队进行集体式孵化，提供渠道、供应链和辅导，打造出 100 个年销售额破亿的爆品，最后赛马跑出最优秀的 30 个团队，扶持其成为独角兽和行业龙头企业。根据项目不同阶段、不同特征提供针对性、差异化服务，当某个项目跑得更远时，谷仓投入的资源和精力就更多，效率也会更高。

洪华提出了未来谷仓 4. 0 版本要进化到用系统的力量来进一步提升整个创业的胜率，以“产业共创生态”的方式来进行创业孵化。谷仓将从创业大学到孵化器，再到加速器，再到 Pre IPO、并购、市值管理等等，做出通盘的考虑和服务，“因为创业创新这个事情首先必须是一个资本的闭环，倡导全生命周期来考量”。

9.5.3 模式点评

1）反向孵化模式的不断迭代升级，为更多的团队提供了机会和平台，让更多的好项目被投资人发现。截至 2021 年上半年，谷仓新国货研究院成功举办了 16 期加速营，挖掘出 158 支极具竞争力的团队。其中 7 家成为小米生态链企业，众多企业已经拿到了投资，且已经孵化出了爆品。

2）经过多个生态链企业的成功实践，谷仓新国货研究院的反向孵化模式得到行之有效的证明，特别是在硬件创业中具有很高的创业成功率。能不能把孵化的对象再扩大一些，让更多的创业者都有机会抓住消费升级的大风口？这套孵化模式是否具有普适性，能否应用到更多行业的创业孵化中去？

3）在反向孵化的实践中，谷仓也在跟创业者的互动中对反向孵化模式进行迭代与创新。

孵化矩阵模式如图 9-8 所示。

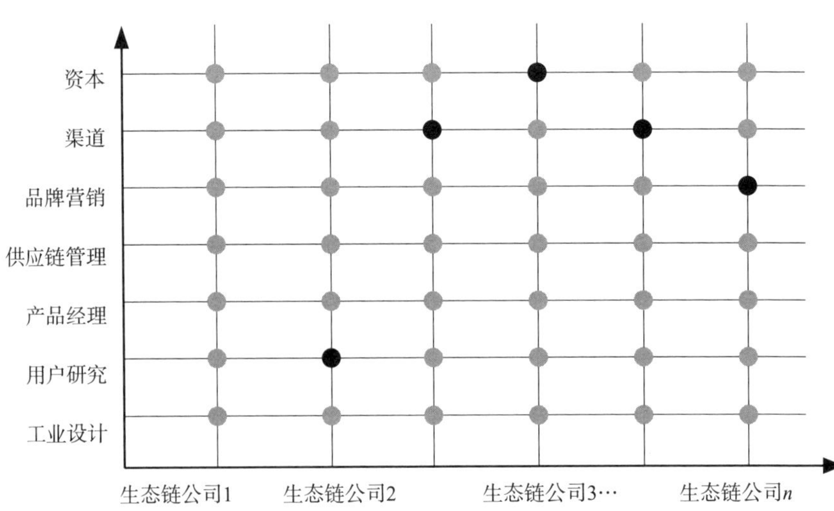

图 9-8　孵化矩阵模式

在一次关于消费升级下的产业机遇的主题演讲过后，洪华被问到这样一个问题，“谷仓孵化的成功案例多是跟小米智能化硬件紧密相关的项目，那些与小米关系不大也不太能形成互补的项目还能有这样高的创业成功率么？谷仓的反向孵化模式在其他领域是否也能显著提升创业成功率呢？”面对这个问题，洪华没有直接给出答案，他说提高创业成功率是一个需要不断迭代和升级的过程，谷仓一直在探索的路上，目前也在尝试进入新的行业和领域，2018 年年初已经开始与无锡市政府共建食品产业创新创业专项孵化器，着手对食品产业领域的创新型企业和创业项目进行孵化指导，也相信会在不久的将来培育和孵化出一批优质的食品类领军企业。不过，不少创投领域的从业者却有所质疑，认为创业是一个长期过程，一个产品能不能成为爆品，除了产品本身要做得好之外，决定因素还有很多。这拼的是企业综合实力，决策者要有好眼光，能选对产品方向；还能沉下心来、耐得住寂寞、打磨好产品；研发要跟得上、产品设计要符合大众需求、供应链也要给力，每个环节都要到位；还需要有好的渠道和海量用户积累。这些因素叠加在一起，加上点好运气，才能出爆品。米家空气净化器、小米手环、小米移动电源、米家扫地机器人等之所以能成为爆品，除了团队本身的努力和能力之外，小米多年积累的用户、渠道、供应链资源、经验教训等，都是不可或缺的因素。谷仓新国货研究院可以借助小米的优势为智能硬件和生活耗材创业者提供强大的支持，可是在新的领域中这些经验教训是否还适用要打一个很大的问号。现实中也有不少优秀的团队虽然打造出过硬的产品却依然创业失败，酒香也怕巷子深，离开了小米体系的赋能和前期积累的用户资源，谷仓对于其他领域的创业项目的孵化是否还能这样有效，也是需要进一步经受检验的。

4）反向孵化模式目前仍在摸索，也并不是恒久不变的真理，未来可以改进升级的地方还有很多，具体到哪些地方该做哪些不该做，谷仓新国货研究院适合和擅长做哪些孵化业务，哪些又不适合，都是需要进一步探索和试错的，未来他们仍然需要和更多创业者一起去探索迭代出一条更科学、更高效的创业孵化之道。

9.6 药品上市许可持有人模式探索：为何一项科技成果的转化一波三折①

9.6.1 基本情况

J 教授团队在 B 研究所研发完成了一项 IVD（in vitro diagnostic products，体外诊断产品，即医疗器械、体外诊断试剂以及药品）领域的科技成果 A，并申请了两件专利（一件发明专利、一件实用新型专利）。G 是 H 公司的创办人，H 公司专业从事 IVD 领域Ⅱ类医疗器械诊断试剂的生产与销售，并已于 3 年前被一家上市公司收购，G 利用出售 H 公司变现的资金开办了 K 公司，K 公司按照 GMP 要求建设了生产流水线，可代工生产Ⅰ-Ⅲ类 IVD 产品。

经他人介绍，J 教授与 G 进行了多次交流，并达成合作共识。J 教授团队（甲方）与以 G 为代表的生产与市场销售团队（乙方）就科技成果 A 的转化草拟了一份合作协议，拟将科技成果 A 转化为Ⅲ类医疗器械诊断试剂产品 C，并拟按《创新医疗器械特别审批程序（试行）》（食药监械管〔2014〕13 号）规定申请创新产品注册证。乙方以在医疗健康领域拥有丰富的市场资源和人脉关系，以及拥有的医疗器械研发、生产、销售管理经验开展合作。

（1）初步沟通并达成共识

双方在充分沟通的基础上，由甲方拟定初步合作方案如下：

双方拟成立 D 公司，以 D 公司整体估值 2 857 万元为基础，甲方分别以科技成果 A 作价 1 085. 71 万元出资，以后期产品的研发技术作价 171. 42 万元出资，以 B 研究所对转化成果 A 投入的产业化基金 200 万元出资，合计 1 457. 13 万元，拟持有 D 公司 51%的股权。

① 吴寿仁，《科技成果转移转化系列案例解析（十六）——为何一项科技成果的转化一波三折》，载于《科技中国》2021 年第 5 期，已获得著作权许可。

乙方以销售业绩和市场管理作价 571.4 万元（占总股权的 20%），投入资金 285.7 万元（占总股权的 10%），合计 857.1 万元，持有 D 公司 30%的股权。

乙方寻求产业基金投资，产业基金将以现金 2 171.32 万元出资，持有 D 公司 19%的股权。

评　析

1）这一方案是双方前期沟通的结果，J 教授基于 B 研究所的支持和现有的条件提出的初步方案，得到 G 的认可。为促进科技成果 A 的转化，B 研究所专门拿出 200 万元，支持该成果的熟化和转化，用于产品 C 的注册证申报。

2）科技成果转化的难点是在开拓市场，G 在 IVD 行业有 20 余年的从业经历，有利于产品 C 的销售。

3）D 公司利用 B 研究所投入的 200 万元和 G 投入的 285.7 万元，可以支撑 D 公司运作一段时间。

这一设想应该是可行的，也比较合理，双方因此达成了共识。

（2）法律顾问提出疑义

双方进一步协商合作的具体细节，G 带来了他的法律顾问参与讨论，并决定由法律顾问拿出一个细化方案，并负责办理 D 公司的注册登记。但乙方的法律顾问认为，这一方案存在如下几方面的问题：

1）产品 C 尚未取得注册证，未来仍需投入资金做进一步的研发、申请诊断试剂产品注册证、开展市场推广等，其市场价值有待检验。

2）产品 C 尚未开始销售，没有任何现金流入，对科技成果 A 的评估值是否合理、是否可以出具合法的评估报告存在一定的不确定性。

3）科技成果 C 的专利权归属 B 研究所所有，甲方以 B 研究所的知识产权作价投入 D 公司或由 D 公司买断，估值过高将给 D 公司初期经营带来资金压力。

4）甲方以后期产品的研发技术作价出资、乙方以销售和管理经验作价出资，均与目前资本运作规范要求不符，需进行相应的调整。

评析

1）将科技成果A转化为产品C，并取得诊断试剂产品注册证，存在较大的不确定性。

2）在申请诊断试剂产品注册证的过程中，日常开支不大，经初步测算，近500万元的资金基本上是够用的。

3）科技成果A取得了两项专利，其估值高低，不会对D公司的经营产生影响，只会影响双方的利益关系。

4）B研究所可以将科技成果A授权J教授团队作价出资，并将知识产权转到J教授名下。也可根据国家赋予科研人员科技成果所有权解决这一问题。

5）甲方以后期产品的研发技术作价出资、乙方以销售和管理经验作价出资，不符合《公司法》第二十七条规定。正因如此，双方才需要进一步沟通具体操作办法。

很显然，法律顾问提出的疑义，其根本点在于提醒G，该项目风险比较大，投资要谨慎!!!

（3）J教授团队不接受法律顾问提出的方案

为了确保D公司出资合法合规、股权和产权清晰规范、股东投入成本最低，且便于未来进行融资和资本运作，乙方法律顾问提出了以下方案：

1）出于D公司未来融资和资本运作的需求，甲方作为大股东，对外代表公司，应当对公司的发展方向有明确的规划，主要负责D公司核心管理团队的建设和技术研发；乙方作为第二大股东，负责生产和销售团队或渠道的建设。

2）对产品C的产权进行界定，按照目前的真实状况进行评估，确定其评估价值，且由甲方和B研究所明晰该产权用于D公司出资时产权的归属方和出资方式。

3）根据科技成果A的知识产权评估结果（假设两项专利技术评估值为1 085.71万元），则D公司的注册资本暂定为2 314.13万元，其中：

B研究所以两项专利技术、现金等方式出资1 457.13万元，占总股权的 62.97%；

乙方以现金方式实缴出资 285.7 万元，以现金方式认缴出资 571.4 万元，占 D 公司总股权的 37.03%。

4）D 公司成立后，甲方负责完成产品 C 的注册证申报，乙方负责产品 C 的生产和销售。

5）乙方承诺在取得产品 C 的注册证后，前三年累计实现销售利润 300 万元，后三年累计实现销售利润 500 万元，双方同意将前三年累计实现利润的 80%以及后三年累计实现利润的 50%用于奖励给乙方，乙方应当将该奖励用于实缴 D 公司的注册资本。

6）D 公司将根据产品 C 的注册申报情况，改进研发、报证、生产、销售以及产品 C 的生产销售和 D 公司运营等资金需求情况，制定融资计划，建议分两步实施：第一步在 D 公司成立后一年内启动，按估值 5 000 万元稀释 10%的股份，融资 500 万元；第二步在 D 公司取得注册证后启动，按估值 1 亿元以上稀释 10%的股份，融资不低于 1 000 万元。

7）前述两轮融资完成后，B 研究所持有 D 公司 51.01%的股权，乙方持有公司 29.99%的股权，第一轮投资人持有公司 9%的股权，第二轮投资人持有公司 10%的股权，D 公司从外部累计融资 1 500 万元。

8）D 公司在启动上述两轮融资前，如果运营资金出现短缺，可以按市场融资成本向股东进行借款，未来 D 公司的收入优先用于偿还。

9）B 研究所与甲方之间的利益安排，按照其内部规定进行利益分配，B 研究所应当在 D 公司设立后将应当奖励给甲方的部分，按法律法规规定的程序过户至甲方名下。

评 析

对于法律顾问提出的这一建议方案，推翻了甲乙双方前期达成的共识，超出了方案细化的范畴。解析如下：

1）J 教授没有经营企业的经验，难以承担起经营 D 公司并代表 D 公司的重任。J 教授主要负责技术研发，牵头办理产品 C 的注册证，名义上可代表公司 D，但生产、销售均掌握在 G 手里，而且产品 C 的注册申报需要 G 团队的积极配合，因而实际控制人是 G。方案的第 1 条将原来达成的共识，变成职责严格区分，不符合J教授的初衷。

2）方案的第3条中，B研究所“以现金方式实缴出资200万元”和“以技术或现金方式认缴出资171.42万元”均不可行。根据国家有关规定，B研究所可以授权J教授团队以科技成果作价投资。

3）方案的第5条中，分别将前三年利润的80%和后三年利润的50%奖励给乙方，对于B研究所来说是不可行的。一是缺乏法律法规依据；二是双方权益不对等。即使可以奖励，两者的奖励总额是490万元，与乙方认缴的571.4万元相差81.4万元，而且是在D公司成立6年以后。

4）在原达成的共识中，乙方承诺引进产业基金，并“以现金2171.32万元出资，持有D公司19%的股权”，对这一方案做了重大修改。

由于甲方不同意乙方法律顾问提出的方案，乙方也不让步，双方的合作就止步于此。从形成共识到最后谈不拢，实在有些惋惜。

（4）后续发展

不久以后，B研究所与L企业建立了合作关系，由B研究所负责对产品C申报诊断试剂注册证，在申报过程中，L企业须积极配合，并委托L企业生产和销售产品C。

评　析

J教授经过前几年的碰壁，充分认识到，要利用国家药品和医疗器械管理的一系列新政，申报注册证。取得了注册证，不愁找不到合作伙伴，还可“卖”出一个好价钱。

9.6.2　案例解析

（1）G放弃合作的主要原因分析

G是IVD行业的高手，从零起步创业20余年，成功经营了H公司，出售给上市公司变现，取得了一笔巨额资金，用其中一部分开办了K公司。因受竞业限制，K公司不是H公司的翻版，而是升级为平台性质的公司，即孵化一批类似H公司的IVD行业创业公司，只要这些创业公司与H公司不存在竞争。G看重J教授的项目，是因为产品C

属于 IVD，既可以充分利用他多年积累的人脉资源、销售渠道，也可以充分利用 K 公司构建的平台，因而 D 公司可成为 K 公司孵化的创业公司。同时，也看重 B 研究所强大的研发力量，可为 G 及其团队输送更多更好的项目。

J 教授虽有较强的研发能力，但对商业运作、成果转化还是新手。受国家一系列促进科技成果转化政策法规的激励，J 教授有比较强烈的愿望在科技成果转化领域一展身手。他曾开发的一款产品，因缺乏成果转化意识，别的企业拿来生产和销售，据说效果不错，但 J 教授团队并没有取得实在的利益。经人介绍，与 G 接触几次以后，双方谈得比较投机，并达成共识。

但双方为何走不到一起呢？G 的法律顾问提出的方案不切实际是表象，也许是以下原因：

1）G 对 J 教授研究的科技成果 A 及其产品 C 不熟悉，难以判断其市场价值和成果的成熟度。虽然同属 IVD 领域，但产品 C 与其原来经营 H 公司的产品用于诊断不同的疾病，两者之间有较大的差异。正是因为心里没底，法律顾问提出科技成果 A 的估价可能偏高，或风险较大，就有些动摇了。如果 G 对合作真有兴趣，双方完全可以坐下来细谈，直至双方均可接受为止。

2）G 及其法律顾问对 B 研究所等体制内科研机构的运作与管理模式缺乏深入的了解。公益一类科研事业单位与私营企业在经营、管理、文化等方面差异很大，彼此了解甚至理解，才能走到一起。从法律顾问拟定并得到 G 认可的方案看，显然对科研事业单位的管理体制和运行机制完全不了解。即使双方合作，也很难行稳走远，将会产生一系列矛盾或纠纷，难以达到预期的合作目的。

3）G 对 J 教授及其团队了解不够。J 教授对成果转化、科技创业、企业经营等完全不了解，在与 G 交流以后，请教了很多人，花了不少时间，起草了一份关于转化科技成果 A 的实施方案，拍脑袋地测算了经费预算和计划进度。G 一厢情愿，要 J 教授担负起 D 公司的运作，实则勉为其难。

《促进科技成果转化法》第三条规定：“科技成果转化活动应当尊

重市场规律，发挥企业的主体作用”，这并不意味着成立了企业就是尊重了市场规律、发挥了企业的主体作用，而是要按照市场机制运作，要发挥企业家的主导作用。本案例中，表面上要让 J 教授团队控股，由 J 教授负责 D 公司的运作，但实际控制人必定是 G，否则难以达到预期目标。可能后来 G 意识到这一点，所以提出的方案推翻了原来达成的共识。

不过，根本原因应是，科技成果 A 的成熟度不高，办理诊断试剂产品注册证仍然存在较大的不确定性。G 改变了主意，是因为不愿意冒较大的风险。

（2）G 的设想仍需实践证明其可行性

G 设想从经营实体公司升级到运作平台公司，即 CMO+CRO 平台，顺应了新《药品管理法》（2019 年修订）提出的“药品上市许可持有人”制度的新需求。CMO（Contract Manufacture Organization）是指接受制药公司的委托，提供产品生产所需要的工艺开发、配方开发、临床试验用药、化学或生物合成的原料药生产、中间体制造、制剂生产以及包装等服务。据了解，K 公司已经签约了多家公司的近 20 个产品。这种模式不存在创新性，不需要验证。

不过，对于 D 公司而言，投资孵化的设想仍有待实践检验，并在实践中不断调整和优化。K 公司可以认为是 IVD 领域专业孵化平台，如果 G 及其团队掌控了 IVD 产品的生产和销售，加工成本的高低、产品售价的高低双重决定了其利润水平，因而完全掌握了这些产品的命运。

双方没有达成合作协议，对双方来说并不都是坏事，表明双方原来达成的共识并不具有可操作性。

（3）J 教授团队改变合作方式

B 研究所与 L 企业的合作，就是充分利用新的《药品管理法》提出的“药品上市许可持有人”规定，按照《创新医疗器械特别审批程序（试行）》申请诊断试剂产品注册证，并委托 L 企业生产和销售。这一合作模式，既充分利用国家药品管理的新政策，又可充分发挥企业的主体作用。产品的生产加工费用和销售价格，由双方协商确定。初看起来，L 企业也与 K 公司一样掌握了产品的生产加工成本和销售价格，但 L 企业是受托方，如果 L 企业生产加工费用过高或销售价格定得过低，B 研究所可以选择与其他企业合作。但在与 G 合作时，D 公司只能与 K 公司合作，失去了自主选择权。

尽管本项目甲乙双方没有合作，但也不排除 B 研究所取得注册证后委托 K 公司生产加工产品 C 的可能性。

9.6.3　案例点评

本案例虽然没有开展合作，但有几点很值得思考：

1）甲乙双方有很强的互补性，最应该合作却没有合作，说明互补只是合作的基础，是必要条件，但不是充要条件。甲方有较强的研发能力，却缺乏科技成果转化所必需的资金、市场等要素。乙方有经营企业的经验，有充裕的资金，有生产能力，有市场渠道等，但较缺乏有市场前景的项目。双方开展合作，可以扬长避短，实现合作共赢。双方有较强的互补性，却不能展开合作，表明其中的利弊的账没有算清楚。算清楚这笔账并不容易，因为其中有很大的不确定性。但如果都是确定的，可能由不得乙方来算了。正是因为有较大的不确定性，才有机会算，才可以好好来算。这笔账也不难算，风险与收益往往成正比。风险较大，预期收益可能更高，就有获利丰厚的可能。如果敢于冒风险，并事先采取充分的避险措施，尽量防止风险发生，或风险发生以后做好承担风险的准备，也许获益更大。

2）科技成果转化要像任何合作一样，需要站在对方的角度思考问题。科技成果转化往往涉及两个及以上的主体。在洽谈合作时，各方当事人均要坦诚，要换位思考。只有坦诚，才能充分交流并达成共识；只有交流充分，才能彼此增进理解，找到共同的利益，发现潜在的问题或风险，并找到解决问题的办法或化解风险的措施。只有换位思考，才能更好地理解对方，站在对方的角度思考问题，进而容易达成共识。本案例中，J 教授比较坦诚，并试图站在对方的角度思考问题，因此提出的初步设想得到 G 及其团队认可，并达成共识。这正是双方前期交流比较充分，并很快达成共识的缘故。但后来乙方放弃了沟通。因乙方及其法律顾问不了解科研事业单位的管理体制和运行机制，不了解科研人员的思维方式及缺乏必要的法律与商务知识的实情，也没有试图去了解，提出的方案不接地气，不符合 B 研究所及甲方的实际，甲方无法接受。在科技成果转化中，与其他任何合作一样，缺乏基本的合作基础，是难以合作下去的。

3）企业要有科技成果转化的强烈需求。早在 2015 年，E 公司看中了科技成果 A，并应 E 公司的要求，B 研究所委托第三方机构对科技成果 A 进行了评估，评估值为 1 000 万元（本案例的科技成果 A 增加了一部分新内容，所以作价 1 085. 7 万元）。但 E 公司的母公司进行战略调整，拟将 E 公司剥离出来。发生如此大的变故，E 公司的未来发展存在较大的不确定性，E 公司被迫放弃与 B 研究所的合作。B 研究所随后找到了 G，与 G 合作不成，又找到 L 公司。前后折腾了 5 年多，该成果的专利保护期浪费了 5 年。可见，科技成果转化并不容易，要找到有能力、有意愿转化该成果的企业很不容易。

4）健康医疗领域的产品需要办理药品或医疗器械注册证，加大了前期投资、延长了转化期，导致产生比较大的不确定性，进而显著抬高了科技成果转化的门槛。尽管国家采取了一系列措施降低门槛，包括修改《药品管理法》，改革药品和医疗器械的审评审批制度等，但健康医疗领域的科技成果转化的门槛依然较高。G 建立的 K 公司，可以一定程度上降低 IVD 类科技成果转化的门槛。可见，要提高健康医疗领域科技成果的转化率，需要大力发展类似于 K 公司的专业化服务体系，建立健全健康医疗产业的创新生态。

5）高校院所要不断提高科技成果的成熟度。本案例的症结在于科技成果 C 的成熟度不够高。需要多管齐下，补强成果转化的薄弱环节、优化服务流程，从而降低成果转化的门槛。建议采取的措施有：一是设立健康医疗成果转化基金，资助科研人员提高科技成果的成熟度；二是建立健全社会化药品、医疗器械注册申报服务体系，在药品、医疗器械研究过程中，并行进行注册申报的相关工作；三是大力支持科技成果转化为药品、医疗器械的服务平台建设。

9.7　产学研用结合模式：华东理工大学华昌聚合物有限公司运用防腐蚀科技成果对加油站地下油罐防渗漏环保改造[1]

9.7.1　基本情况

（1）问题提出

我国现有加油站超过 10 万座，而许多加油站使用单层钢制油罐。单层钢制油罐常年埋设于地下，受到地下潮气侵蚀易发生腐蚀，存在巨大的渗漏风险。一旦发生渗漏，不易被察觉，到了被发现时，往往已经造成严重污染。单层油罐的油品渗漏是目前土壤和地下水有机污染的主因之一。石油类污染物中包含芳香烃、多环芳烃等多种有机物，具有致突变、致癌和致畸的“三致效应”，不仅污染环境，也会对人体健康产生危害。2007 年中国地质科学院的科研人员在对苏南地区的 29 个加油站调查发现，超过七成存在渗漏；2010 年对天津市部分加油站做了地下水样抽样调查，发现总油烃检出率为 85%，强致癌物多环芳烃为 79%。可见，地下储罐渗漏已成为地下水环境污染防治面临的严重问题。

为加强地下水环境污染防治，国家先后颁布了一系列法律法规，如《水污染防治行动计划》（简称水十条）、《加油站地下水污染防治指南》等，提出“所有加油站的地下油罐应更新为双层储油罐或者设置防渗池，并进行防渗漏自动监测”。2017 年 6 月，第十二届全国人大常委会审议通过的《全国人民代表大会常务委员会关于修改〈中华人民共和国水污染防治法〉的决定》指出，“加油站等的地下油罐应当使用双层罐或者采取建造防渗池等其他有效措施，并进行防渗漏监测，防止

---

① 钱建华、刘坐镇、吴寿仁，《科技成果转移转化系列案例解析（九）——运用防腐蚀科技成果对加油站地下油罐防渗漏环保改造》，载于《科技中国》2021 年第 1 期，收录时有修改，已获得作者许可。

地下水污染”，并对2018年1月没有完成改造的加油站可“处二万元以上二十万元以下罚款”。随着这些法律、法规和标准的实施，将有大量加油站需要进行环保改造。

双层油罐是指由内罐和将内罐完全密封的外罐构成的储罐，内罐和外罐之间具有间隙空间，并安装泄漏检测系统。因此双层油罐在耐腐蚀和防渗漏方面有明显优势，是目前加油站防止油品渗（泄）漏普遍采用的有效措施。目前对加油站地下油罐防渗漏改造主要采用以下两种方案：

一是采用换罐技术。即将地下单层钢质油罐更换成双层油罐，双层油罐又主要分为SF型双层油罐（钢-复合材料复合双层油罐）和FF型双层油罐（复合材料-复合材料复合双层油罐）两种。

二是非开挖双层内衬防渗漏改造技术。即直接在原有埋地钢罐内表面制作复合材料双层内衬，在双层内衬中采用3D玻璃纤维织物形成贯通间隙，在中间间隙层安装泄漏检测系统用于监测泄漏。

换罐技术需要开挖，吊出或移动原有的埋地油罐，手续复杂，施工难度大，存在安全隐患。非开挖技术仅在油罐内部施工，施工周期大约在15天左右，综合成本低。与换罐技术相比，非开挖内衬防渗漏改造技术具有明显的优势，特别适合于居民密集区、城市中心地区的加油站环保改造。

以非开挖技术对加油站进行改造，每改造一个加油站平均耗用2吨左右防渗漏树脂，树脂价格1.5万元/吨，内衬改造费用约为20万元，全国有十多万座加油站，可知市场容量是巨大的。

（2）防渗漏改造方案的研发与实施

华东理工大学华昌聚合物有限公司（以下简称华昌公司）是从事合成树脂、耐腐蚀材料、防腐蚀涂料的研发、生产、销售、服务及防腐蚀工程和树脂基复合材料的高新技术企业。华昌公司是产学研结合的产物，因此历来重视产学研用结合工作，逐步实现了系列防腐蚀新材料技术成果的转化，形成了环氧乙烯基酯树脂、不饱和功能树脂、环氧树脂、水性环保涂料四大产品体系，在化工、化纤、石油、钢铁、有色、氯碱、造纸、电子、环境保护、交通运输、轨交车辆、新能源、建筑桥梁、体育休闲等领域得到广泛应用。

为抢占加油站环保改造市场，华昌公司将“加油站地下油罐防渗漏改造用环保新材料”作为公司“十三五”重点研发产业化项目。2010 年成立了双层油罐防渗漏树脂研发小组，2013 年起开展防渗漏树脂美国 UL 专项认证，2015 年引进从事 30 多年复合材料资深专家，并成立了油罐修复事业部，专门负责加油站防渗漏改造的技术开发。研发及产业化历程简述如下。

一是组织防渗漏树脂研发。2010 年开始，华昌公司就组织研发双层油罐专用防渗漏树脂，在原有对苯型树脂专利技术的基础上，通过分子结构设计得到了更高分子量和更高交联密度的 MERICAN 9505 防渗漏树脂，聚合后三维网络结构更加对称紧密，耐甲醇汽油溶剂性能和耐老化性能更好，其力学性能优良，具有较高的刚度，制成的油罐不易变形。

二是防渗漏树脂通过美国 UL 专项认证。2013 年起开展防渗漏树脂 UL 认证工作，认证标准包括 UL1746《钢制地下储罐外表面防腐蚀系统》和 UL1316《用于石油产品、乙醇和乙醇汽油混合物的玻璃纤维增强塑料地下油罐》，主要测试项目包括空气烘箱老化、光与水暴露试验、冲击与冷暴露试验、耐腐蚀浸泡试验、渗透/溶解析出度试验。由防渗漏树脂制成的复合材料在 20 多种溶剂中历经 270 天浸泡，强度保留率达到了 UL1746 和 UL1316 标准的要求。同时，华昌公司建成 UL 认可的性能测试实验室。2016 年，MERICAN 9505 树脂率先在国内通过了美国 UL1316 和 UL1746 认证，并根据市场应用需要，先后配套认证了 10 多种适用喷射、手糊成型工艺的玻璃纤维纱或织物。

三是开展样罐防渗漏改造试验。2015 年起，开展 10 m^3 单层钢制样罐的防渗漏改造试验，包括喷砂除锈、与钢板粘接的底涂树脂开发与试验、树脂喷射工艺试验、树脂光固化试验，建立性能测试方法。同时，系统研究了复合材料双层内衬结构设计、铺层设计、贯通间隙设计、渗漏检测等，初步确定“美丽坚系统”的双层内衬铺层结构、内外壁厚度、贯通层结构、测漏系统。通过样罐防渗漏改造试验，建立了施工方案、检验标准和检测方法，明确了施工机具及测试仪器的清单。

四是利用废弃加油站地下储油罐进行防渗漏改造工程试验。采用样罐试验确定的“美丽坚系统”直接在废弃加油站的地下油罐内部施工，通过材料的施工，进一步完善细化了施工方案，确定了检测标准和检验方法，在原有检验项目的基础上进行了中间层容积检验和气密性试验。

非开挖内衬改造属于受限空间施工作业，对材料的安全、环保提出了更高的要求。华昌公司研发团队围绕“绿色、环保、节能、高效”的目标要求，不断研发绿色环保新材料，先后成功研发了光固化树脂、光固化预浸料、无苯乙烯树脂、光固化无苯乙烯树脂，并应用在加油站地下油罐防渗漏改造工程中，施工环境安全环保，大大提高了施工安全性，不再危害人体健康，使树脂材料体系不断丰富，材料性能不断提高，施工更加绿色、环保、安全，实现了生产、运输、贮存、施工、监测全过程清洁生产。

五是建立“美丽坚系统”。在上述试验工作的基础上，确定了“美丽坚系统”双层内衬结构、测漏系统、施工方案、检验项目、合格标准及检验方法，建立了集“材料、施工、检测”于一体的加油站防渗漏改造“华昌聚合物—美丽坚系统”。“华昌聚合物—美丽坚系统”采用非开挖方式进行内衬改造，使用自主研发并通过 UL 认证的防渗漏树脂，采取Ⅰ级或Ⅱ级渗漏检测系统，实现贯通间隙 360°全覆盖连续贯通，具有实时监测功能，保持原有油罐支撑结构，形成了完整的 3DFF 型双层罐，符合国家相关标准要求。采用光固化树脂及预浸料，固化时间 20 min，大大提高了施工效率，缩短了施工周期。另外，产品中树脂含量稳定可控，提高了产品的质量稳定性。“华昌聚合物—美丽坚系统”共申请发明专利 11 项，授权发明专利 2 项，授权 7 项实用新型专利。2019 年 3 月，“华昌聚合物—美丽坚系统”成功通过中石化、中石油行业权威专家组的鉴定。

自 2017 年以来，“华昌聚合物—美丽坚系统”经过中石油、中石化、中油 BP 等体系 100 多座加油站在役油罐实际应用表明：施工过程安全环保、周期短，系统运行稳定、安全可靠。

六是授权加油站合作单位施工。华昌公司建立了加油站防渗漏改造“美丽坚系统”的示范工程后，将“美丽坚系统”授权给合作单位施工。对合作的施工方提出了如下的资质要求：

①注册资本 1 000 万元以上，工商税务登记及年检资料齐全；②具有住建部颁发的“石油化工总承包施工三级”；③拥有至少一套符合“华昌聚合物—美丽坚系统”要求的施工机具；④至少有 8 名熟练的复合材料防腐蚀施工技术工人，若没有，需接受华昌公司组织的施工技术专业培训，所有技术工人需经考核合格，方可持证上岗。

经资质评审合格，向合作方发放“华昌聚合物—美丽坚系统”授权书，同意合作单位以华昌公司合作伙伴名义开展加油站地下储油罐防渗漏改造工程专项业务。

华昌公司采取集中培训与实际操作相结合的方式对施工单位进行培训，培训的内容包括：“美丽坚系统”及施工方案、密闭空间作业安全管理规定、不饱和树脂及固化、复合材料成型工艺、检验标准及测试方法等。

合作过程中，华昌公司在每个施工加油站向合作方提供该加油站地下油罐内衬改造“华昌聚合物—美丽坚系统”详细施工技术方案，并委派驻站技术工程师现场监督合作方施工过程，每月至少一次对站点进行现场巡访检查。

七是参与国家标准编制。2017 年起，由中石化青岛安全工程研究院牵头，组织国家标准《加油站在役油罐防渗漏改造工程技术标准》的编制工作，对防渗内罐改造工程的设计、材料、施工、检验与验收等作了明确规定，标准于 2019 年 10 月正式颁布实施。华昌公司作为唯一的防腐蚀新材料生产研发单位参与《加油站在役油罐防渗漏改造工程技术标准》（GB/T 51344—2019）的编制工作，对防渗漏材料、施工及检验提出了明确的要求，对规范行业、引领复合材料健康发展起到重要作用。

自 2016 年以来，华昌公司双层油罐防渗漏树脂应用在 SF 型、FF 型双层油罐上，实现营业收入 3 亿元。“美丽坚系统”在中石化、中石油、中海油的上千个加油站施工，新增工程收入 2 亿元。总之，加油站地下油罐防渗漏改造用环保新材料及工程业务新增收入 5 亿元，新增利润 5 000 万元。

9.7.2 案例解析

第一，华昌公司是科技成果转化的产物。华昌公司的前身是华东化工学院化工厂，1981 年华东化工学院将乙烯基酯树脂成果放在校办化工厂进行转化，1992 年 7 月校办化工厂更名为现公司名称，并于 1998 年引入社会资本对公司进行改制，之后随着公司的发展壮大，多次引入社会资本。因此，华昌公司及其技术均源于华东理工大学，并依托华东理工大学材料、化工、环境等不同的学科资源，加快科技成果转化及产业化进程。可见，华昌公司因科技成果转化而生，并随着科技成果转化的深入实施而不断发展壮大。

第二，华昌公司始终坚持走校企合作道路。华昌公司源于校办企业，在其发展壮大的过程中，与多所高校建立了广泛的合作，并于 2018 年加盟以化工新材料著称的上海华谊集团。与华东理工大学材料学院共建华东理工大学防腐蚀技术开发中心，依托华东理工大学的学科优势和人才优势，在防腐蚀树脂的基本框架下，开展防腐蚀技术、新材料的开发和应用，不断开发新的产品品种，丰富了产品体系。华昌公司与清华大学核能与新能源技术研究院共建核纯树脂联合研究室，开展高温气冷堆核电站的核纯级树脂的研发、中试和产业化；与上海华谊集团投资有限公司共同出资成立“上海华谊树脂有限公司”，专业从事碳纤维复合材料用多官能团环氧树脂。另外，与上海华谊集团、上海飞机制造有限公司、上海石化、上海玻璃钢研究院、中复连众等结成战略联盟，开展民用航空、新能源、环境保护的新材料的研发和产业化。

第三，加油站防渗漏改造为防腐蚀技术应用带来了巨大的市场空间。许多制品往往存在腐蚀问题，并由此产生安全隐患和环境污染问题。加油站多使用单层钢制油罐，如没有进行防腐蚀处理，就会导致漏油并污染土壤、地下水等问题。华昌公司是因防腐蚀技术成果转化而生，40 年来，一直在防腐技术领域辛勤耕耘着，深度参与防腐蚀技术研发和产业化应用，建立了广泛的社会网络，能够捕捉商机，并及时组织科研团队进行技术攻关。对于加油站的防渗漏改造，华昌公司通过组织科研攻关小组，并引进专业技术人才组建事业部，建立示范工程，抢滩市场急需，取得了显著成效，该业务成了华昌公司新的营收增长点。

第四，科技成果跨领域应用仍需进行艰苦的研发。运用防腐蚀技术进行加油站防渗漏改造，华昌公司自 2010 年组织研发团队进行科研攻关，并建立示范工程，前后花了多年的时间。这是科研攻关还是科技成果转化？这既是科研攻关，更是科技成果转化。科研攻关是针对所要解决的技术难题而言的，科技成果转化是基于防腐蚀技术应用推广而言的，两者的侧重点不同。在加油站防渗漏改造中，涉及材料、施工、设备、检验、渗漏监测等多方面问题，需要通过科研攻关加以解决，并通过建立示范工程使之得到加油站业主的认可。可见，科技成果转化包含科研攻关，通过科研攻关，解决科技成果跨领域应用的各种问题。这也说明，科技成果转化主体要有较强的能力进行科研攻关和成果转化。

第五，从“树脂销售”转型为提供“树脂、施工、设备、测漏”成套解决方案。科技成果转化及产业化是一个非常复杂的过程，必须解决好三个问题：一是研制出市场上适销对路的产品，即产品开发；二是批量生产出一致性好、质量合格、品质优良的产品，即工艺开发；三是将生产出的产品有效传递到目标客户（消费者）手上，即商业模式开发。

加油站地下储油罐防渗漏内衬改造工程包括材料、施工、设备、检测、测漏等，华昌公司先是建立防渗漏内衬改造示范工程，并就“加油站内衬改造——美丽坚系统”申请了专利，授权有石油化工三级资质企业施工，要求施工方从材料选购开始，严格按照“美丽坚系统”操作规程施工，参加国家标准《加油站在役油罐防渗漏改造工程技术标准》（GB/T 51344—2019）制定并严格执行国家标准。为保证合作方严格按照规程进行施工，华昌公司还组织了多期“美丽坚系统”的培训课程，并对参训的操作工人进行考试，考试合格的发放许可证，同时加强对施工单位的监管，按照检验标准进行测试，合格后才能进行下道工序。通过这些措施保障施工质量，控制住施工中存在的各种风险。

9.7.3　模式点评

1）科技成果转化与产学研用结合是华昌公司生存发展的基因。华昌公司源于科技成果转化，并通过产学研用结合，不断拓展防腐蚀技术成果的应用范围，实现科技成果的深度转化。在科技成果深度转化过程中，华昌公司有敏锐的嗅觉，一旦嗅出了商机，就组织技术开发、产品开发和工艺开发等，将商机变成实实在在的营收。而开发商机又需要扎实的技术基础、较强的研发能力和完备的研发体系。在自身能力和条件有限的情况下，华昌公司通过与高校、研究机构、其他企业的合作，弥补自身不足，增强自身优势，不断开拓新的领域、新的应用。可以认为，科技成果转化与产学研用结合是一块硬币的两个面，密不可分，构成华昌公司成长发展的重要因素。

2）防腐蚀技术是共性技术。共性技术推广应用有其规律，即平时一般不太关注它，但当它成为瓶颈制约时才会用到它；使用时往往需要根据领域或行业要求进行再开发；一旦共性技术升级，则对该领域的整体技术水平有显著的提升。

许多物质如铁、铜、木材等，在使用过程中都存在腐蚀问题，只是程度不同而已。当腐蚀达到一定程度以后，就会产生各种问题，包括安全问题、环境污染问题、使用寿命缩短等。加油站储油罐就是如此。不同的物质或同一种物质在不同场景下使用，所使用的防腐蚀技术、防腐蚀材料、防腐蚀工艺是不同的，需要针对腐蚀介质、使用场景、防腐蚀工艺等进行产品开发、工艺开发。

同时，防腐蚀技术应用推广又取决于国家对安全和环保等要求的高低。加油站防渗漏改造就源于国家提高了环保要求，并修订了相关法律，制定了相关规定，加强了监测。这就为防腐蚀技术成果的转化提供了巨大的市场空间。这充分说明，科技成果转化受国家政策、法律法规的影响较大，有的是创造了需求，有的是抬高了门槛。本案例是两者兼而有之，正因如此，华昌公司在这一领域鲜有竞争对手。

3）解决加油站防渗漏问题存在开挖、非开挖等多种解决方案。华昌公司提供的解决方案，成本低、施工周期短、安全可靠，同时建立了示范工程，通过培训和授权等方式，授权一批施工单位施工，使施工能力也有保障。可见，华昌公司在开拓加油站防渗漏改造市场上定位准确，有显著的竞争优势。

4）注重创新体系与人才队伍建设。华昌公司作为一个知识密集型的高科技企业，为打造核心竞争力，已形成集配方设计、技术研发、成型工艺、检验测试、技术服务为一体的防腐蚀工程及复合材料研发中心。创新体系的建设要有强大的人才队伍作支撑。华昌公司既不断从研究所、高等院校引进专业人才，也高度重视人才培养，帮助核心员工建立职业发展规划，不断输送优秀科研人员进高校攻读博士、硕士学位。正是注重创新体系建设和技术创新人才的培养，从而积累了研发创新能力，拥有了一批自主知识产权，具有较强的市场竞争力，形成了较强的核心竞争力。

9.8 成果许可+核心器件供应模式：知本院赋能大院大所内设成果转化机构，单位产值与科研人员奖薪酬双丰收[①]

9.8.1 基本情况

某央企下属甲研究所[②]具有预研、研发、生产、销售、售后等环节构成的完整创新链条，拥有授权专利600余项，科研能力、生产条件配套水平居行业前三，年产值50亿元以上，其中传统主业占比约90%，创新业务占比约10%且快速增长。由于甲研究所没有设立专门的成果转化机构，随与知本院开展了深入的合作，由知本院（北京国科知本科技有限公司）对其科技成果转化提供专业辅导。甲研究所自行投入研发经费100万元，完成了某新款呼吸器产品的研发并取得了专利授权。甲研究所与乙公司达成合作共识，签订了《呼吸器成果许可合同》，甲研究所以专利实施许可的方式允许乙公司在煤炭行业内生产该专利产品，乙公司按照50元/套的价格支付许可费；同时双方签订了《产品采购合同》，甲研究所将呼吸器的核心部件——产氧罐，以120元/套的价格销售给乙公司，由乙公司负责产品其余部分的生产和总装、行业认证和销售工作。首期销售了3万套，在知本院专家的辅导下，甲研究所制定了奖励方案，成果许可净收入及奖酬金分配办法见表9-2。

表9-2 成果许可净收入及奖酬金提取的计算办法

项目	金额/万元	备注
直接成本分摊	36.00	成果许可，前期研发投入可不计入。中试之后的外协外购、试验费等“有票”成本，核心部件3万套，每套120元，按照10年分摊，研发费用分摊为 120×3÷10=36万元

① 《科技中国》2021年第11期《科技成果转移转化系列案例解析（二十二）》，文/吴寿仁、孙磊，已获得作者许可。

② 因涉及商业秘密，本文数据均为计算示意值，仅供读者理解计算过程参考。

续表

项目	金额/万元	备注
人力成本	18.00	直接人员工资等费用，“无票”成本
管理费	4.50	按一定比例分摊，“无票”成本
交易费用	2.50	技术市场交易服务费
专利维护费用	6.00	
评估费用	—	选择技术市场交易方式，没有产生评估费用
许可收入	150.00	50 元/套，共 3 万套
税金	—	许可收入 500 万以内免企业所得税和增值税
净收入	89.00	科技成果许可净收入=科技成果许可收入-科技成果无形资产的原值及其维护的摊销费-科技成果许可的直接成本-税金
奖励比例	55%	科研团队 52%、转化管理人员 3%
奖励总额	48.95	

知本院帮助甲所，按照科创合伙人模式，对奖励人员范围进行了确认。“科创合伙人”是指单位投入资金和资源，科研人员投入知识和时间，转化管理人员促进科技成果实现市场价值，并与单位分享成果转化收益的相关人员。科研人员合伙组建团队，自下而上实行内部自主管理，自主决定产品发展方向和实现路径，是新型的组织与个体的共生模式（科创合伙人=科研团队 A+转化管理人员 B）。

科研团队 A：包括科技成果完成人员 C 和科技成果转化人员 D。C 与 D 的分配比例根据各自对成果的完成所做出的贡献情况由团队成员自行协商确定，通过成果知本券内部动态确认。其中科技成果完成人员 C：指专利发明人等成果研发人员，C 取得的成果转化奖酬金不受工资总额限制。

科技成果转化人员 D：包括甲研究所科技委、研究室相关科研人员，研究室内配合研发的设计师、工艺人员，管理部门中对成果转化做出贡献且有工程技术职称的员级职工。D 取得的成果转化奖酬金也不受工资总额限制。

转化管理人员 B：指甲研究所对成果转化做出贡献的有关管理部门领导及没有工程技术职称的员级职工，甲研究所可以给 B 发放奖酬金，但要受工资总额限制，需要纳入绩效工资额度。如果选择自行实施，甲研究所投入资源更多，比成果转让、许可方式奖励人员范围更广。

甲研究所将科技成果许可净收入的55%分配给科创合伙人，单位留成45%。其中科研团队A获得52%（不受工资总额限制）和转化管理人员B获得3%（在工资总额范围内发放），共计发放奖酬金48.95万元，具体分配见表9-3。

表9-3　科创合伙人奖励分配

序号	科创合伙人类别	分配占净收入比例（%）	奖励金额/万元	备注
一	科研团队A			不受工资总额限制
1	科技成果完成人员C1	23.92	21.30	研发部门，有技术职称，专利发明人，不受工资总额限制
2	科技成果完成人员C2	7.80	6.94	研发部门，有技术职称，专利发明人，不受工资总额限制
3	科技成果完成人员C3	7.80	6.94	研发部门，有技术职称，专利发明人，不受工资总额限制
4	科技成果转化人员D1	4.16	3.70	工艺部门，有技术职称，专利发明人，不受工资总额限制
5	科技成果转化人员D2	4.16	3.70	工艺部门，有技术职称，不受工资总额限制
6	科技成果转化人员D3	4.16	3.70	成果转化特派员，有技术职称，不受工资总额限制
二	转化管理人员B			在工资总额内发放
7	科技成果转化管理人员B1	3	2.67	科技处等转化管理部门领导，无技术职称，奖酬金在工资总额内发放
	合计	55	48.95	

9.8.2　模式解析

知本院的这个模式需把握以下有几个关键词：

（1）央企大院大所

央企大院大所是科技成果转化的主力军。2020年中央企业经济运行报告指出，央企研发平台不断完善，拥有4 153个国内研发机构。央企大院大所既有科研机构属性，也有企业经营属性，多为细分行业的隐形科技小巨头，具有如下特点：一是体量巨大，拥有核心技术；二是拥有一批高端人才，行业地位较高；三是建立了完善的创新机制，积极对外开展技术合作。

中央企业通过集中优势资源、优势力量，打造成为国家战略科技力量，在创新发展中的地位不断凸显。央企大院大所同时具有科技成果转化的供给端与需求端的双重属件，比高校和中国科学院的院所离市场更近。央企大院大所取得的科技成果含金量相对较高，成果转化潜力巨大，更容易形成大中小企业融通产业链，只要突破体制机制的束缚，央企科研人员将迎来第二个春天。

（2）央企大院大所内设成果转化（技术转移）机构的痛点

部分高校院所建立了成果转化机构，并有逐年增加的趋势，其发挥的作用也越来越大。但央企大院大所有的设立了成果转化机构，有的没有设立。无论是否设立成果转化机构，央企大院大所单靠自身的力量很难做好科技成果转化，其主要痛点如下：

一是缺乏专业团队。科技成果转化工作涵盖资本运营、技术创新、产业发展、法务、风控、财务管理等各个方面，很多单位缺乏专业人员，目前主要由科研处、技术处的个别管理人员承担相关工作，无法适应科技成果转移转化工作专业性强、涉及面广的要求。

二是缺乏实操经验。央企大院大所的科技成果转化人员都是新手，不熟悉科技成果转化的政策法规与业务流程，而熟悉政策法规和业务流程需经过一段时间的实操锻炼，并在实操中积累经验。而且，许多单位对成果转化工作“嘴上说重要，身体很诚实”，对成果转化人员缺乏有效激励，导致其积极性不高，成果转化人才一旦成长起来了就容易流失掉。

三是内部分配机制难以突破。科研机构内部的科技成果转化收益分配，容易陷入切蛋糕和分蛋糕之争，领导也不好平衡；外来的和尚会念经，请与本单位无利益冲突的外脑智囊帮助，有助于内部达成一致的利益分配机制。

（3）知本院提供专业的解决方案

知本院（北京国科知本科技有限公司）是国资科技成果转化的头部品牌，是连接科技成果供给端、需求端与服务端的可信知识运营方。

知本院先后与多家央企大院大所内设成果转化机构开展共建工作，已赋能航天科工、国家电网、航天科技、中国一汽、国家电投、中国电科、南方电网等央企和国家级双创示范基地等90余家单位，服务了520多个成果转化团队，部分团队已实现亿元级营收、千万利润、百万年薪工程师。

知本院已经建立了完善的创新文化，其初心是啐啄同机，即内部的技术创新与外部的市场创新一起发力，打破研究开发与量产市场之间的壁垒。知本院的使命是成为成果落地的加速器、产业融合的催化剂、机制创新的试验田。其价值观是：大河有水小河满，激活百万、千万年薪工程师；寻找我辈中人，共建科技成果转化三体生态圈；合规做成难且正确的事，勇做科技成果转化破壁人。其主要做法是：

一是赋能矩阵。针对国资科技成果转化痛点，知本院首创了成果知本券、科创合伙人、6W2H科技成果成熟度评价等工具，为集团、院、所提供的科技成果转化赋能矩阵见表9-4。

表9-4 知本院科技成果转化赋能矩阵

赋能模块	央企集团	研究院	研究所
CVC国资科创投资	★	★	☆
成果转化产业落地	★	☆	☆
成果转化税收优惠	☆	☆	★
国有资产保值增值	★	★	★
科技创新机制	★	★	★
激励分配机制	★	★	★
转化方式选择	☆	☆	★
高价值成果筛选	—	☆	★
科创合伙人	☆	☆	★
成果知本券动态确权	☆	☆	★
增加工资总额	★	★	★
领导干部勤勉尽责	★	★	★

注：关键★；重要☆；一般-。

二是建立了完善的科技成果转化流程。针对央企大院大所科技成果转化实际，按照图 9-9 设置流程，其中 3 个关键决策点（Decision Check Point，DCP）分别是高价值成果筛选、转化方式选择以及成果转化收益分配三个环节。

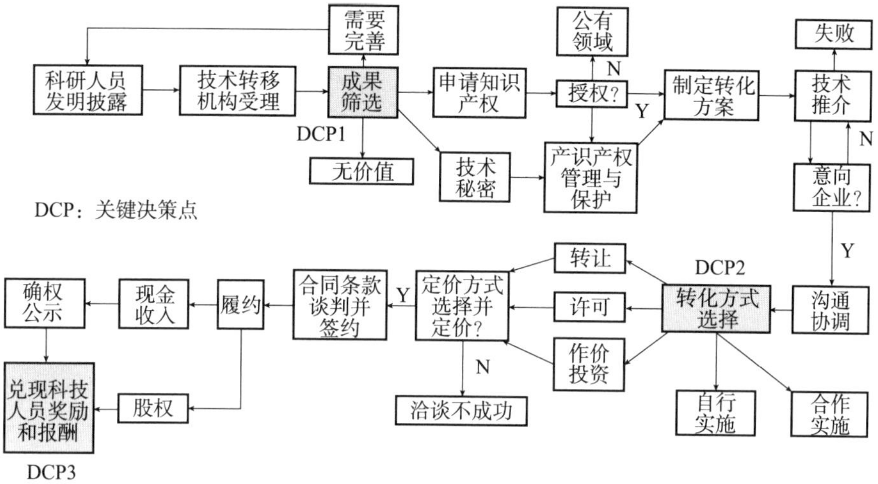

图 9-9　科技成果转化流程（见彩插）

知本院协助甲研究所成立了成果转化首席科学家工作室，针对知识分子为主体的科技创新性组织，不能再采取传统的金字塔科层架构，而是要由单位战略高层领导组织架构变革，实现扁平化的组织架构（图 9-10）。其决策头脑是单位战略高层；其左膀是知本院协同投资顾问、律师、评估、技术交易等专家组成外脑参谋部；其右臂是甲研究所内部的产业处、技术处、人事处、财务处、法务、风控等组成支持大本营，职能部门要实现由管理者向连接者的转变；在成果转化首席科学家的带领下，共同为一线科研团队服务。

三是高价值成果筛选。知本院的专家协助甲研究所技术处梳理了该单位现有的科技成果库，对入库的科技成果按照与主营业务的关联度以及商业价值大小这两个维度（见表 9-5）筛选科技成果，采取四类对应的成果处置方式。

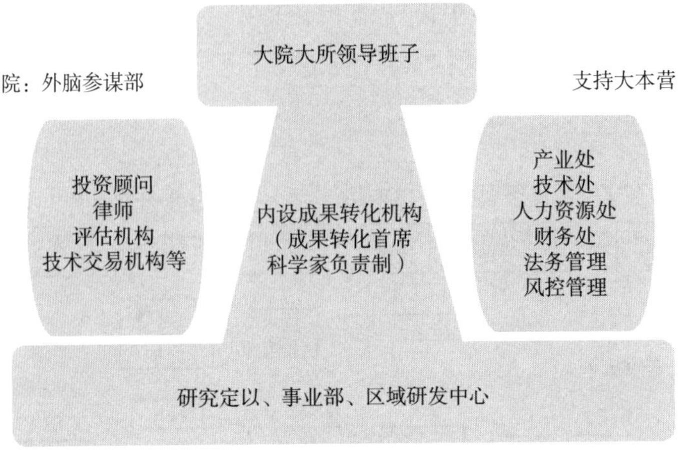

图 9-10　知本院成果转化首席科学家工作室组织架构

表 9-5　高价值成果筛选矩阵

		商业价值大小	
		大	小
与主营业务关联度	高	A 类科技成果	C 类科技成果
	低	B 类科技成果	D 类科技成果

A 类科技成果：与单位主业核心技术和关键产品有关的高价值成果，可选择自行投资实施的方式，不对外转移。

B 类科技成果：不属于主业范围，但目前已经转化形成产值的高价值成果，根据成果特点，可选择对外转让、许可、作价入股的转化方式，继续增加该科技成果的收益。

C 类科技成果：本身有价值，但需要继续投入进行后续研发，在熟化后才能转化的，可选择相应渠道立项研发，通过从课题、创新基金等获取内外部资金及资源支持，也可选择对外转让、许可，或者合作实施转化。

D 类科技成果：本身没有转化价值，有的只是科研人员为了考核、评职称用的，应该尽快清理，减少不必要的科技成果维护费用。以发明专利为例，从专利申请到专利保护到期，整个周期申请维护费用约 8 万元，维护专利也是需要付出代价的。

四是转化方式选择。根据科技成果特点（一品一策）和主体诉求（一企一策），可综合运用多种转化方式。根据甲研究所的实际，科技成果转让和作价入股，涉及国有资产所有权交易，操作难度大，程序复杂，知本院不建议采用，而是建议优先选择自行投资实施转化或成果许可的方式，在相关条件具备的情况下，可考虑采用先许可再作价入股的方式，甲研究所保留在不同决策时点的科技成果转化方式的选择权。

对于科技成果许可方式，需根据技术特点采取必要的防范措施，防止出现被许可方掌握核心技术后不再支付许可费的情形出现，知本院为甲研究所设计了" 成果许可（科研人员获得成果转化奖酬金）+核心器件供应（单位获得产值）" 科技成果转化方式，通过掌握核心器件的销售数量，确保许可费可持续收取。

五是成果转化奖酬金分配方案设计。知本院协助甲研究所确定了科技成果转化奖励人员的范围、奖励比例和收益计算办法。

（4）科技成果转化奖酬金分配对象与奖励比例

科技成果转化奖酬金分配涉及单位与科研团队、科研人员与成果转化人员、科研团队内部之间的收益分配关系，以及税收优惠政策能否落实的问题。好的分配方案必须让科研人员、转化人员都有积极性，都能得到实惠，也要让单位得实惠，以便有足够的收益支持研发与成果转化。

一是分配方案设计原则。在给甲研究所设计成果转化收益分配方案时，坚持以下三个原则：兼顾单位与科技人员的利益；简化间接费用计算，便于实操；促进科技成果早日实现转化。二是奖励人员范围的确认。知本院按照科创合伙人对奖励人员范围进行了确认，采用科创合伙人和成果知本券的模式，兼顾了科技成果完成人员、转化人员和转化管理人员三者的利益。三是成果转化奖酬金提取比例确定。为兼顾单位与科技人员的关系，分配比例见表 9–6。

表 9–6　成果转化赋能矩阵

转化方式	单位留成	科技成果团队 A	转化管理人员 B	奖励基数
转让、许可	45%	52%	3%	转让、许可净收入

以转让、许可方式转化的，科研团队（包括科研人员和在成果转化中做出贡献且有工程技术职称的相关人员）奖励比例为52%，其奖酬金不受工资总额限制，不纳入工资总额基数。科研团队内部采用成果知本券进行确权和奖励分配，其中做出主要贡献的核心人员，奖励份额不得低于团队总额的50%。

对转化管理人员（包括成果转化做出贡献的有关管理部门领导及没有工程技术职称的员级职工）奖励比例为3%，因其贡献难以准确衡量，且缺乏客观的证明材料证明其所做出的贡献，不享受《中华人民共和国促进科技成果转化法》第四十五条第三款规定的“不受工资总额限制，不纳入工资总额基数”政策，采取在绩效工资额度内分配。

四是间接费计算。因人力成本和管理费属于间接费用，如果分摊过大，确实可能出现成果转化净收入为负的情况。这会极大挫伤科研人员积极性，因此对于间接费用的摊入，需要根据单位投入和产品技术特点适度计入。

9.8.3 模式点评

知本院模式无论是转化方式选择还是奖酬金分配，都处理得比较好，专业度比较高，有以下几点是值得思考和借鉴的。

1）科技成果转化是履职所需。科技成果转化是做增量，是将“蛋糕”做大，“蛋糕”做大了，繁荣了经济，创造了需求，丰富了市场，国家、地方、单位和科技人员都受益。央企大院大所既要为央企实现国家赋予的职能服务，也要履行好作为国家设立的科研机构的特殊使命，而科技成果转化是创新链中必不可少的一个重要环节，既是高质量研发的延续与深化，反过来又会促进并反哺高质量研发。央企大院大所通过强化科技成果转化，既巩固传统业务，又积极发展创新业务，并不断提高创新业务的占比，实现可持续发展。

2）科技成果转化须建立健全共赢机制。科技成果转化收益分配机制只有像都江堰分水，大河有水小河满那样，兼顾单位与个人的利益，做到单位和个人齐获益，才能形成单位与个人推进科技成果转化的合力，才能形成科技研发与成果转化相互促进相辅相成的良性循环。本案例中的共赢表现在：一是科研人员充分享受了《促进科技成果转化法》规定的政策，拿到了不受工资总额限制的奖酬金，激发了科技人员实施科技成果转化的积极性；二是甲研究所不仅获得 150 万元许可收入，还获得 360 万元核心器件的销售收入，前者有许可净收入 45%的留成，后者也取得了不小的净利润，两者加在一起，数目可观。正因如此，单位和科技人员均有积极性。只有这样，才能畅通科技成果转化的通道，成果转化才能形成合力。

3）要激发科技成果转化管理人员推进科技成果转化的积极性。本案例中，科技成果转化职能部门的负责人和相关人员都获得了奖酬金。虽然占用了部分绩效工资额度，但综合来看是很有必要的。一是激发了其推进科技成果转化的积极性，有助于形成科技成果转化的合力，促进更多的科技成果的转化。二是尊重了科技成果转化管理人员在科技成果转化中所做出的贡献，使其隐性劳动显性化，具有很强的激励作用。三是科技成果转化管理人员的工作量及其作用难以准确计量，难以监督，却又是任何一个科技成果转化项目必不可少的，他们主动与否，其效果差异很大。通过正向激励，以更好地激发其工作热情，是明智之举。如果有充分的证据证明或以某种方式记录其为科技成果的转化做出了重要贡献，是可以按照《促进科技成果转化法》规定在工资总额之外分配的。

4）引入专业服务机构。知本院是在央企大院大所的科技成果转化实践中诞生的。成立之后，集聚了行业内的专家资源，开发了系列服务工具，再为央企的大院大所提供专业的科技成果转化服务，已帮助多家央企的大院大所出台了本单位的《科技成果转化奖励实施细则》并进行了规章制度公示，走通了完整的科技成果转化流程。可见，知本院在为央企的大院大所科技成果转化服务中积累了丰富的实践经验和案例，专业能力不断提高。甲研究所借助知本院的专业服务，比较好地做成了本案例。可以说，央企的大院大所和科技人员借助知本院的专业服务，可以实现科技成果转化贡献群体的共同富裕。科技成果激活更多优秀的科研人员并成为百万年薪工程师，不是一句空话，且并不遥远。

5）成果许可是实现科技成果价值最大化的转化方式。本案例采用成果许可方式，将成果许可与核心部件销售结合起来，与被许可企业的利益结成最紧密的利益共同体，同时降低了被许可人实施科技成果转化的门槛。采用成果许可方式，既可成就成果许可人不断追求技术上卓越的愿望，也可帮助被许可人实现商业价值最大化的目标，因而是许可方与被许可共赢的转化方式，比较适合央企的大院大所采用，也符合中央的政策导向。不过，成果许可方式要求许可方有较强的技术开发能力和实施能力，以及风险控制能力，还需要有较强的操作技巧。处于起步阶段的研发机构要慎用这一方式，如要用，建议引入像知本院那样的机构提供专业的服务。

致　谢

在本书编写过程中，孙磊（工作单位为中国航天科工二院二〇六所）负责本书流程架构、统稿、第1关、第7关的编写，吴寿仁（工作单位为上海市科学学研究所）负责第2关任务2.1、第4关的编写，孙芸（工作单位为中国技术交易所）负责第2关任务2.2、第6关的编写，张晓宇负责第3关的编写，黄振雷（工作单位为北京股权投资发展管理有限公司）负责第5关的编写，诸书章（工作单位为航天二〇六所）负责第7关部分内容的编写，徐学宗（知本院创始人）、周波（航天云创负责人）负责第8关的编写，吴寿仁、孙磊负责第9关的经典转化模式筛选和点评。

感谢发改委、国资委、中国科协、工业和信息化部、科技部、国家知识产权局、中国航天科工集团、中科院、北京市科委、中关村管委会等单位的政策指导及专家对本书出版提出的宝贵指导意见。感谢编委会各位专家及中国专利保护协会、先进技术成果长三角转化中心、央企投资协会、中关村技术经理人协会、中关村科创智慧产业技术创新战略联盟、谷仓新国货研究院等提供的优秀转化实践。感谢清华五道口金融学院各位老师的学术指导。

感谢以下老师和朋友的支持：

廖理、余剑峰、吴军、罗振宇、梁宁、王煜全、李育辉、古典、邓峰、喻颖正、刘飞、洪华等各位老师。

陈亚军、丁旭昶、刘浩、肖海潮、张亚林、白鹏英、薛山等国企实干家。

胡喆、江山、马宏伟、舒伟、杨宇、罗世俊、方能炜、孙哲、焦珣、李孟、朱娜、苏敬勤、陈雷、周宁、林佳亮、赵晓光、任胜君、耿超、王钰、吴靖巍、孙旭、任博、尹传豪、杨绍岩、张驰、李宁、肖晶、彭新敏、张凌雁、李青、赵荷鸣、龙钫、许立华、李海涛、申研、窦小强、钟世桥、周鑫、王蕴慧、李也然、刘娇龙、吴思、姜白杨、史涛瑜、杨海涛、林志波、郑耀东、阚伟民、吕冬姣、刘晓欣、戴昊、李博伦、刘亮、赵开宇、甘朝阳、安莉莉、张敏、金摇光、李琳、门俊男、郭启功、李浩、曹鹏、李小娟、罗林波、罗毅、雷宇、左年明、袁瑞、徐春财、李满宇、孔繁臻、王伟、葛鹏、张胜海、何流、方茂益、刘广伟、熊强、刘婷、苏立群、赵森、米晓宇（完整致谢名单详见知本院公众号）。

衷心感谢清华大学五道口金融学院导师田轩教授的精心指导。从得到 APP 的《公司金融》追随至今，让我这个理工男打开了全球金融视野，国资成果转化与 CVC 结合，金融服务实体经济、服务科技创新大有可为。

特别感谢清华大学五道口金融学院的老师和科创管理与服务班同学！

刘碧波、刘寅、李剑桥、陈卓、牛丽燕、齐稚平、朱昊婷、刘玮、王博洋、刘瑛、隋志强、李军、赵振江、张文宁、艾青、饶为富、杜新峰、徐俊峰、白杰、韩凯儒、于春雨、曾蓉、金波洋、罗鹏、杜洪涛、王永瑞、徐枫、胡胜全、马超、滕健、赵晨、潘军、周健、丁嘉敏、曾蓉、林潮、曹宇等。

感谢家人的支持和陪伴。

感谢北外 ICC 少年研究员计划的科普创作支持。

感谢知本院《硬科技破壁人》系列公开课 1～21 班的学员。

本书写作的过程，也是自我成长的过程，通过三年的编写，输出倒逼输入，我自己也对科技成果转化有了新知洞见。

谨以本书向大家致敬，书中如有错漏之处，敬请读者批评指正。

最后感谢作为读者的你，同积跬步，共至千里，一起勇做科技成果转化破壁人！

孙　磊

于 2021 年 12 月

图 1-16　科技成果转化三体生态圈（P26）

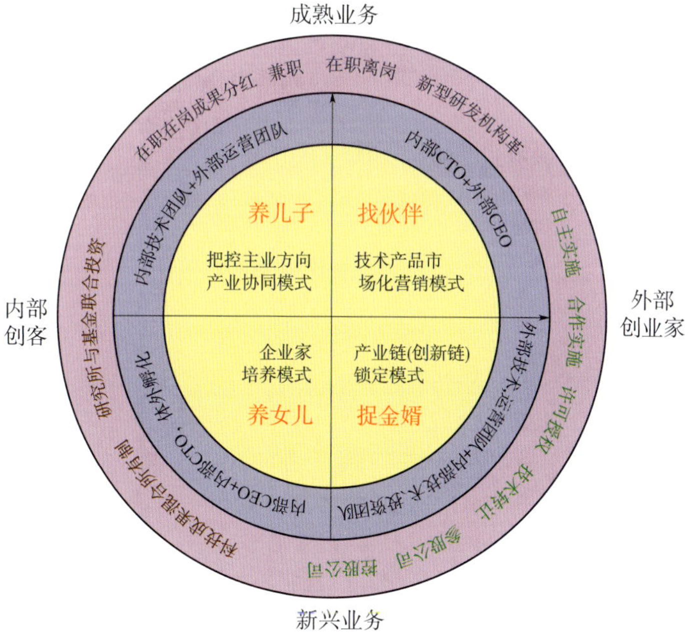

图 5-4　CVC 科创投资四象限模式（P158）

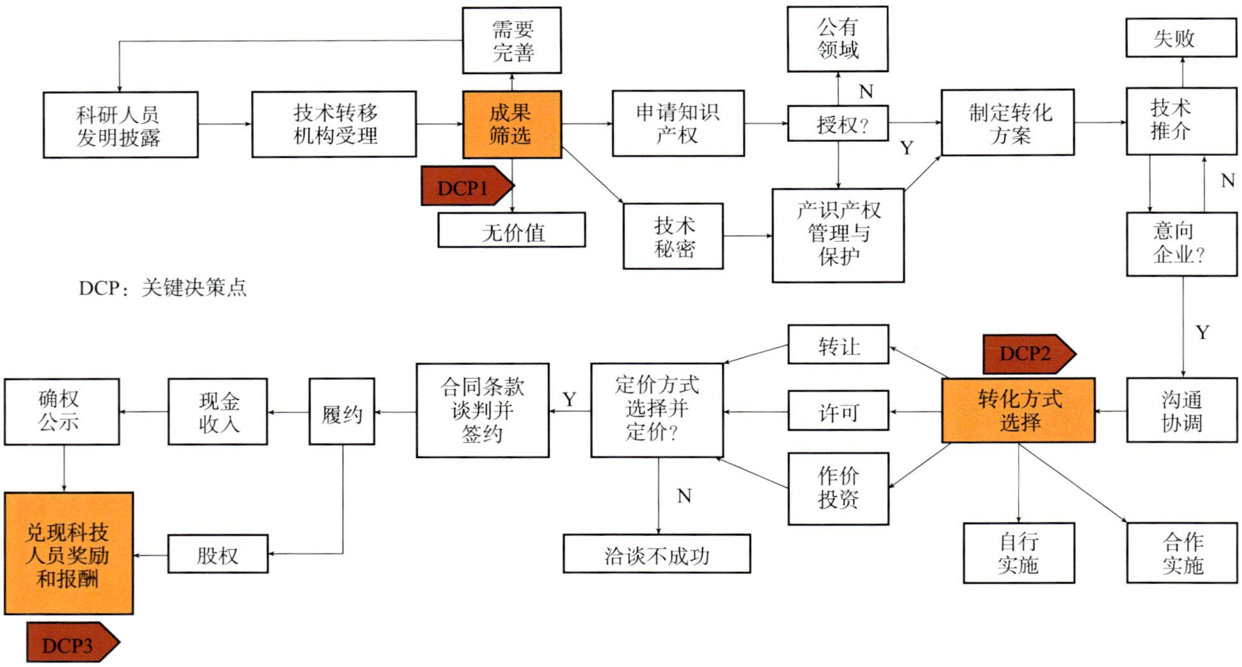

DCP：关键决策点

图 9-9　科技成果转化流程（P347）